羅興亞人

MYANMAR'S ENEMY WITHIN

不被承認的民族，
緬甸國族建構最危險的敵人

Buddhist Violence
and the Making of a Muslim 'Other'

FRANCIS WADE
法蘭西斯・韋德

洪世民——譯

獻給我的母親和父親，
你們的愛與支持，成就這一切。

目次 *Contents*

前言

本書援引的調查資料，是二〇一二年到二〇一八年，數次在緬、孟兩國之間所蒐集的。行程長短不一，有的為時數週，有的為時數月。需要化名，或我認為身分易曝光之人士，皆已審慎變更姓名。儘管進入文人統治時代，緬甸仍持續對人口實施嚴密的監控，被認為詆毀軍方、政府，甚至僧侶的民眾，常面臨可怕的後果。

文中我大多選用「Myanmar」而非「Burma」，儘管這是軍政府在一九八九年擅自變更，但「Myanmar」已成為國內民眾最常使用的名稱。為維持一致性，邦、省等行政區亦援用現行名稱，而非昔日英國人採用、亦於一九八九年廢止的名稱。例如仰光寫做「Yangon」代替「Rangoon」、若開邦寫做「Rakhine State」而非昔日的阿拉干「Arakan State」，克倫邦用「Kayin State」取代「Karen State」。占人口多數的緬人曾稱作「Burman」，我已改用「Bamar」，但舊用法仍會出現在本書各處的引言中。

緒章　大屠殺

有些村民將槍砲聲比作雨聲。啪噠、啪噠，短促的迸發，不知落在何處，也不知強弱輕重。隨著分散的迸發集結成持續、密集的火網，恐慌四起，那音量愈來愈大，愈靠愈近，像季風鋒面那樣由遠而近，掃過原野，馬上就要席捲一切。也有人形容那像十部、百部、而後千部縫紉機突然同時運轉，啦噠噠、啦噠噠，速度瞬間倍增，砌成一堵音牆圍住村莊，且愈升愈高、愈升愈高。很快，人們耳裡、眼裡、心裡就只剩這些聲響，使他們拔腿跑進建築物裡，或往四面八方奔逃。已經在屋裡的立刻趴在地上、匍匐到牆後和門後，從縫隙中望著外面數十人，接著，有數百人瘋狂尖叫跑過街道。抱著嬰兒的母親猛然向前仆倒，連滾帶爬，彷彿有股看不見的力量狠狠戳著她們的背。困在空曠地帶的人飛也似地逃入巷弄，甚至跳進池塘和灌木叢，槍砲聲震耳欲聾、沒完沒了，寧靜的農村在午後陽光下抽搐著。

在那之前，數名男子參加完一場禱告集會，正悠閒漫步回家，結果遠遠看到士兵，緊接著聽到聲響。在秋巴因村（Chut Pyin）西側，士兵成一路縱隊，靜靜沿著分隔兩片稻田的突堤前進，而後停下腳步，轉頭面對屋舍。另一支隊伍位於東側，還有更多士兵在北方的路上等候。以上軍隊的人數——數百名士兵占據周圍田地——讓第一批村民陷入恐慌。沒有人見過這種場面。而在他們找到掩蔽前，第一批士兵已堂皇而入，下起槍林彈雨。

攻擊在二〇一七年八月二十七日星期天下午兩點左右發動。接下來五小時，士兵在街道穿梭，經過家家戶戶。有人躲在住宅群裡等待風暴過去，但士兵有條不紊。羅興亞男人被拉進前院，壓到地上，在他們孩子旁邊處決；女性則被帶到村子邊緣的小屋，用繩索綁起來，讓經過的部隊參觀。士兵朝任何在動的東西開槍，並向屋頂灑汽油，一一點火，使村子濃煙密布，蒙上怪異的幽暗，也讓村民暫時消失在煙霧之中。一批批男人、女人和小孩被拖到位於東北隅的小學，推進不同的教室，或扔到庭院樹下，捆住手腳，然後射殺。村落南端，十個人跳進一座池塘，把頭和身體埋入水中，直到憋不住氣，不得不冒出來。他們在池邊葉子堆裡找到大片芋葉，蓋在臉上，脖子上仰，僅讓口鼻露出水面，就這樣靜止不動，待了好幾個鐘頭。

兩天前，數支緬甸部隊已穿過一塊長兩百公里、寬一百公里的狹長地帶，經過一個又一個羅興亞村落，偶爾夜間行動，趁村民熟睡時包圍村子。他們的戰術多變：有時會事先警告，留空檔給居民逃離；有時則讓槍砲聲宣布騷亂開始。而八月二十七日當晚順利逃出秋巴因的村民，將與數千名已向孟加拉前進的羅興亞人會合。那是第一批出走的難民。而這一波大出走，將是一九九四年盧安達種族滅絕以來最快速、也最集中的難民潮。到九月中旬，已超過三十萬人越過邊界；到十月一日，即軍隊朝第一批村落開火的五星期後，人數已逾五十萬。在孟加拉東南頂點，即代格納夫（Teknaf）鎮下方，從緬甸坐漁船渡過納夫河（Naf River）的羅興亞人下船步行，拖著疲憊的身軀爬上一座地勢隆起、地面碎裂的廣場——那曾是一條狹窄的路，久經風災侵蝕。有人身上還有用布隨便包紮的槍傷，還有人抱著他們翻山越嶺逃命的幾天前才出生的嬰兒。

暴行進入第三週，也就是我抵達孟加拉時，每天仍有超過一萬五千名羅興亞人越過邊境。但就算是近距離觀察這波大出走，仍有許多事情無法理解——怎會是這等規模？抵達者的狀況怎會如此不堪？他們彎腰駝背、筋疲力竭，彷彿剛走出一場暴風雨；你必須想像——也只能想像——是什麼樣的戰慄引發這場逃亡？我向新到的難民蒐集證詞，一天一天，事件的全貌慢慢拼湊出來，但暴行的地理學一直在改變。每次一有大批羅興亞人到來，很快就有另一批跟上；在緬甸內陸，有更多人波浪般湧向邊界；綿延六十公里的人潮向西移動，途經命運與他們如出一轍的村落；他們被始終存在、深怕再次被攻擊的恐懼所驅使前進。每一天，來自不同聚落的故事告訴我，分析的範圍需要進一步拓展。有多少村子遭到襲擊、軍隊的清洗又有多徹底？從納夫河的孟加拉岸上，看得到對面村落焚燒的煙霧——那就是暴行特別嚴重的地方嗎？或者，在重重山脈後方，有更多灰黑濃煙正滾滾翻湧呢？

秋巴因村不是唯一以這種手法被鎖定的村落。事實隨即明朗：類似的暴力模式也在緬甸西部其他地方上演，多半在同一天，由出自同幾個營的部隊所執行。緬甸軍方有長期向平民施暴的紀錄，不只在滿目瘡痍的若開邦北部，而是在所有的多山邊界地區都這麼幹。然而，這一次不一樣，此次殘暴的程度前所未見。隨之響起的是，從文人政府到民間意見領袖的號召聲，更將軍方的地位提升為國家的捍衛者，以對抗詭計多端、侵害國人的穆斯林少數族群。地方的動能也不一樣。在若開邦北部各地，若開人的住家與即將喪命或流離失所的羅興亞人僅一箭之遙，而這一次他們協助軍隊，指點士兵穿過大街小巷，並幫忙殺害逃過子彈的鄰居。

這也不是緬甸自嚴厲的軍事統治轉型後，對西部地區發動的第一次暴行，然而這次卻無疑是最致命的，而且以令人尷尬的方式，與民主的濫觴——更寬廣的言論自由空間、新興的政治菁英角逐權位、長期遭貶抑的族群得到新的動力——連結在一起。而民主本身呢？這個詞彙似乎一直跟緬甸來來去去的革命訴求同義。或許日益高漲、主張驅逐少數族群的呼聲，就暗示著民主並不被視為實現人人平等的基礎，而是追求理想國家的手段。何謂理想國家呢？這是個恣意界定但非常脆弱的概念，脆弱到任何擋路的障礙都必須移除。羅興亞人向來被視為入侵者，他們會敞開大門，讓穆斯林深深滲透緬甸的佛教社會。佛教社群自稱這個國家是他們的，而羅興亞人會暗中損害他們脆弱的地位。難民潮開始數星期後，於孟加拉出現的證詞——羅興亞孩童被就地處決、女性被士兵集體強暴——跟從緬甸國內傳出的嘲弄不謀而合。反對暴力的異議被消音了，而曾是強大民主勢力的翁山蘇姬政府，團結起來支持軍方。事情怎會演變至此？

八月二十七日在秋巴因，隨著夜幕低垂，槍響逐漸消失，躲在池塘裡的人等待安全訊號。當黑暗悄悄籠罩，一個躺在那裡的男人聽到附近有熟悉的聲音在呼叫：「爸爸，如果您躲在那裡，請您出來。」他遲疑了一下，默不作聲，呼喊聲再次傳來。他挪開遮住臉的芋葉，爬上岸，其餘九人也跟著做。村裡滿是飛灰和火焰，煙仍濃得跟黑夜融在一起，使他們分不清方向。遠遠地，他們看到一些人影往南穿過村子。一認出那些人不是士兵，他們就追上去，最後一起走。一行人離開南界，繞過一座更大的池塘，有四具屍體橫臥一岸，接著穿過樹叢，進入稻田。他們以為自己是唯一的生還者，但在他們前方漆黑的田裡，他們隱約辨識出幾個男人、女人和小孩的身體，原本趴著，但這會兒微微移動，然後站起來——原來他們靠裝死驚險逃過一劫。

順利離開秋巴因的村民，沒多久就在附近的羅興亞村落阿特南雅（Ah Htet Nan Yar）集合。而池塘的生還者在此解散，分頭尋找親人。一名村醫在自宅以士兵無法注意到的微弱燈光治療傷患。那一晚，男人分成幾個小組，利用黑暗作掩護，越過田野回到秋巴因。村裡的建築仍熊熊燃燒。他們帶回傷患，但街上和屋裡許多倒臥的男性、女性和孩子，其燒焦或仍鮮血淋漓的身體，都被丟下了。

村子西邊，周圍田地原本如拼布般縱橫交錯，卻在不到五百公尺外，驟然隆起成一條南北向的蜿蜒山脈。那幾組連夜返回秋巴因的村民有所不知，那就是山林裡也有一大堆屍體。那天下午，當先行部隊進村裡執行任務時，有第二線守在沿著山腳的路上。那些一聽槍聲就向西邊逃、寄望能在山坡林地找到避難處的村民，都被攔截殺害了。

回到阿特南雅。第一個爬出池塘的男人在抵達此地，與同行者分開後，便動身尋找他的兒子——幾小時前當他還躲在水裡時，曾聽到他的聲音。在村子北方的路上，男人發現兒子獨自在那裡，等待其他家人抵達。兩人一起走回村裡，父親在途中謝過兒子，但兒子一臉茫然。原來兒子在大屠殺開始不久後便逃出秋巴因，也不曾靠近父親藏身的池塘；叫喚的人不是他。男人明白自己當時意識不清，但非常確定自己聽到了那個聲音，也確定那個聲音是誰。他後來問了其他同行者，他們也聽到了——不只一次，而是兩次——穿過黑暗而來，給了他們信心向前進。但那個父親馬上相信兒子不在場，也相信那天下午的人間地獄中，幫助他的另有他人。而一如許多在千鈞一髮之際幸運逃過一死的村民，他感謝真主穿過煙霧與黑暗捎來訊息：安全了，可以離開了。

午夜過後，確定士兵已不在附近，許多村民在阿特南雅集合，開始往山區出發。未來幾天，他們翻山越嶺、餐風露宿，終於從山的另一側下來，進入沿海平原，經過其他一片漆黑、人去樓空、鬧鬼般的村落，一抵達納夫河岸，便往北切到河邊的一個地點，成千上萬名逃離村子的羅興亞人聚集在那兒。他們要在那裡等待兩天，等船把他們運去孟加拉極東南的端點，一座難民營正以閃電般的速度在整頓過後的山麓上擴張。過河後，他們便可以回望緬甸。船隻在兩岸不斷往返，而在船的後面——遠方——一根根煙柱從還在焚燒的村落裊裊而升，並在天幕上，一點一點勾勒出這場八月殺戮的地圖。

第一章　當鄰人反目成仇

秋巴因村遭到攻擊的五天前，村裡召開了一場會議，而阿哈邁德（Ahmed）對那場會議印象最深的部分，是一名男子用嚴厲、強硬的語氣警告，麻煩馬上就要來了。二十五歲的阿哈邁德已經擔任「馬吉」（mazhi，社區領袖）兩年了，八月二十二日一早，他被要求把羅興亞長者集合起來，帶到小學去——也就是五天後在屠殺期間充作主刑場的那所學校。

我是在攻擊事件近一年後、第二次造訪孟加拉庫圖帕朗（Kutupalong）難民營時，找到阿哈邁德的。那座難民營雜亂延伸，簡直跟城鎮一樣大，阿哈邁德住在唐加利（Thangkali）區山腰的營房裡，來自秋巴因的村民都重新安置在這區。他們的避難所小而不擠——他們抵達時帶的家當很少，只添增了難民營市場提供的物品：塑膠凳子、草蓆、炊具。營房的地板是混凝土，牆壁則是格狀木板覆上防水帆布。熱季時他們彷彿被烘烤；當雨季來臨時，雨水劈哩啪啦打著屋頂的帆布，為難民營裡的生活提供響亮的背景鼓聲。

阿哈邁德常盤腿坐在地上，眼神溫柔，聲音低而審慎。他為人溫暖但沒什麼自信。雖然幾年前就被村民推舉擔任秋巴因羅興亞社區的代言人，但他解釋，他的權力相當有限。秋巴因實際分為兩村：從空中鳥瞰，羅興亞區像個變胖的數字「8」，而在其東北邊緣，越過一塊狹窄的田地，則是若開人的區域。小學附近有一間小型駐警所。士兵會定期視察羅興亞人家，而當上馬吉之後，協商就成了阿哈邁德的職責。來訪的軍隊多半年輕無禮，可能指使村民幫忙敲碎岩石開新路，或交出牲口做「不入帳的稅」——即保護費。當軍隊提出這些要求時，阿哈邁德能做的其實很少；他只能告訴被掠奪的村民，社區會一起出錢買一頭新母牛給他們。

八月二十二日那天早上，阿哈邁德接到村長來電。村長是若開人，住在田地那頭，從阿哈邁德家步行十分鐘可達。阿哈邁德擔任馬吉後，兩人幾乎天天互動，有時親自碰面，有時講電話。這段關係維持不易——羅興亞村民常抱怨村長敲他們竹槓，或用暴力威脅他們，甚至親自施暴。但在八月攻擊前兩個月，情況變得更糟，他對阿哈邁德和其他村民的態度變得挑釁而執拗，暗示著變本加厲的仇恨。

那天早上的通話同樣令人困擾。村長叫他和其他長者在正午前到小學集合，要在那裡召開會議。就這樣。馬吉順道前往數戶人家傳達命令，於是大夥兒一起沿著小徑往學校去。

單就會議本身來說，不至於不尋常。鎮上的軍官、警官都常來村裡召集羅興亞和若開長者。有時討論不拘形式，但多數時候語氣並不友善，議程充滿敵意。官員或許會提醒羅興亞人，依法他們不得擁有超過兩名子女，而官員常懷疑他們多生了。官員告知男人，他們的妻子必須停止生育。若未經許可建造或維修什麼建物，例如修補在風災中損壞的屋頂，羅興亞人就有被捕的危險。有時他們甚至從會議中直接被帶到警局，數星期或數個月後才放回來。這種行為司空見慣，從村民有印象以來就這樣了，而那已製造出一種乖戾的常態：羅興亞人人生的幾乎每一個層面，都受到附近權威當局的嚴密監控。

但阿哈邁德等人隨即明白，那天早上的會議不一樣。在他們前方，一批批士兵在小徑上等待及監視著。一行人經過士兵，進入學校川堂。校內有位高階警官，兩側站著阿哈邁德認得的較低階警官，另外還有一位他沒見過的軍隊主官，若開村長在他們旁邊。打了幾年交道，阿哈邁德認得出附近許多常駐軍官的臉，但這位主官和他的人馬來自更遠的地方，是從實皆省（Sagaing Division）來到若開邦東北的。

多年來，已有形形色色的官員來到秋巴因提出建議，隨時光流逝，建議逐漸變成要求，不但不可拒絕，且愈來愈脅迫。二〇一五年底，緬甸政府開始針對羅興亞人推行「公民身分驗證卡」（National Verification Card）。表面上，接受這種證件是開啟公民身分申請的過程

——長久以來，羅興亞人一直在不具公民身分的情況下，生存於緬甸社會邊緣。緬甸政府告訴羅興亞人，他們在行動及取得公共服務上所面臨的嚴格限制，馬上就會解除；與隔離無異的生活情況，也將寬鬆許多。

那位軍隊主官開門見山表示，這仍是討論主題，但其嚴厲的語氣讓年輕的馬吉明白，這次的最後通牒非同以往。先前幾次會議，羅興亞人可能一再詢問或質疑某項要求，只是說話要謹慎，而且只能跟他們熟悉的官員這樣講。但那一天，在場眾人一聲不吭。軍隊主官站在一張桌子後面，開始說：「現在我要你們仔細聽好，政府派我們來這裡執行某些事。問題在於你們不是這個國家的人；你們在這裡是非法的，所以你們得照我們吩咐的去做。」

主官繼續：「我們計畫發卡給你們，如果你們還是拒絕，我們會盡全力殺掉這裡的每一個人；我們會把你們的村子燒成灰燼。那對我們來說不是什麼大不了的事。我們在別的地方幹過這種事，只要人們不聽我們的話，我們就會這樣做。」

聚集在他面前的村民一片沉默。「沒有人問任何問題。」阿哈邁德說：「我們就靜靜聽他說。他們不是沒用過挑釁的語言，但這次不一樣。」

羅興亞人一直不肯接受公民身分驗證卡，是基於一個特定的理由。官方一開始要求他們登記為孟加拉人。羅興亞人反對。若是如此，不就形同默認他們活該被社會排斥？承認他們一如緬甸盛行的觀念——並非緬甸土生土長，而是從孟加拉大舉越界而來的非法移民？就算在驗證卡上標註種族和宗教的命令已經撤銷，羅興亞人依然拒絕，因為政府仍可能故技重施。以往，他們的身分證件就曾被官方以換發新證為由沒收，但新證始終沒有下文。一年一年過去，他們不但沒有更融入緬甸社會，處境還愈來愈危險。他們怎能肯定這一次會不一樣？

會議結束時，阿哈邁德只說他會和村民討論這道命令。軍隊主官叫他在隔天晚上前回覆。阿哈邁德回憶道他離開川堂時覺得前途一片黯淡，渾身充斥著「大事不妙」的強烈預感。

隔天早上他邀集村民，概述了政府的要求。村民仍舊拒絕。他告知村民，這次會有麻煩——沒有具體描述，因為政府沒有明說——但告訴他們，這一次的警告有他之前從沒聽過的決絕。這位年輕人明白自己的角色是當社區的代言人，而非箝制者，所以後來他打電話給若開村長，告知村民的答覆。電話另一頭的聲音警告，他們要趕快離開這個國家，否則會被殺掉。「記住了嗎？」那聲音咆哮。但村民的決定無法更改，兩人便掛斷電話。

讓阿哈邁德意想不到的是，五天後，當士兵進入村子開火，是村長指揮他們穿梭秋巴因的街弄、透露羅興亞人的藏身處、告知軍隊該朝哪裡開槍。

針對若開邦北部羅興亞村落的第一波攻擊，是在秋巴因遇襲前兩天展開的。而在很久以後，軍方仍聲稱那次行動是出於反擊。那時我人在倫敦，而二〇一七年八月二十五日一早，新聞便開始報導若開邦北部的駐警所遭到羅興亞好戰團體攻擊；約有三十處被成群結隊、攜帶棍棒、開山刀和自製爆裂物的男人襲擊。有十四名保安人員被殺，而當武裝分子消失在森林或村落時，軍方開始掃蕩。

若開羅興亞救世軍（Arakan Rohingya Salvation Army）在前一年十月首度引起公眾關注，那時一起類似針對維安目標的攻擊事件，招致軍方暴力行動，迫使超過六萬五千名羅興亞人逃入孟加拉，也預示來年更慘烈的屠殺。該組織由生長於沙烏地阿拉伯的羅興亞移民領導，在二〇一二年若開人與羅興亞人暴力衝突、迫使數萬羅興亞人進入難民營或軟禁在村子後，打著「堅定信仰運動」（al-Yaqin）的旗號所成立。傳聞其最高指揮官曾在巴基斯坦接受訓練，該組織默默動用孟加拉和若開邦的家族人脈和地方伊瑪目，在羅興亞人占多數、卻由若開人佛教徒控制的若開邦北部農村逐步建立步兵網。

二〇一六年十月攻擊事件後，軍方在若開邦北部地區嚴密搜索，開始逮捕、偵訊民眾。國營媒體宣稱若開羅興亞救世軍和外國恐怖分子結盟。《緬甸新光報》（*New Light of Myanmar*）聲稱其領導人冒充難民，在孟加拉建立基地，也在那裡向聖戰士（jihadist）團體獻殷勤。

在發布數支影片、登上社群媒體駁斥恐怖分子的指控後，救世軍便消失不見。幾個月過去了，似乎沒有人知道領導階層的下落，除了政府派駐羅興亞村落的線民不時失蹤，以及曾於山區發現訓練營之外，人們甚至不知道該組織是否還在活動。但它在二〇一七年八月再次出手，引爆大出走潮。

在軍事行動數週後，仍有數萬人持續湧入孟加拉，村子也繼續焚燒，聯合國於此時發出警告：一場「教科書級的種族清洗」正在進行。但在緬甸國內，截然不同的事件版本正在成形。軍隊堅持的說法，很快就得到翁山蘇姬政府的呼應：這是一場精確的肅清行動，旨在擊潰隸屬若開羅興亞救世軍的「恐怖分子」。叛亂團體固然一再聲稱只有政治目的——替無國籍的羅興亞人爭取公民身分和平等權利，以及信奉伊斯蘭教的自由——但其身分不明、暗中成立，且得到巴基斯坦等地教士的支持。其朦朧未知的組成和意圖，助長了緬甸國內愈來愈流行的「反敘事」：將救世軍、甚至更廣大的羅興亞人口視為有穆斯林世界黑暗勢力撐腰的首要侵略者。軍方和政府官員都聲稱是好戰分子放火燒村，以便誣陷軍方為暴行禍首，也指稱逃走的羅興亞人亂編故事。軍方或許有血腥鎮壓少數族群的不良紀錄，但這一次不是，事實就是如此：羅興亞人圖謀玷汙國家的形象，騙取國際支持他們想攫奪的公民身分。

掃蕩期間，有些羅興亞男人和男孩被拖出村莊、指控協助救世軍，並被帶往軍事基地嚴刑拷打。緬甸軍頭敏昂來（Min Aung Hlaing）的臉書很快就多次貼文警告這種新威脅，並宣稱需要快、狠、準的威懾。很明顯，救世軍正中下懷，提供了軍方渴望已久的事物：共同敵人。敏昂來懇求大眾支持軍方，但他認為威脅不只來自某位行蹤飄忽的高階指揮官，以及其所領導、反覆無常的村民游擊隊；他指出，更大的「孟加拉議題」儼然成為「民族大業，我們必須團結一致，釐清真相」。[1]

若開羅興亞救世軍或許象徵了若開人和其他許多緬甸民眾心中長期的恐懼：被賦予權力的羅興亞少數族群可能會利用這種政治轉型，在緬甸建立更穩固的立足點，篡奪本地佛教社群的地位。他們對軍方的戰略價值也未被忽視。軍方發現，任何反對「肅清行動」——每天迫使數千人逃亡的行動——的聲音，馬上會遭到緬甸民情輿論抨擊。這個國家認定種族及宗教身分是忠誠的首要指標，在這種扭曲的邏輯下，每一個羅興亞人都是謀反者，因此批評軍方夷平平民村落，就等於支持恐怖分子。逃跑的羅興亞人，其說辭普遍被斥為捏造——他們這群孟加拉移民如泣如訴，只為博取國際同情，圖謀不軌。聯合國報導羅興亞女性遭士兵「集體強暴」；翁山蘇姬政府反駁，說羅興亞婦女在製造「假新聞」。聯合國特別報告員李亮喜（Yanghee Lee）在事件發生六個月後指出軍方行動具備「種族滅絕的一切特徵」。輿論仍不屈服。

二〇一七年的暴力攻擊，在不同村莊採取了不同形式。「我在下午兩點察覺事情發生了。」阿哈邁德這麼說，接著出奇超脫、冷靜地回想起第一批子彈是如何劃破那個午後的寧靜。那天下午，他待在位於村子西緣的姊姊家裡給手機充電，一看到士兵出現在村界後方的田野，便拔腿跑向比較多人聚集的南邊，再跑回一個鄰居家中。在秋巴因，村民只有幾分鐘，甚至幾秒鐘的空檔可以理解、處理這件看似突然憑空出現的災難。但在其他村莊，軍隊指揮官抵達時會放低槍口，先告知人們：撤出村子，到孟加拉去，你們的村子是下一個。在另一些村莊，山雨欲來的徵兆十分明顯，但到底會發生什麼事則不明朗。

載迪平（Zay Di Pyin）就是其中一個村落。在火燒秋巴因前兩天，阿哈邁德曾見到煙從三公里外的載迪平上竄。他知道，已為時一個月、若開居民在載迪平村驅逐羅興亞人的行動，於當天到達高峰。

若開救世軍在二〇一六年十月發動攻擊，所引發的效應絕不只是軍方掃蕩若開邦北部而已。那波攻擊更清楚表明，羅興亞人的整體形勢正急轉直下。那使地方的社群關係更劍拔弩張，若開人及緬甸更廣大佛教人口的長年恐懼被具體化：緬甸西部上百萬羅興亞人顯然構成安全威脅，急需矯正。那波攻擊等於賦予若開百姓權力，在權威當局的協助下，於二〇一六年十月後，他們採取好幾個月的措施來遏制想像中的威脅：禁止羅興亞人離開村落，不許他們自由行動，限制、甚至完全切斷給羅興亞人的維生補給。

二〇一七年七月初，一場類似阿哈邁德在秋巴因參加過的會議，於附近的載迪平召開。這一次，八十四戶羅興亞人家的每一個成員，共約六百人，都被要求與會。會議沒有軍官列席，只有移民署幕僚、當地若開村長，以及守在建築外的幾名邊防警察。會議由移民署官員主持，他的語氣沒有那麼嚴厲，但重點相同：羅興亞人必須接受公民身分驗證卡，如果拒絕，就不得離開自己居住的地區。

散會後，村民走出會場。他們以前就聽過這些，就像其他多數羅興亞人一樣，他們拒絕了。這一次也不例外。雖然官方沒有實質暴力恫嚇，所以他們沒有感受到秋巴因居民聽聞軍隊主官警告時所萌生的恐懼，但載迪平會議的與會者仍然很生氣。官員說他們不是緬甸人民，只是「非法移民」。而官員發布這種聲明的頻率愈來愈高。似乎有什麼事情正逐漸逼近——但他們不知道是什麼。

以往，載迪平村的羅興亞區和若開區之間沒有明確的界線。羅興亞人做禮拜的清真寺位於若開區內；羅興亞人會去數條街外的市場，跟若開商人一起做買賣；若開人可自由穿越鄰區去羅興亞區西側的蝦池工作，或往北到伸進河流的突堤碼頭。一如許多若開邦村落，這兩個社區曾共用相同的公共服務、上一樣的學校和市場、一起坐在茶館裡。

但那場會議數週後，謠言開始在若開人之間流傳：一個村民在附近採集食物時失蹤。保安人員相信他被殺害了，並歸罪於救世軍，宣稱該團體在附近山區設立訓練營，並從各村召募羅興亞人。消息很快傳開來，七月底一天上午，載迪平村的羅興亞居民看著界線終於劃了出來。羅興亞居住區的每一個出入口都架了鐵絲網，把羅興亞人關在裡面。西邊，鐵絲網繼續沿著蝦池堤岸架設，然後右彎，改而與河流平行。數百名若開人在村長的領導下進行工程，從清晨工作到中午，將圍籬延伸到東緣和南界。士兵和邊防警察一再前來視察。困在裡面的羅興亞人害怕到不敢問若開人，所以他們問士兵發生什麼事了，為什麼要這樣把他們困在裡面？士兵叫他們閉嘴：「你們在這裡是少數人，你們對此無能為力。」

於是接下來五個星期，他們被關在自己那一區挨餓。若開人在圍籬外多點站崗，夜以繼日地監視他們；士兵不時前來視察，掌握情況，然後離開。日落月升，黎明黃昏，他們還是在裡面。只有一次，大約三星期後，一小群人獲准去兩公里外的村子採買糧食。其他時候他們只能吃從地上冒出來的野芋葉，和採集其他可食用的植物；他們喝池子和水坑裡的水；他們砍倒一棵樹，把殘墩裡的木頭挖出來，形成一個盆子，在裡面搗碎稻殼。

二〇一七年八月初，也就是圍籬架設數週後，我開始聽到傳聞：羅興亞人被封村、不得離開、已經受困好幾個星期、難以取得食物。就這樣。我根本不知道究竟發生什麼事。後來我碰到四個在鐵絲網架設時待在羅興亞區的村民，慢慢地，那兩個社區的嫌隙怎會深到一方非得把另一方關起來不可，故事就拼湊起來了。如果秋巴因是軍隊嚴厲野蠻的典型示範，那載迪平就揭露了在若開邦運作的另一股黑暗力量。

珊蘇・納赫（Shamshu Naher）與家人同住在羅興亞區東緣，毗鄰一名若開警察家。兩戶人家只用隨便搭設的竹籬區隔，可以看到對方的院子，也常隔著竹籬交談。身為村裡的幼兒園老師，當若開和羅興亞小孩仍一起上課的時候，她會教來自若開社區的孩童。

說到她在鐵絲網架起前的生活，珊蘇總是亟欲強調，以往她和鄰居的關係相當好。那似乎是正文的必要序言。她列出這些年來許多象徵雙方友誼的互動：有一次她養的小雞穿過竹籬死掉了，她沒有開口要求，鄰居就自動賠她一隻；鄰居常把晚餐吃剩的咖哩送給她，有時直接拿到她家前門，有時從竹籬那頭遞過來。鄰居的孩子會跟她弟弟一起玩。若開人和羅興亞人的關係，在二〇一二年若開邦他處一波社區暴力衝突後開始變得緊張，但她和鄰居的情誼依然堅定。就算情勢惡化，有些若開人開始斷絕給村裡的羅興亞人糧食與援助，但只要她默默塞錢給鄰居，鄰居就會拿米給她。

一切在救世軍於二〇一六年十月襲擊維安單位後開始轉變。政府針對全邦羅興亞人實施宵禁，意味她不能在晚上工作。位於若開區的清真寺被燒毀，她不知道是誰放的火。她聽到傳言——攻擊事件的數週後，若開社區曾召開一場會議，決議任何被逮到跟羅興亞人講話的人，都要罰錢。

於是她和鄰居不再交談。雙方都沒提到一刀兩斷，也沒有表示「這是最後一次、到此為止」的對話。她回想，每當鄰居在街上或竹籬那邊看到她，都會臉色一暗，撇過頭去。羅興亞區的成人，不能再去若開區的市場，所以他們派孩子去。然後某一天，那些孩子被人用力丟石塊，從此他們都不再前往。

幾個月過去，兩個社區進一步隔離。士兵平常一、兩個星期視察載迪平一次，但到了二〇一七年六月，他們一天要來兩、三次。收成季前，羅興亞人仰賴國際援助團體來補充他們微薄的存糧，但一些若開鄰居試著阻擋運送車。到六月底，家住羅興亞區附近的若開人完全不再進入羅興亞區。不斷有石塊扔到街上，孩子們再也不能到空地玩耍。

圍籬架設十天前，清真寺又被縱火。然後若開村民失蹤的謠言傳進珊蘇耳裡。屍體已經在河流上游找到，明顯被棍棒毆打過。隨後，三個在載迪平若開人家中當幫手的羅興亞人遭到殺害。

珊蘇開始注意到夜晚有不尋常的狀況發生。隔壁人家的女人和小孩會在傍晚離開，而有男人抵達。他們帶著長刀和步槍來。雙方會在上午換回來，然後傍晚再次換班。她擔心受怕，因此搬到羅興亞區的另一邊去。她看到士兵晚上跟若開村民喝酒——這不尋常，因為若開社區向來對那個地區的士兵懷恨在心。然後鐵絲網架起來了。珊蘇後來回到自己家中，偶爾瞥見鄰居。回想鄰居在封村後看到她的反應，她的記憶是一幕短暫的畫面：警察在圍籬那頭指著她訕笑，鄰居的妻子一看到她就轉過身去，關上前門。

當鐵絲網於八月二十五日拆除時，攻擊也開始了，士兵、邊防警察和附近屋子的若開男人，從東側湧入開火，珊蘇和其他人拔腿往西奔向蝦池。在那天前，珊蘇曾多次見到鄰居，但他們完全沒有暗示或警告她馬上就要發生的事。九個村民遭槍殺，所幸其他人能從鐵絲網開出缺口，跳進池塘。除了兩個九歲和兩歲的男孩，其他人順利涉水過池，一上岸便往南飛奔，跑向約一個星期前幾個人獲准去採買糧食的村子。

同一天稍晚，阿哈邁德從秋巴因看到載迪平竄起濃煙。就在那時，畫面開始在他腦海裡浮現：軍隊主官三天前的威脅即將降臨秋巴因。

二〇一七年九月初，年輕的馬吉順利抵達孟加拉，並馬上開始尋找其他秋巴因村民。雖然多數人在攻擊當晚從阿特南雅出發，但有一小群人滯留了一個多星期。他們親眼見到軍隊生擒帶走家人，但覺得家人有可能被放回來。然而到了那個週末，陣陣腐屍臭味開始隨風飄來，卻沒見到被捕村民回歸的跡象，他們也離開了阿特南雅往山裡去。幾天後，軍隊也過來燒了阿特南雅。

庫圖帕朗附近的山丘整頓得很快，逃離前幾次軍事行動的羅興亞人，都以這個難民營為家，但這會兒營區更快速膨脹。前一年抵達時得睡路邊的難民，現已有房子住了。從阿哈邁德在唐加利的營房往西走一小段路，便是珊蘇和其他載迪平村民住的避難所，彷彿這些社區是從他們在若開邦的土地上一塊塊切下，照原來的格局移植於邊界的另一端。

阿哈邁德仍保有「馬吉」的頭銜，並為這個重新組織的社區擔任斥候。我拜訪唐加利的每一個早上，他都很少待在屋裡，而我會往上走個幾戶，在擁擠的兩房屋舍之間，於一頂小遮陽篷底下等候。在唐加利坐落的山丘間，原本就有多條泥土路，而新的泥土路像數千條小動脈一樣阡陌縱橫，蜿蜒穿過滿是營房的山丘。忙碌的營區有蟻窩的感覺，每一條通道都有揹負建築材料或食物的人來來去去。竹子疊得太高的卡車，每小時都要沿著坑坑洞洞的泥濘路呼嘯過好幾趟，好駛進營區的主要出入口；等候的男人和男孩會爬上車，把長長的竹竿遞給站在下面的人。

雖然阿哈邁德和其他長者仍試著確認那五十九個被捕者的命運，但他們已立好一份他們自覺是死者名錄的清單。在第一頁最上方，他們用英文寫著：「二〇一七年八月二十七日被殺的人（秋巴因／拉代當〔Rathidaung〕）。姓名和細節都列在下面一張表上，而我坐下來開始讀。最上面是一位「Shanameya」，父親名叫「Matason」，年齡二十四歲；接下來是「Saulamotollah」，「Kalumeya」的女兒，三十三歲。資料很厚，有三十來頁，一頁十個名字。後幾頁有「Robiullah」，十三歲；「Zainap」，三歲。在後面有「Saday Kuraman」，兩歲；「Aleya Motollah」，一歲半；「Fataymakatu」，「8m」——八個月大；然後是「Reay Na Begum」，七個月大。我看到的倒數第二個名字是「Reay Zu Wen」，二十歲，「Reay Na Begum」的父親。那天下午，他在抱著七個月大的女兒穿過村子時中槍身亡，女兒也喪命。

秋巴因在暴行前，人口約一千四百人，共三百五十八人遇害。其中超過一百人不到五歲。但秋巴因並非特例。其他數個村子也傳出幼童被鎖定的情況——不是在暴行時掃除，而是刻意被挑出來處決。八月三十日，秋巴因被焚三天後，敏奇村（Min Gyi，羅興亞人稱圖拉托利〔Tula Toli〕），也經歷了極血腥的一場八月屠殺，據估有超過七百五十人遭到殺害，而一如其他村落，倖存者一抵達孟加拉，便開始擬死者名單。一位住難民營另一區的長者，給我看了其中一份，上頭有七個孩童的名字，年齡從五個月到十一歲不等。頁面中間有一欄名為「犯罪類型」，簡述死因。在五個女孩和兩個男孩的條目旁，那一欄註記著：「被扔到河裡淹死。」我拍下那一頁的照片，而那位長輩開始查看他的手機。幾分鐘後，他挨過來，我們開始觀看一支影片。影片結束，我請他再播一次。我在第二次觀看時寫的註記如下：「影片中，幾個嬰兒被水沖上河岸爛泥旁。周圍民眾哭喊『Oh bazi, oh bazi!』（噢，父親快來，噢，父親快來！）孩童也站著圍觀。一名男子走向其中一個躺著的孩子，把手按在他的肚子上。」

那張表顯示，在圖拉托利下游泥灘發現的孩童中，有四個孩子來自同一個家庭。那位長者一看到士兵就先逃入河邊附近的墓園，然後過河，躲在對岸的雜木林裡。從那裡，他可以回望村子東緣，一群士兵開始把幼童從父母身邊拉走，一一扔進河裡。在他們身後，數百人的部隊繼續朝村民開槍，而士兵將村裡的女性帶到河邊的一個地點聚集，再分批帶到一排尚未燒毀的房屋內。逃出敏奇村的村民沒有人能確定那些屋子裡發生過什麼事，但像那位長者一樣從遠方觀看的村民都知道，那些女性沒有再出來了，而她們所在的那些屋子，後來也被放火燒了。

若開邦北部各地羅興亞人的證詞，在之後幾個月彙整成一幅地獄般的壁畫。在敏奇、秋巴因、載迪平及其他數百個村落，村民的說法由新聞記者和調查人員反覆交叉比對，並與被滅村子的衛星畫面對照核實。而羅興亞人逃離期間，設法用手機錄下的零星片段，讓原本只能想像的情景歷歷在目。二〇一七年這個短暫的片刻，緬甸突然擠入全球的聚光燈下，軍方野蠻的暴行登上頭版。

若你從遠處觀看這個黑洞，自然會預期裡頭充斥著極端暴力。軍方的行動雖然看似毫無根據，但如果秋巴因或其他地方有一百多名孩童遇害，那我們就想明白原因，想知道軍方怎麼下得了手，想理解是什麼樣的個人或集體心理狀態，催生出這種行為，並將之合理化。為什麼要殺害孩子？殺害孩子可以達到什麼目的？

羅興亞人出走兩個月後，一支無國界醫生團隊在庫圖帕朗難民營的六個區域進行死亡人數調查。他們保守估計，光是第一個月就有六千七百人「死於暴力」，並警告數字可能接近一萬。[2]在這數千人中，有七百八十個孩子不到五歲，大部分被槍殺或燒死，一些被打死。

我實在不能不注意到一件當時未發生的事。殺童的報導在二〇一七年十月出爐，緬甸國內的輿論風向卻沒有明顯轉變。輿論仍高聲斥責羅興亞人捏造事實，輕蔑逃亡者的音量有增無減。而每當有一份證據公布出來，情況就變本加厲；羅興亞人的敘述和新聞記者報導的故事，與國內廣獲認同的事件版本差距愈來愈大。「羅興亞人是假裝本地人的外國人」這個由來已久的觀念，催生出第二種執念：羅興亞人正在製造一場危機，以騙取各國政府同情，支持他們爭取平等權利。他們不是受害者，而是詐騙大師；政府發言人佐泰（Zaw Htay）警告，八月出走是「陰謀」的一部分，為的是「誤使」國際社群相信「有大規模遷徙潮。」[3]就算鐵證如山，還出現一貫的殺戮脈絡，也無法遏止這個陰謀論，人們反而更認為羅興亞人比原本設想得更周密完善。一如在國內其他地方針對少數民族採取的焦土政策，軍隊在若開邦的行動未被視為侵犯之舉，而是保護國家對抗伊斯蘭擴張陣線的必要手段。這促成第二個必然結果：得到民主派人物支持的改革政府，與「不論事情真相為何，羅興亞人都是罪有應得」這個看似普遍的觀點，明顯合流了。

八月作戰開始後，世界領導人忙著譴責他們在若開邦北部看到的無差別暴力，但在緬甸國內，截然不同的觀點已扎根生長。假如有一整個團體被視為國家威脅，軍隊就可以無差別攻擊嗎？「每個羅興亞人都是獨立自主個體」的概念早被拋諸腦後，人們改而相信：每個羅興亞人的所作所為永遠是為了謀取身分，並以此奪取公民權、政治權、征服和伊斯蘭化。

暴行開始幾個月後，阿哈邁德和其他社區領導人向孟加拉難民營的訪客講述他們在攻擊前幾天和軍方開的會議，每一場都以一句嚴厲的警告收場。研究人員漸漸釐清暴力的模式，了解有哪幾個營涉入，責任如何劃分。顯然，早在救世軍襲擊之前，就已經有數千名士兵部署於若開邦北部各地，彷彿在等待出兵肅清的藉口。若開羅興亞救世軍開始行動不到幾小時後，我們就聽到軍方宣傳機器嘎嘎運轉了。

但在災難愈演愈烈的報導中，平民的涉入程度常未加以探究。軍隊的特徵是人民指望它在特定的情況下動用武力，不論是否有正當性；但百姓參與大規模罪行的動機，向來複雜得多，他們通常未獲授權使用暴力。一般而言，平凡的農民、市場的商人或教師，都沒有受過暴力的薰陶。像珊蘇那被鄰居嘲笑與冷眼相待，是需要受過薰陶的；而近距離的施暴，就像秋巴因村民碰上的那種，更需要培養。在緬甸西部，和受害者並肩成長、一起讀書和做生意的社區居民，都在八月攻擊裡扮演積極主動的角色，而他們懷抱的怨毒不亞於士兵。村長指點軍隊揪出藏匿的婦孺；向來鄙視軍隊橫行霸道的若開人也轉而協助軍隊。就連遠在暴力區之外，沒有羅興亞人蹤跡的地區，軍事行動也得到民意的聲援。

我已相當了解種族清洗和種族滅絕的力學，很清楚儘管這樣的行動是以瘋狂殺戮引人側目，源頭卻從很早之前就悄悄開始，不是從行動，而是從概念：這些人不是我們的一分子。假如這個觀念生根了，那什麼東西都長得出來。在此過程，只要有適當的資訊注入社區，加上特定的行動，便可能促使一個人對周遭環境及居住人口的理解發生根本的轉變。

阿哈邁德不僅詳盡描述他和村民逃離時的大屠殺場景，也回憶起更早發生的事；不只是數星期、數個月前發生的事，還有幾年前發生的事。他痛苦地想起舊軍人集團如何操弄政治，害他出生時沒有國籍，也詳述緬甸在他出生後二十多年間對羅興亞人實施了哪些令人喘不過氣的管控措施。不公不義持續累積，羅興亞人的遷徙、工作和宗教自由逐步緊縮。這些都是在世上沒什麼人注意緬甸的時候，在封閉獨裁的軍事統治下進行的。

但接下來，脫離獨裁統治的轉型期開始了。如果你和羅興亞人聊得夠久，你會清楚得知，那個時期有分前期和後期。在不久前——有個明確的時間點——他們原已無力的狀況開始雪上加霜。我在轉型後曾數度拜訪若開邦，走遍該州中部的村鎮，也深入偏遠的北部；外國人向來需要特別許可才能進入。二〇一二年，也就是軍方攻擊羅興亞村落的五年前，緬甸西部的佛教和伊斯蘭社區曾嚴重決裂過。當時就很明顯，不斷變遷的社會顯得脆弱不堪，引發人心浮動、憂慮恐懼，而那種情緒逐漸結合成某種有致命可能的東西。不同身分認同族群（不論種族或宗教）之間的隔閡似乎不斷加深，且不只在若開邦，整個緬甸都是如此。

「我們曾在彼此的村莊工作，我們曾在彼此的家中過夜，像家人一樣。」阿哈邁德話說從前，那畦分隔秋巴因兩區的狹長稻田，當時感覺還不像致命的分歧。「但後來限制愈來愈多，我們的友誼也變質了。我們不再去他們家中拜訪，不再去茶館。我們一直感到恐懼，前所未有的恐懼。」

第二章 擴大的分歧

在緬甸西岸、秋巴因村南方五十公里處的實兌（Sittwe），有一條路從鎮中心出發，往孟加拉灣一望無際的蔚藍而去。道路兩邊都是一、兩層樓的建築——茶館、住家、理髮店，有的磚造，有的木造。但隨後這條路驟然轉直，建築倏然消失。取而代之的是原野——矮樹遍布，四處點綴著小木屋。屋子的間距很怪，彷彿是匆匆搭建的，不打算久住。從路上往南邊看，你可以從房屋之間的空隙看到遠處一排標出區界的樹。這區名叫納錫（Nasi），但跟以前的納錫一點也不像。那些木屋散布在凌亂不整的灌木間，住的都是擅自占地的人，取代了昔日一簇簇由狹巷窄弄連結的住宅和店家。這裡曾有十一個小分區——有些住佛教徒，有些住穆斯林，有些混居。位於路旁的地區中心，曾坐落一所高中，來自納錫各角落的學生在此一同學習。

二〇一二年六月十二日上午，郭繆（Ko Myat）人在實兌北方十公里的村子裡。四十三歲的他跟多數帕達雷村（Par Da Lek）的男性一樣，長年在附近幾條注入孟加拉灣的支流上捕魚。他幾年前就跟妻子離婚了，目前一個人住在村後一間架高的木屋裡，路上會經過市場和灰塵瀰漫、孩子踢著足球的空地。就他所知，他的村子一直世居著信奉佛教的若開人，不過羅興亞人會來這裡做生意。他們也會在附近的小溪釣魚，並且每天從一村移動到另一村的市場，直到把上午的漁獲賣光為止。

但到了那年六月的第二週，帕達雷日常生活的規律被打亂。耳語傳遍村裡：接二連三的暴力事件，在離村不遠的地方發生。那些不是報紙的報導，而是口耳相傳的謠言，說有若開人在家裡遭到攻擊。是羅興亞人幹的。

帕達雷從沒見過這種暴力，但村裡出現奇怪的隆隆聲響。二〇一二年六月十二日前兩天，男人陸續上巴士前往實兌的商業區。郭繆看著他們一波波出發。他說，他們是被村長趕上巴士離開的。那兩天，他都站在村子的入口觀望。位於忙碌市場上方的一道邊坡上，巴士來來去去，空手站在那裡等的男人會被交付武器──棍棒和開山刀──再上車。

這個村子與最近的穆斯林社區相距約十公里，他從不擔心類似的追逐戰會在家附近爆發。但那些男人前往的地方，戰鬥分外激烈。六月十二日，吃完午餐後，他前往入口，自願前往。有人告訴他，實兌一間寺院會提供食物給當天的參與者。郭繆算不出前兩天離開的村民數，但他很快了解這場戰鬥的規模。當天下午一抵達納錫區，他就看到許多巴士停在筆直路段的附近，就像觀光巴士停在美景勝地的停車場那樣，他們從同地區其他村子載若開人到實兌來。道路兩側，住家焚燒的黑煙直竄上天。他記得那天，當周遭燒毀房屋的餘燼綻放光亮，天空正下著毛毛雨。濛濛煙雨交織成一片超現實的薄霧，籠罩四周。「好像電影場景。」他回憶說。

不過三天前，納錫還是數百戶人家的家園；郭繆抵達之際，許多建築物已被夷平，他幾乎沒有房屋可以毀壞。儘管如此，在巴士上不斷鼓勵他和其他村民的男人，仍把全車人員分成兩組，一組潛入區中燒掉剩下的房子，一組拿著武器守住出口，聽候指令攻擊任何逃跑的人。他加入第二組，在其他人帶火把走進區內燒掉仍然屹立的建築物時，自己留在路邊好幾個小時。他說，五個小時之間，他沒看到什麼肢體暴力，只看到暴民在縱火。

「我們那一組站在路邊，還留在納錫區沒走的穆斯林大都待在裡頭。他們害怕得不敢出來。」

那天下午，那兩組人馬接獲指令撤出那個地區，並上了等候在外的巴士。它掉頭繞過實兌外圍，轉往北走。二十分鐘後，他們回到自己村子的入口。在他們身後，納錫已成廢墟。

我在二〇一五年底，也就是若開人與羅興亞人第一波暴力衝突三年後，第一次碰到郭繆。我們並肩坐在他帕達雷家中的平台，聊二〇一二年六月的事情，聊了好幾個小時。那次攻擊後，實兌鎮上和附近的兩個社群立刻斷了互動。在實兌鎮上，納錫和其他穆斯林（不論是羅興亞人或其他穆斯林少數群體）的居民，不是被趕去沿岸迅速湧現的難民營，就是被限制居住在未被夷平的昂敏加拉爾（Aung Mingalar）和布梅（Bumay）兩區。警方在這兩區的出入口布了檢查哨，確保居民無法離開。在實兌北方的村落，佛教徒和穆斯林之間的接觸幾乎完全中斷。以往郭繆每天都會看到一些穆斯林漁夫進村裡做生意，那些人都不來了，而在全鎮各地及附近，兩個社群已不相往來。實兌及周邊地區的社會動能徹底改變了，甚至在沒有發生暴力衝突的遙遠村鎮，兩個社群的關係也經歷深刻轉變。在彼此互動曾稀鬆平常的地方，現在也都斷絕來往了。

在緬甸脫離軍事統治之際，二〇一二年六月初的暴力是第一波驚動國內的佛教徒－穆斯林衝突。同年十月掀起的第二波，始於十月二十二日一早，若開邦九個鎮上的穆斯林社區遭到精心組織的暴民攻擊。一如六月時，這些攻擊主要鎖定羅興亞人，但緬甸西部其他少數民族，如卡曼人（Kaman），也是目標。這波攻擊再次展現驚人的效率：數個鎮的穆斯林區全被一批批搭卡車或船隻前來的武裝男子夷平、掃蕩一空。那些男人在六月衝突後更加堅信，穆斯林人口正迅速增加，並稀釋佛教人口的比例，大舉占用他們的資源。

在郭繆上巴士前往實兌的同時，我人在緬甸另一邊，躲在中緬邊界拉咱村（Laiza）的飯店裡。那裡是克欽獨立軍（Kachin Independence Army）的大本營——近五十年斷斷續續和軍隊戰鬥的數支民族武裝團體之一。當時我已經在緬甸工作好幾年，而這些正是我慣於報導，也自以為了解的衝突。種種衝突似乎都能清楚刻劃出參與者及其忠誠行為：一邊是民族武裝團體和其利害關係人，一邊是緬甸軍隊；兩者之間則有零星的盟友。這些存在已久、時而殘暴的衝突，常被外國媒體浪漫化，不是變成善惡之爭，就是叛軍對抗可笑軍人集團的「正義之戰」（just war）。由於長久以來，大多數緬甸人口對統治半世紀的軍方深感不屑，沒什麼人懷疑民意普遍偏向哪邊：沒有人希望軍方在邊境告捷。

但在民主轉型開始時於若開邦爆發的暴力，卻不適用「萬惡軍方對上善良百姓」這個工整（也過分簡化）的情節。這是地方上首次引爆劇烈動盪，當地人對於某族群是否屬於這個國家有所爭議。從二〇一二年起，暴力已從村莊、城鎮再到都市，從緬甸西岸跳到東北山區，五年後又再回到若開邦北部。暴力的動能和本質都隨時間演化。不同於二〇一二年若開邦的第一次爆發，種族是主要的分歧點，次年始於緬甸中部的佛教徒－穆斯林動亂，卻常見到出於同族、先前從未有過衝突的社區也兵戎相見。在過渡期的喧嚷中，「我們」與「他們」、外人與「土地之子」開始更明顯地劃分開來。佛教信徒和聖職人員之中的言語煽動者，視緬甸的穆斯林——不只羅興亞人，還有其他社群——為外來者，打定主意要摧毀這個國家，摧毀多數人信仰的佛教體系。

當我和郭繆坐在他家的陽台時，他仔細思考了當初參與的動機。他是個膽小、行事猶豫的男人；除了沉默寡言，他也很少與我視線接觸。當我想像他站在納錫區外，監視著巷弄、阻止羅興亞人逃跑的畫面時，他的臉一點也沒有殺手那種果決的樣子，反倒是提心吊膽，甚至擔心受怕。但當他概述數年前那天下午搭上巴士的基本理由時，卻平靜地流露出信念。身為若開佛教徒，他覺得受到同邦的穆斯林威脅。「如果我不保護我的民族，它會消失。」他這麼相信著，那些外人是來這裡侵占若開人世居數百年的土地。緬甸民主變革的萌動可能會創造公平競爭的環境，讓長期覺得被軍方剝奪公民權的社群，要求得到更大的權利。穆斯林尤其可能會利用這點。若是如此，緬甸佛教徒就會受到損害，就像在馬來西亞、印尼等伊斯蘭已生根發展的地方那樣。

我們聊了納錫攻擊事件的細節，以及他所感受到更廣泛的焦慮，就這麼聊了好一會兒。但二〇一二年的暴力來得如此突然，我問他能否找出導火線。他解釋，那年五月底曾發生一起事件，不只郭繆，也在許多後來跟我聊過的若開人心中，種下隱伏的焦慮：他們不知與他們同鄉的穆斯林究竟有何意圖。他說：「事情從穆斯林攻擊一位佛教徒開始。」

導火線是二十六歲的馬提達推（Ma Thida Htwe）遭到姦殺。據警方指出，這位年輕的若開裁縫師是在藍里島（Ramree Island，位於實兌南方一百六十公里）坤尼貌村（Kyaungnimaw）下工步行回家的路上，遭到輪姦和割喉。那天是二〇一二年五月二十八日晚上，她扭曲的身軀被遺棄在回村路旁一棵樹底下的長草叢裡。兩天後，三個國營媒體都提到某「孟加拉穆斯林」或「伊斯蘭男子」被捕，他被判了攻擊罪，並打入大牢。但隨後的六月三日，一輛載穆斯林穿越藍里島以東洞鴿鎮（Taungup）的巴士遭到三百名若開人襲擊，其中許多人揮舞著木棍。十名乘客被拖出巴士、亂棍打死。行兇者鎖定那部巴士的原因始終不得而知。馬提達推一案的兇手已被警方拘留，而且那部巴士上的乘客不是羅興亞人。他們是來自馬圭省（Magwe Division）和伊洛瓦底省（Ayeyarwady Division）的穆斯林傳教士——沒有一個來自若開邦。那似乎是針對穆斯林進行的隨機報復。以上連同女裁縫師姦殺案，對全邦的佛教徒－穆斯林關係產生災難性的影響。五天後，若開邦北部貌奪縣（Maungdaw）的羅興亞暴民在結束星期五早禱後攻擊全鎮和外圍村落的佛教場地。不久，納錫區便付之一炬。

所以一切是從一起姦殺案開始的。當馬提達推的屍體在二〇一二年中那一晚於路邊被發現後，資訊開始透過傳單、DVD、地方及政府媒體上流傳，他們不把那起事件塑造成特例，以若開人和羅興亞人在暴力衝突前的互動脈絡上來看，這反而直接揭露所蘊含的危機，且對若開人產生巨大、沉重的象徵意義——強暴這種行為最重要的暗示，是一個團體企圖征服另一個團體。這種詮釋將成為一股驅動力，引發隨後多年來的騷亂。

對郭繆來說，二〇一二年六月那天下午，他之所以決定上巴士前往納錫區，主因是一百哩外發生的事件，那與他全族的命運牽扯在一起了。不是只有他一人如此。後來，當佛教徒與穆斯林的暴力擴散到若開邦外，滲入長久以來兩大宗教社群相處較為和睦的地區時，區區小事都會變成穆斯林遠大作戰計畫的象徵。忽然間，哪怕是最輕微的打擾，社區也會對鄰居抱持明顯的敵意——即便以往未曾浮現過。

我覺得這點非常引人入勝。聽一些人訴說他們的恐懼，會覺得恐懼好像一直都潛伏著，而且很容易活化似的。在緬甸沒那麼遙遠的過往，有某些特定的時刻，真的有很多人非常擔心他們最珍視的信仰體系遭到攻擊。或許所有突發事件後針對穆斯林所展開的攻擊，都是呼應那段深深不安的過往。就我所了解，那段過往不會隨時間而淡去。而對其他人來說，那股恐懼甚至在不久前變本加厲。軍方在一九六二年奪權，中止了國家自一九四八年獨立以來享有的短暫代議制民主；這些年來，他們已將這股害怕民族崩解的恐懼當成工具，用在忿恨不平的人民間培養忠誠。他們已經知道如何製造看似自發性的社區暴力，進而確立軍方保家衛民的形象。若想了解二〇一二年後發生的事件，這應該列為因素。

但諷刺的是，暴力衝突其實是在民主轉型初期扎根的，最終成為二〇一七年種種致命事件爆發的基礎。郭繆和其他村民在二〇一二年那幾天來到納錫區，將整區變成殘瓦破礫，迫使數千人逃往難民營，其實是在行使一種新的主體性，它隨著緬甸轉入文官統治而出現。對某些人來說，由於眼前有更刻不容緩的工作，所有問題可就此盡釋前嫌。但對其他人來說，政治變革及其帶來的一切，卻使焦慮感不減反增，這需要宣洩的出口。

表面上退出權力舞台的軍方，似乎已將火把傳遞給多年來反對其暴戾統治的大眾。然而軍方如此熟練地操控緬甸無數社群的差異，似已暈染出新的風景，讓平民接下它遺留的棒子。隨著民主轉型繼續，暴力越過分隔若開邦和緬甸中部的山脈，僧侶及其大批追隨者開始宣揚昔日監禁他們的人所宣揚的民族團結，或民族宗教統一大義。在他們密切地監督下，新的緬甸將是單一宗教、單一血統的國家。那些被夷平的社區，以及佛教徒與穆斯林在身體或心理上的隔閡，都是這種觀念的直接結果。但其原因與方法——使鄰人變成敵人的心理過程、引發殺戮及其後續的政治操弄——要到民主轉型開始後的那些年才逐漸明朗。

第三章 英國人與分裂的國家誕生

在二〇一二年難民營於若開邦沿海迅速湧現的一千多年前，第一批抵達今日緬甸的穆斯林，有些就是從那裡的海灘上岸的。他們是生意人，從印度和波斯乘船而來，在今天的緬甸西部及南部沿海建立一連串小殖民地。這些開拓者或許無意久留，但西元九世紀的自然法則和航海技術讓他們無法稱心如意。

每年五月左右，橫掃孟加拉灣的季風有效困住許多早期抵達者，所以他們留了下來，結婚生子，也成為伊斯蘭生根緬甸的第一個證據。[1]

現今若開邦的所在地，當時有個領土大致相仿的阿拉干王國（Arakan），獨立於緬甸之外，且主要仰賴與西邊的穆斯林王國進行貿易。王國東翼，綿長的若開約瑪山脈（Rakhine Yoma）南北縱貫，使當地居民難以和占人口多數的緬人及其王國發展密切的關係，不過這個情況在十一世紀隨著伊洛瓦底谷地居民大舉遷徙到沿海地區後，開始轉變。這個新族群與定居當地的人口混雜在一起，逐漸形成若開人的主體。過去一千年來，他們大多和波斯及印度商人的穆斯林後代一起居住，而且大多數時間，地方首長也鼓勵不同宗教社群的男女互相追求。早期穆斯林移民到達的時間，正值伊斯蘭迅速向東擴張的時期，而他們進入的亞洲王國，向來信奉印度教或佛教。當緬甸西岸開始設起貿易站的同時，九世紀末冒險穿過中國南部、前往緬北多山邊界的旅人，也在記事中提到當地有穆斯林的蹤跡。[2]這些穆斯林逐漸向緬甸中央擴散，由於早期緬甸國王經常襲擊穆斯林村落，將俘虜帶到內陸為奴，久而久之，便拓寬了內陸穆斯林社群的網路。

以上都是佛教成為緬甸實質國教之前的事，距離宗教在近年成為暴力分裂的主因又更遙遠了。緬甸的過往有許多多采多姿的征服故事，但很少發生大規模的暴力，主要原因也跟信仰無關。以往的衝突都是防禦和擴張領土的計畫所致，動用的兵力端視參戰社群隸屬於哪位君主而定，種族或宗教身分不是重點。

但到了十九世紀末，人口板塊開始出現大幅移動，且慢慢衝擊當時還叫「Burma」的緬甸與內部的宗教動能。一八八五年，緬甸完全淪入英國人之手，分隔緬甸和印度（當時也由英國人掌控）的界線亦被廢除。緬甸隸屬於孟加拉管轄區（Bengal Presidency）——轄地一度西抵巴基斯坦白沙瓦（Peshawar）、東達新加坡。殖民當局鼓勵印度人從孟加拉等地自由遷入，就像在斯里蘭卡、馬來西亞等地一樣，種下未來族群緊張的種子。移入的勞動力從事經濟階級每一層的工作：包括打零工、職員、公務員、士兵，還有放債者——開始在當地人的財務供應上扮演權威的角色。一些人定居在緬甸西側，因應季節更迭及工作方式的變換，自由來回已消除的邊界。其他人則進一步往仰光和三角洲的稻田移動。到了一九三〇年代初期，當反英國殖民運動如火如荼之際，首都有過半人口是印度人，包括穆斯林和印度教徒。原先占多數的緬人，對自己淪為少數民族的狀況愈來愈忿忿不平——一九三一年，光是仰光就有二十一萬兩千名印度人，幾乎是當地緬人的兩倍。[3]當時的時事評論員指出，他們覺得仰光愈來愈有印度城市的氛圍了。當一九三〇年代全球經濟衰退衝擊到三角洲原已負債累累的稻農時，有超過一半的耕地盡歸「非常住的地主」（non-resident landlords）所有，也就是人口過半的印度人手上。這加深了這種感覺：不只生計被外國人榨乾，緬甸連實際的土地都要喪失了。土地不僅具有經濟價值，更承載了緬人的情感依附。

民族主義運動正是以這股怨恨為燃料，而這股怨恨鎖定的目標，在一九二〇至三〇年代開始擴及國內的穆斯林，特別是從印度次大陸來的新移民。印度教徒較不會被怒火燒到，因為他們被認為較易同化。相對來說，嫁給穆斯林男人的當地佛教徒女性多半改宗，且把孩子視為穆斯林撫養，血統就這樣被稀釋了。但還有第二個催化劑助長針對穆斯林的憤怒：這些新族群被視為英國人的走狗。如果不加約束，這個外來勢力也可能削弱佛教的價值，侵蝕緬甸社會長久以來的基石。

從一開始，宗教就對這個國家的統治者意義重大。據說從一千年前阿奴律陀王（King Anawrahta）一登基，便開始嘗試加強某種接近國族認同的精神。他後來皈依佛教，用佛經協助達成一件先前所有統治者無法達成的事：將南北蜿蜒、堪稱國家骨幹的伊洛瓦底谷地統一起來，將生活在河谷上的不同民族，統合為運作健全、可治理的王國。這些民族將構成蒲甘帝國（Bagan Empire）的基礎，這除了是緬甸第一個帝國，也提供了一個競爭場域，讓多數緬人人口開始組成主導勢力。於是，緬人佛教徒，便成了純正的血統——是真正的緬甸第一代。

像這種宗教與民族認同的緊密融合，具有兩個廣泛的效應——在戰爭、征服時期提供人們一體感和安全感，並賦予邊境防衛時的道德正義；但它也限縮了人們表達認同的光譜，使一些人難以理所當然地自稱是國家的一分子。緬甸學者常將十二世紀伊洛瓦底谷地的族群融合視為緬甸近代史的濫觴，這恰恰呼應了軍人集團在一九六二年掌權後大力強化的普遍信念：從過去到現在，緬甸一直是緬人佛教國家——緬人、真正的本地人、也是佛教徒，只要對其中一種身分威脅，就是對另一種身分的威脅。

儘管所有焦慮看似是在二〇一一年脫離軍事統治的轉型期後，才開始浮出檯面，但這個國家的訪客絕對認得出來，佛教自阿奴律陀即位以來延續近千年的運作模式，依然完好無損。據官方統計，緬甸有九成人口是佛教徒，不僅多數的緬人如此，其他許多族群也信奉佛教。數萬座遍布各城市、平原和山林的金塔，就闡明了佛教雖非法定但為實質國教。不過，儘管當今佛教對大部分民眾來說至關重要，但在緬甸近代史的數個關鍵時刻，它的地位顯然遭受外來勢力的威脅。對最虔誠的佛教徒來說，這些勢力對國族認同的瓦解和重組，造成了深刻的影響，而近年來的暴力衝突顯示，這個過程仍在運作中。

自一八二四年起，英國東印度公司的軍隊分階段攻下緬甸多處領土，而當他們在一八八五年揮軍北上占領上緬甸（Upper Burma）時，一營兵力被派往錫袍國王（King Thibaw）所在的曼德勒皇宮（Royal Palace in Mandalay）。錫袍是自阿奴律陀即位以來統治緬甸的末代君主，英國人知道要在上下緬甸取得優越地位，就必須攆走他，排除所有會挑戰英國統治的勢力。錫袍在一八八五年十一月二十八日遭罷黜後便連夜離開宮殿，和家人一起乘船到印度西岸的港市拉特納吉里（Ratnagiri），隱居在英國人幫他建的住宅裡度過餘生。

錫袍垮台與緬甸君主統治的告終，將對長遠可行的殖民計畫產生戲劇性的影響，也衝擊了當時英國人並不了解的地方動能。西方國家的君主雖擁有堪稱完整的權力，但首要的權力展現在行政管理方面。緬甸統治者則不同，他們還享有類似精神領導的地位。在阿奴律陀於十一世紀即位前，這片土地是許多宗教的東道主，包括印度教、上部座佛教，以及原住民的萬物有靈信仰。沒有哪一種占優勢，也不清楚信徒是否追求獨霸的地位。情況在阿奴律陀登基後丕變。就像西元前一千年接受佛陀思想的印度國王，阿奴律陀自認他是走在悟路上的菩薩，力求將佛教制定為帝國的實質國教。撰寫佛經的語言巴利語（Pali），對十二世紀以後古緬語的發展有強烈的影響。阿奴律陀及之後每一位國王皆自命為佛法的首要保存者，也為僧團——即「僧伽」（Sangha）——訂立特殊規定，讓他們得以仰賴君主保護。國王會做僧伽的後盾，並以王令解決內部紛爭，[4]而僧侶會賦予君主統治的正統性做為報答，全體聖職人員只尊敬他一人。一位史學家指出，由於僧侶促進民眾對國家的忠誠，「僧團便成了政府的良知，確保政府起碼在某種程度上依據佛教的道德原則進行統治。」[5]

當一八八五年英國騎兵策馬奔向曼德勒皇宮時，他們並未料到，斬斷君主和佛教徒的共生關係，會產生如此深遠的影響。這會兒，不只是趾高氣揚的外國人在發號施令，以往將緬甸人民一統於國王底下、神聖而不可侵犯的信仰系統，也受到威脅了。

今天，造訪曼德勒鬧區的觀光客可從四條橫跨護城河的橋樑選一條通過，漫步在昔日錫袍所在的皇宮庭園內。宮殿曾在二次大戰期間被轟炸，今日的樣貌大多是從廢墟中重建的，宮內則展示著貢榜王朝（Konbaung Dynasty，錫袍為其末代君主）的藝術品。至今那裡仍對緬甸佛教徒意義重大。但在國王被廢黜後，皇宮某些部分被英國人改造成一間英國國教禮拜堂和上緬甸俱樂部，讓殖民官員打撞球，跳華爾滋到深夜。之後，英國人似乎無意投入時間和心力來博取佛教僧團的支持。儘管英國本土官員警告「消滅君主政體會讓這個國家……沒有宗教」，[6]殖民地官員仍未能理解這個事實：緬甸的權力單位並非相互獨立，而是一個相輔相成的權威網路，不論宗教和政治，若未得到彼此的支持，整個網路就會大幅衰弱。

數十年後，這個斷裂引發的效應將導致英國的失敗。英國終止緬甸八百年君主統治的決定——在逐漸動員起來的佛教民族團體眼中，也促使佛教逐漸退出社會核心的位置——無助於讓它的統治博得緬甸百姓的喜愛。慢慢地，佛學院的數量和影響力大不如前，資金轉向基督教會學校，而在國家迅速邁向現代化的時期，那些機構也被視為佛教的威脅。像佛教青年協會（Young Men's Buddhist Association）等在一九二〇年代第一波獨立運動時衝鋒陷陣的宗教民族主義團體，既企圖驅逐英國人，也試圖迎回佛教，因此激發了後來一場平行的獨立運動——佛教復興運動——做為獨立運動的第二團結軸心。在這些運動團體的心目中，英國人不僅殖民了國家的行政機構，也殖民了百姓的心理和精神，意欲用現代化社會較世俗的關注，取代他們對佛教的虔誠。

首先看出反殖民行動具有雄厚潛力的人，或許是僧侶們——披著袈裟，他們在錫袍國王下台不久後，便領導幾幫武裝反叛者攻擊上緬甸的英國部隊。如唐納德·歐仁·史密斯（Donald Eugene Smith）在《緬甸的宗教與政治》（*Religion and Politics in Burma*）就指出，數百年來，僧侶一直被推舉為社會最重要的道德力量，但這點在英國人到來後改變了。

> 新的西式社會階層沒有僧侶的容身之地，他的教育功能被其他機構承接，陌生的外國語言使他無法理解究竟發生什麼事，西化的緬甸俗人慢慢認為他與現代生活無關。[7]

在郭繆接過武器上了巴士，離開居住的帕達雷村、前往實兌的前一天，有部影片被上傳到 YouTube 上，標題為〈民族消失是該憂慮的事〉（Disappearance of the Race is a Thing to Fear）。螢幕上，一顆熊熊燃燒的頭顱被置於烏黑的背景前。朦朧的聲音唸著一九九〇年代晚期一位僧侶冗長的講道，細述穆斯林對緬甸構成的威脅。

「我的信士啊，莫以保護我們的民族免於滅絕為自滿。」他這麼開頭。穆斯林正無情地吞滅緬甸的民族和佛教。

> 我們緬甸人對此不大了解。我們的民族心地善良而好客。我們對待每一個人如摯友，非常信任。穆斯林深知這點。他們透過娶我族女子、說服她們信奉他們的宗教來占我們便宜。

二〇一二年時，穆斯林儼然成為被輕賤的社群，但情況並非一直如此。雖然佛教從很久以前就是獨霸的宗教，然而自阿奴律陀王時代起，宮廷裡仍不時見到伊斯蘭信徒的身影。統治者明白，博取國內不同宗教社群的好感相當重要，藉此，他們也建立了相當程度的社群和諧，這是現今觀察緬甸的人士未曾見過的。長期以來，最鄙視伊斯蘭的地方，正是今天若開邦的沿海地區，那裡原為獨立王國，直到十八世紀末才被併吞。但一如緬甸中土的君主，若開地區的君主會庇護伊斯蘭。清真寺在若開的古都謬烏（Mrauk U）興建，而卡曼人——最後在二〇一二年第一波暴力衝突中和羅興亞人一起遭到肅清的穆斯林少數群體——是十七世紀謬烏宮廷弓箭隊的後裔；王室雖大多信奉佛教，卻以這批穆斯林為防衛主力。十九世紀中葉，在蒲甘王統治下，一位穆斯林擔任舊都阿瑪拉普拉（Amarapura）總督；前獨立時期的知名穆斯林政治家拉扎克（U Razak），在一九四七年與獨立英雄翁山將軍一同遇刺。雖然從來不是重要的政治行動派和撼動者，穆斯林曾非常接近緬甸的權力核心。

但「民族消失是該憂慮的事」一語蘊含的情緒毫不新穎。當民族主義的盛怒在一九二〇及三〇年代燃燒時，它也開始鎖定那些被視為對殖民政權具重要意義、曾協助迫使佛教脫離社會核心的社群。殖民時期的華人移民也是當地人爭論的焦點，他們覺得自己的生意被搶走了。但華人移民不像印度移民是被英國人鼓勵的，殖民政權相信印度人是勤奮的工人，忠於英國的權威，於是，當印緬邊界在十九世紀廢除時，印度人便成群結隊而來。隨著人數成長，他們的經濟實力大增，加上得到英國人的偏愛，使他們被在地民眾視為害數萬名本地人失去工作的禍首。

當殖民統治賴著不走，仰光本地社群間的不滿更加激烈，「本地人比外國人低等」的感覺也更強烈。突然間，就連幾百年前來此扎根的穆斯林社群，也被混為一談，與較近期的移民同樣對早期君主所建立的「傳統秩序」造成威脅。

這種轉變最鮮明的例子，或許出現在一九三八年七月二十六日，反殖民情緒漲至最高峰時。午後烈日當空，群眾開始在仰光大金寺（Shwedagon Pagoda）——緬甸最受敬重的佛塔——周圍聚集。他們起初三三兩兩而至，但隨午後時光流逝，人數迅速累積。到了傍晚，已有將近一萬人聚在那裡。一些僧侶和政治領袖陸續登上架高的講台演說，一一猛烈抨擊以筆名茂睿毘（Maung Shwe Hpi）撰寫文章的穆斯林男人。直到數星期前，這位作家仍只有首都少數穆斯林知識分子熟悉。時間回到七年前，他曾撰文回應一名佛教徒所發行、批評伊斯蘭教義的小冊子。據後來痛批他的人表示，茂睿毘的文章蓄意誹謗佛陀。當時他的回應約發行一千份，沒獲得什麼關注。一九三六年，那篇文章又印出了兩千五百份分發，仍未廣獲迴響。直到一九三八年七月，人們才開始注意到。首先它吸引了《太陽報》（*The Sun*）關注。一篇日期標為七月十九日的文章呼籲對他採取「嚴厲行動」，[8]同一天，《緬甸新光報》（*New Light of Burma*）譴責它「侮辱緬甸全國人民」。[9]由於報紙已用相當大篇幅討論原文對佛陀的侮辱，那天下午帶著滿腔怒火來到大金寺的群眾，已經知道自己會聽到什麼。講台上，演說者僅需不斷說明茂睿毘的文章如何象徵著情勢變得嚴峻。當夕陽西下，群眾邁向位於仰光商業區的穆斯林市場蘇爾地巴剎（Surti Bazar），沿途反覆喊著反穆斯林的口號。大批警察——其中包含英國人安插的穆斯林——試著驅散群眾。過程中有兩名僧侶受傷。隔天，攻擊穆斯林社區的行動便在全國各地爆發。

殺戮之所以引爆，部分原因是早報渲染了僧侶受傷之事，說那不是一個地方的意外事件，而是象徵著全體穆斯林對佛教徒抱持的廣泛且激烈的敵意。時間快轉近一百年，在二〇一二年後，同樣的渲染手法也驅使暴民攻擊納錫和全國穆斯林社區。

但在一九三〇年代晚期，暴徒還受到另一股力量驅策。就在前一天傍晚，大金寺的演說結束時，場上通過一項決議，警告著除非警方搜查、逮捕茂睿昆，「我們將採取行動，將穆斯林視為汙辱佛教及佛教社群的頭號敵人，進而消滅穆斯林、滅絕他們的宗教和語言。」[10]

唯有掃除外國勢力、讓佛教回到舞台中央，緬甸才能活下去的概念，是二十世紀緬甸民族主義者大都秉持的想法。一九二〇及三〇年代流行的反殖民口號「民族、語言、宗教！」（*Amyo, Batha, Thathana!*）聲明保護種族和民族、多數人的語言和宗教，以及「*Sāsana*」，即佛陀教義的必要，也表明了緬甸社會運作的三大主軸，而這三者同樣不可褻瀆。最重要的非宗教反殖民組織之一「我們緬甸人協會」（We Burman Association）在一九三〇年創立，之後由翁山將軍領導，就將這句口號印在冊子上，於仰光和其他大城市四處傳播。但獨立運動最顯著的領導者仍是緬人，雖然其他族群也參與追求獨立，各種政治信念的領袖也在獨立後的政府機關升任高位，但他們在新的政治版圖裡稱不上要角。

部分是為了要反擊顯然由緬人名人所領導的獨立運動，英國人除了從克倫人、克欽人和其他少數族群徵兵，也徵集穆斯林，並授予比緬人更高的職位。他們被視為比其他帶頭反對英國統治的異議者更值得信賴。但英國人這種思慮不周的政策招致各種反效果。不僅緬人對英國人的怨恨火上加油，一九二〇及三〇年代的獨立運動也發展出對非緬人、非佛教徒的民族宗教沙文主義，而這種思想更延續到獨立之後，以多種方式撕裂這個國家，為日後數十年不同身分認同群體之間的衝突扎下基礎。

「民族、語言、宗教！」的呼聲，訴說了一股為國家清洗掉侵略性外來勢力的渴望。但將這三種元素結合成單一的社會願景，就代表「誰真正屬於這裡」的觀念被大幅縮窄了，也擴大了「誰不屬於這裡」的群體。這延續到了未來；正如一百多年前的獨立運動深知這三大主軸已受到英國人和移民工人的威脅，民主轉型一開始，民族主義的煽動者也相信自己受到伊斯蘭的威脅，而將目光轉向穆斯林人口。伊瑪目和其信眾成了新的殖民者，以其特有的方法繼續進行很久以前帝國強權差點完成的勾當。

當民主轉型期的暴力在二〇一二年後逐步演化，歷史彷彿又重演了。先從若開邦掀起，後來亦在緬甸中部迸發出攻擊浪潮，似乎呼應了一九三八年的暴力——試圖報復和矯正佛教顯而易見的衰弱，以及土地、資源被「不純正緬甸人」竊奪的問題。不過，不是每件事情都乍看之下那麼直接。二〇一二年，在若開邦第一批羅興亞社區遭焚毀後的那幾個月，我寫到源遠流長、連綿不輟的伊斯蘭恐懼症（Islamophobia），正在緬甸社會流淌，今日的暴力只是休眠多時的緊張關係再次噴發。事後觀之，我當時的說法似乎太過簡化。焦慮若一直潛伏，確實可能被喚醒，甚至給人今日的衝突是歷史怨仇自然發展的錯覺。但焦慮也可能是被製造的，或看似對新環境、新情勢，或是對同住已久的居民間出現新動能的合理反應。二〇一二年之後，我遇到不少佛教徒和穆斯林，不分老少，他們對「他者」的不祥預感，似乎非常「新」。若一再餵養過去的故事，恐懼會被活化，讓老朋友忽然顯得陰險狡詐，轉變成仇敵——對某些人來說，針對這種邪惡意圖而施用暴力，似乎有道德正當性。但回頭看二十世紀的緬甸，佛教徒和穆斯林之間，關係良好是常態，暴力才是反常。是什麼招致那些反常呢？在民主轉型開始後的那幾年，人們怎會撬開這麼大的裂隙？從遠方觀之，佛教徒和穆斯林似乎是團結一致，反對軍人專政的，但才一眨眼，當軍人開始退居幕後，團結就崩解了。

不過，二十世紀初的緬甸和今天的緬甸倒是有個明確的相似處。獨立運動時期，緬人佛教民族主義者所宣揚的民族宗教優越性，被一九六二年掌權的軍方所吸收利用了。英國人因亟欲有效管理如此多元的人口，而創造出一套注定造成不安的族群分類學，強化了先前流動性較高的族群界線，為將來的衝突奠定基礎。多疑的將領集團只消進一步操弄分歧，就可讓民眾相信，緬甸在英國離開很久後，依然充斥著「內部的敵人」。追求國家統一成了全民共識，而軍方試著以緬人佛教徒為核心，來同化形形色色的人口，能創造一種聲音——單一血統的國家會更好。但那些始終不遵循這種理想與社會觀念的人，就要承受自己特殊的命運了。他們太與眾不同、太具威脅性，而未曾真正屬於這裡。最終，他們又被進一步推往社會的邊緣。

第四章 仰光的特有交易

沒多久前，緬甸移民機關的訪客會看到牆上有塊招牌，上頭的文字是用粗體字寫的，警告這個國家現正面臨的特有危機：「地球不會吞滅一個民族，但另一個民族會。」這句話在軍事統治、對外封閉、與世隔絕的時期就已經是移民署的口號了。一如那個年代的諸多言論，這句話魯莽、刻意不加修飾，蘊含的訊息也很簡單：如果沒有強大的邊境戍衛和機警的政府，國家就會被外人肆虐蹂躪。最終，民族也可能不復存在。

我是在招牌已一一拆下後，才獲悉那句口號。隨著民主轉型持續進行，這些軍事統治的遺物儘管依然存在，但出現的頻率低了不少。但事後觀之，那句口號似乎有種令人毛骨悚然的預知能力，它警告著，若是「適合的」力量甦醒、機警的政府重起爐灶、周遭的社會開始轉變，就很可能會發生什麼事。軍方或許已退居幕後，但二〇一二年及之後的暴力衝突再再證明，被挑起的恐懼始終與綠色軍裝脫不了關係。

在民主轉型前已統治緬甸數十年的軍人集團，早在上台掌權之際，心中就懷著一個特別的願景，源自獨立運動時所呼喊的「一種聲音、一種血統、一個國家」。在繁忙十字路口的巨大紅色告示牌上，那口號訴說著「人民的渴望」，懇求忠誠的國民「摧毀所有內部和外部的破壞因素，打擊共同的敵人」。那些牌子暗示著有一道焦慮的暗流遍及所有民眾。若焦慮尚不存在，也可以趁現在培養。恐懼向來是強有力的團結推手，而如果這些口號的作者可讓民眾相信國家所受的威脅正悄悄越過邊界，甚至已進入國界，那麼這個將各原住民歸於同一旗幟的計畫便可能奏效。

奈溫將軍（General Ne Win）在一九六二年發動政變掌權，終止了緬甸獨立後短暫的議會統治，隨即推行社會主義計畫，力求將反殖民運動的能量納為己有，希望讓國家擺脫外國汙染，也讓緬甸人民——而非外國強權——主宰國家的命運。恢復治安和秩序委員會（State Law and Order Restoration Council）在一九八八年接替奈溫執政，作風變本加厲，不再自命為國家營造者，而是國家重建者。隨著緬甸更加封閉，新的將領集團承諾要帶國家回到殖民前的輝煌——一個佛教欣欣向榮、不受外來勢力玷汙，國王所有臣民永遠享有國家一體感的日子。那些告示牌和標語皆刻意表現得直率，警告文化多元的危險，不過其他文本就寫得比較抒情，它們讓讀者腦海浮現幻想的畫面——過去曾是何種情景，現在只要做些努力，就可以重建起來。

一九九〇年代中期，恢復治安和秩序委員會發行一本名為《敏耶貢榜》（*Minye Kaungbon*）的小冊子，其中一段是這麼開始的：

像漩渦一般打轉，眾多族群已大致同化，就要以一大主要族群之姿冒出來，這時緬甸卻淪入帝國統治。有些尚未徹底融合的水流遭到攔阻，無法抵達旅途終點，中途岔開了。

故事繼續說，是英國人破壞了那個計畫，並在國家不同種族和宗教群體之間鑿出一道深深的裂縫。

他們散播種族互異、文化不同的虛假故事，彷彿只是在捍衛少數群體權利似的……我們要讓國家所有群體都有完整的信仰，互信互愛。大家都是親兄弟，讓大家團結一致，就像水匯聚在一起，永遠不能分開。[1]

但軍方發誓要帶回給緬甸的純正和同質性，從來就不存在。阿奴律陀王或許讓谷地民族達成前所未見的和諧，但在他的朝代覆滅後，緬甸中部又捲入數個世紀的敵對王國衝突，而緬人王國的力量時盛時衰。

不過，軍方的指控確有幾分事實。緬甸向來是由無數鬆散的身分群體所組成的國家，各群體對其身分的忠誠度不一，甚至可以互換。但英國人卻把自己對種族分類的執著帶了進來，無視那已在世界其他英屬殖民地造成莫大的危害。先前並未自認那麼迥異的民族，這會兒被劃出界線，久而久之，緬甸的人文景觀開始改變。曾經流動的族群觀念概化成團體之間的嚴格區分。雖然緬甸在脫離殖民統治時顯得更加多元，但那像是被強加的多元，而非自然發展的多元。殖民政府刻意劃分人口，使得效忠與隨之而來的競爭和衝突都以族群為依歸，而對幾乎全由緬人佛教徒組成、試圖控制每一寸土地的軍方菁英來說，這形成一個棘手的問題。軍方必須從這幅族群的鑲嵌畫中建構出單一的身分認同，將水流匯聚在一起，往旅程的終點奔去。於是，當獨裁政府臻至成熟，它便開始試著將不同身分群體同化成人口主流，並驅逐那些始終不遵從國家理想的群體。這麼一來，國內外的眾多民族對「國族」的構成與威脅將減少壓力，被外國政權瓦解的團結與和諧感將重回這個國度。至少邏輯上是這樣走的。

要理解民主轉型期的暴力，這裡或許就是最好的起點，這闡明了過去半世紀以來，緬甸如何施展力量去影響所有社群——不只是穆斯林——的治國權術。暴民於二〇一二年開始攻擊穆斯林社區時，或許距離軍政府掌權的那刻已過了很久，但這卻暗示，軍政府的國家統一大業始終未竟全功。

一天晚上在仰光，我和一個朋友在茵雅湖（Inya Lake）的北緣吃飯。餐廳不遠處便是奈溫度過人生最後時光的宅邸。沿著路邊，將視線越過湖水，你可以看到湖岸矗立著一叢樹，穿過樹林，你可以瞥見一棟一棟軟禁那位前將軍的房舍。他從二〇〇二年三月開始——在辭職下台的十二年後——被軟禁，直到同年去世。前一年底，由昔日親信組成、在他下台後掌權的新政權聽到風聲，他參與女婿和外孫策劃的陰謀，意圖推翻當時的軍政府領袖丹瑞（Than Shwe），讓自己的家族重返執政。九個月後，奈溫孤獨地在那裡死去，而那個與外界完全隔離的家園，恰恰反映了他迫使緬甸承受的孤立。

奈溫去世時，那一晚和我碰面的朋友才十八歲。除了在國營報紙《緬甸新光》（*New Light of Myanmar*）有一小篇訃聞，媒體大抵沒發布他的死訊。或許新將領集團認為無人聞問的屈辱，是對其謀反最恰當的懲罰；也或許他們擔心他的死會刺激百姓產生某種反應。無論如何，在他的執政時代過去後，他成了極不受歡迎的領袖。他滿懷被害妄想的迷信，唯恐被奪權，使他成為難以捉摸的統治者，動輒做出不理性、近乎瘋狂的決定。一九八〇年代，他曾兩度廢止緬甸貨幣，以驅除他覺得會召來厄運的數字組合，一舉讓數百萬人原已微薄的存款歸零。

拉拉（Hla Hla）四歲時從東南部孟邦（Mon State）的小村落搬到仰光。那時是一九八八年，也是緬甸發生全國性暴動那年。暴動最後雖被軍方鎮壓，但之後奈溫仍辭職下台。他發表一場演說，在言語間對抗議學生提出臭名昭著的警告——「如果軍隊開槍……目的是要擊中人」——結果一連串短命的繼任者上上下下，最後是一場九月政變，揭開恢復治安和秩序委員會的序幕。終於，緬甸最後一位徹徹底底的獨裁者丹瑞上將上台掌權。

拉拉是和父母親一起來到仰光的，而她大家庭裡的親戚——叔叔、姑姑、堂表兄弟姊妹等等——仍留在孟邦首府毛淡棉（Mawlamyine）南方的村落裡。「我暑假會回村裡，我好愛那裡。」她回憶道。那裡很偏僻，又因蜿蜒穿過邊界的道路缺乏維護而顯得更荒僻。「我有三十五個堂表兄弟姊妹住在那裡；全村都有我的親戚。但在仰光，我覺得孤單。我交不到朋友。」

在緬甸獨立與拉拉抵達仰光的四十年左右，緬人統治集團與散居邊境的少數族群之間，動能已經改變。緬甸於一九四八年獨立前不久，數個住在邊境地區的族群獲得自由脫離緬甸的保證，其他族群則大多給予自決權，或者擁有等同於緬人的權利。但這些承諾逐漸被收回，先是獨立後的吳努（U Nu）平民政府，再來是一九六二年奈溫建立的獨裁政權。隨著事態逐漸明朗，各族不可能獲得自決權，族群叛亂在邊境日益加劇，軍方則採以暴制暴。雖然緬甸沒有真正的外敵，軍隊卻成長為國家資源最雄厚的機構，將主力放在鎮壓叛變，並發動一場長達數十年的鬥爭，顛覆少數族群的地位，壓制文化認同的指標，包括他們的語言、實踐宗教信仰或慶祝民族節日的自由。

拉拉來自其中一個少數民族，他們擁有引以為傲的傳統，然而其領袖對於傳統的式微滿懷憤懣。過去一千年，孟王國（Mon kingdom）多次涵蓋緬甸南部的廣大領土，甚至伸進泰國。它接觸到斯里蘭卡的上座部佛教，為佛教提供一條進入緬甸的傳播路線。阿奴律陀王會在十一世紀皈依，是受到孟人僧侶善阿羅漢（Shin Arahan）的影響，為日後佛教的鼎盛奠定了基礎。孟人享譽盛名的時間相當久，但隨著緬人版圖擴張，孟人逐漸萎縮成少數民族——人數和影響力皆是如此。孟人自由聯盟（Mon Freedom League）在獨立前一年成立，並在英國人離開後不久發動叛變。在軍方執政後，所有孟人——一如全國各地的少數族群——都被視為建國大計的潛在破壞者。

在全家人於仰光北部的一個郊區安頓下來後，拉拉註冊上學。當時的首都，不是個適合新生活的環境。那所學校的學生主要是仰光北部的緬人孩童，而她覺得很難融入。「他們全都取笑我不是緬人。我的孟人口音很重，老是被嘲笑。」她這麼回想。

十歲時，她被爸媽帶到當地移民機構申請國民登記證（National Registration Card）。這張小卡片是所有公民都必須持有的——是你屬於緬甸人的證件。「當申請身分證的時候到來，我媽不確定該怎麼做。」拉拉回想。她的母親明白族群已成為一個人命運的首要決定性因素，在「自由」是緬甸的珍貴資產、一有機會就被奪走時，這會決定一個人能否被授予自由。就像宗教，那會註記在身分證上。對軍方來說，那幾乎等於持證者會不會效忠國家的指標，因此國民登記證會立刻陷非緬人於不利。在身分政治如火如荼的年代，在證件上做此註記，意味著政府認定少數族群該受到遠超過對主流族群的監視。

「如果你去某個地方旅行，警察會問你在哪裡登記，是哪一族，而那會變成問題。」她說。

我改變身分不是因為社會壓力，而是因為政府試圖用身分掌控、歧視、並離間人民。所以雖然我們是孟人，在我們搬到仰光後，我媽說：「不行，我們必須當緬人佛教徒，因為這是我們所能獲得地位最高的身分。」

英國人於十九世紀抵達時，對於自己企圖掌控的這塊土地擁有多少豐富複雜的文化規範和信仰系統一無所知。十九世紀初，當英國開始進犯下緬甸時，貢榜王朝統治著大部分的低地領土，領土西抵孟加拉和印度的阿薩姆（Assam）。在北方及東方的環山邊境地帶，則坐落著拼布一般、仍大致不受中央王國支配的微型國家。儘管國王會派軍隊進山區抓人為奴，並對山地人口強徵重稅，但他們始終未屈服於直接統治。他們的社區太偏遠，沒有什麼經濟或戰略價值；他們的土地太崎嶇，平地發展的農耕技術也派不上用場。不同於中央平原已混居數百年的城鎮居民，這些「山地人」在相對孤立之下——隔絕於低地居民，彼此也不相往來——發展出自己的經濟和政治制度，進而更難融入主流社會。

也就是說，那個時代的緬甸有各種族群，而兩兩之間都有存在已久、遠在殖民統治之前就發展的差異。當代以前的文本都談到了孟人或撣人（Shan），且提到他們不同的習俗、穿著和語言，而這些特色構成了具識別性的族群文化「素材」。但當時的統治者也了解，這些差異並非一成不變、不能變通，也未必能決定忠誠度。相反地，前殖民時代族群之間的界線鬆散、充滿縫隙，且隨著政治忠誠度變化。兩大低地族群，孟人和緬人的鑑別特徵可能隨意互換：馬尾會調整；服裝會改變；如果某個王國掠奪成性的軍隊會放過緬人，孟人就可能主動變成緬人。[2]這種情況有豐富的故事資料佐證。回到一七四〇年阿瓦（Ava）王國的時空旅人，可能會很驚訝地見到孟王國斯彌陶（Smin Dhaw）國王為擴張勢力，派出由緬人領導的軍隊，結果被效力阿瓦王國緬人君主的孟人士兵擊退[3]——這是今日的緬甸觀察家完全無法想像的場面。

族群仍是身分認同的重要指標。如果一個族群可藉由改變穿著或轉換效忠對象等方式來「變成」另一個族群，那麼今天民族主義者不斷重申的一個排他主張就成了問題：一個人屬於哪一族群是與生俱來的特徵所定義。那些特徵千年不變，會讓某個族群的成員成為國家的自然統治者、成為優秀民族，其他人則統統為次等公民，甚至更糟。這個主張在阿瓦戰役和當代緬甸衝突之間的某個時刻生成，而它意味著一種族群的政治化：將群體鎖在永遠的相互較勁，且經常演變成暴力衝突的狀態。

這一切，英國人要負相當大的責任。當他們抵達緬甸之際，族群分類的「科學」正風行歐洲。那種「科學」旨在為看似迥異的外在特徵尋求秩序與一致性，並試著複製西方社會普遍的階級社會關係。它的核心是相信人類群體可用生物學劃分，進而判定其行為與社會地位。但那也用來為較具功能性的目的劃分人群。不同於前殖民時代的孟人或緬人可視環境需要改變身分，這種科學強調——隨後英國人也如此援用——不同的族群或「種族」不會隨時間改變，族群之間的界線也不會屈服於外部事件。那忽略了族群關係原已存在的微妙差異，但確實讓管理外國土地的工作變得容易許多。雖然對緬甸不同社群間的複雜動能一無所悉，英國人仍拿著計數器到山裡進行人口普查，結果碰到政治科學家詹姆斯・斯科特（James C. Scott）所形容「巴洛克式的錯綜複雜，重挫他們對分類秩序的狂熱」。[4]但緬甸族群還是被分類了，大多依他們說的語言，有時甚至依地理位置而被劃分。原先主要以親屬關係、甚至以政治經濟投機為基礎的效忠，大抵遭到忽視。

這種人為的安排和族群營造之所以必要，是因為殖民政權將緬甸分成兩大地區：緬甸本部（Burma proper），以及克耶（Kayah，克倫族的一支）、克欽和欽人所在的多山邊境區域。前者由緬人在英國人支持下負責管理，後者則包含許多不同次族群，全都是在相對孤立的狀態下發展。久而久之，先前自認獨特、以社群之姿發展的傘狀群體，開始自視為較大拼圖的一部分了。[5]透過將族群大舉政治化，英國人已有效將緬甸地貌「民族化」，過去能來回穿梭身分界線的族群關係，開始變僵硬了。

這呼應了很久以前歐洲強權在非洲進行的工作。「要掌控一支民族的文化，就要掌控他們與他人關係中自我定義的工具」——這是肯亞作家恩古吉・瓦・提昂戈（Ngũgĩ wa Thiong'o）觀察當地「分而治之」殖民政策的心得。[6]在緬甸，如十八、十九世紀世界各地受歐洲統治的國家，族群性已變成不同群體的主要裂縫，也是排擠不同群體的工具。

這種人文景觀的再造工程，將在殖民統治結束後，對緬甸本部和外圍的關係產生毒害效應。透過編纂這些新劃定的界線，原本確實存在的差異很快僵化成分歧。而在一九二〇、三〇年代獨立運動時期，開始以緬人、佛教為中心結合的國族認同，在英國人離開後採用更嚴格的標準，使先前分類的遺毒開始以暴力形式上演。以上餵養了這個日後被軍人集團強化的概念：族群性是不容置疑的差異。而他者——不論種族、民族或宗教——一定會對多數緬人佛教徒構成威脅。

「我們好怕他們發現我們是孟人。」拉拉說到第一次進移民機構的經驗。「我們進去時，他們看著我問：『你從哪裡來？』我說仰光。『你在哪裡出生？』我說毛淡棉。『你是孟人嗎？』不是。」

審問持續好幾個小時。她還記得爸媽事先一五一十的教導，確保不會洩露她出身的蛛絲馬跡。「我媽叫我什麼都別說。我害怕極了。那就像應徵面試一樣——我會過關，還是被刷掉？」

到那個年紀，拉拉已精通用一種會讓人想到仰光都會區的腔調說話。那既是刻意的努力、避免在學校再被霸凌，也是出於策略。「我請朋友指點矯正，希望愈來愈熟悉那種口音。我得隨波逐流，學他們說緬語。」但她在學校仍覺得被排擠。她的老師會叫她「孟人姑娘」。「他們會對別人說：『叫孟人姑娘去做。』所以我得幫他們跑腿買東西。」

但她的爸媽也知道，要向移民官員提出強有力的論據，好證明她確實是緬人而非孟人，還必須採取額外措施。若她繼續當孟人，就會持續遭受歧視；不只在學校，畢業後也是如此——這可能危及她的工作生涯，也會繼續受到有關當局不恰當的監視。於是，她得徹底改寫家譜——回溯到好幾代以前。

「你去移民機構時，他們會打量你，如果你看起來不像緬人，他們就會說：『不對，你不可能是緬人。你看起來像克倫人，或孟人。你是克倫人吧？家譜給我看看。』」

她最後拿出來的文件是騙人的。那抹去她原來複雜的世系：「半個穆斯林」的父親、華孟混血的祖父。「我們付錢，徹底改寫——把所有名字改得像緬人。」她村裡的官員是爸媽的朋友，稍事賄賂，他們就會更改她家裡每一個人的身分證。這道程序有效地把她的身分同化，將她歸入緬人佛教徒一類，與她真正的家系毫不相干。但她還有更多特徵要改。我問拉拉，學校同學究竟怎麼取笑她。在拉拉小時候，緬人心底是否仍相信英國人引進的族群分類科學——族群會決定行為，進而關係到社會地位？結果似乎如此。

「他們笑我黑。笑我的坐姿和走路的樣子。笑你衣服怎麼穿，笑你的言行舉止。你必須當城市女孩，不能像在鄉下那樣。」她回答。

最後拉拉拿到身分證，在官僚眼中成了緬人。她成功說服移民官員她是這個群體的一分子，雖然事實不然。這要花一些心力——改變她的腔調、她的儀態、改寫家譜。但她的生活並未因此完全改變。「我們仍認同我們出身的地方，」她說：「我們覺得我們是搬到仰光的移民，離鄉背井。但我們繼續吃我們的食物，繼續保存我們的傳統。我們不會忘記它。我們就是這樣。」

而她必須做的改變——向移民官員證明她出自哪裡的改變——基本上是做做樣子，她不必改變內在。就算國家統治者已將身分認同及誰屬於緬甸人的論述完全建立在這種思想上：族群性在血液裡流動，因此是決定人類性格的重要因素，也決定了它企圖統治的人民哪些是善良，哪些是邪惡。

在拉拉出生後不久，另一個事態開始發展。一九九〇年代初，緬甸政府開始大力傳播這個概念：緬甸疆域內一共住著剛好一百三十五個各不相同的「國家民族」（*taingyintha*），或「少數民族」，以上為這個國家的原住民。這為誰歸屬緬甸的論述奠定基礎，但這向來是個反覆無常的論述。英國人在一九三一年人口普查中算出（其實是創出）一百三十九族——

主要是依他們所說的語言劃分；一九七三年奈溫將軍下令重做人口普查時，政府又多發現了五族。這個數字持續變動，而在恢復治安和秩序委員會掌權後，它定調為一百三十五。但其實根本沒有明確證據可以說明數字來源。

透過使用光影明暗的手法照射族群的歷史，軍政府能夠在人民心中植入毫無事實根據的族群人類學。隱含在這份複雜群體索引中的是這個信念：不同於其他被排斥的人，這一百三十五族是由固定的人民團體所組成，已不間斷存在了數百年，甚至更久，他們從古到今都有一貫的定義。但所有身分群體都是人類動員的產物，而身分群體的界線，如拉拉和無數其他人所證明的，並非一成不變。群體沒有組成成分的多寡——有些是自然生成，有些是人為創造——只有先來後到的問題。有些確實來得比較早，但沒有一個是從土壤裡冒出來的。然而國族論述的目的，就是推廣原生論（primordialism）的概念，以便清理英國人留下的混亂和分裂。任何對國家提出虛妄主張者都被剔除，未列入那份自吹自擂的民族索引中。

另外，那份索引也呼應了民族主義最大的虛構之一，也就是緬甸或其他任何國家有所謂的「單一國族」。換句話說，在連續性族群（contiguous grouping）的光譜下，除了民族本身的成員外，國內的所有民族也都有一組共通性，得以讓他們團結在一起。然而，緬甸邊界的一些族群，與鄰國人口的共同點不僅跟自己國家的「民族同胞」一樣多，有時甚至還更多，這是因為邊界在劃定時，並未考慮當地定居已久的民族血統。在那裡，仍有家族代代穿越國界而來，而那些民族的文化標誌——習俗、方言——大抵未受國界阻礙。

儘管搖搖欲墜，「國族」的論述卻成了政府軍械庫裡最強有力的政治工具。在奈溫於一九六二年掌權，並打著「緬甸式社會主義」的旗幟發動意識形態聖戰後，全國各地的產業都被國營化。他聲稱，隨之產生的資本會重新分配給所有本土族群。儘管奈溫本身是「卡比耶」（kabyer）人——也就是華緬混血——他對往日純種緬人的歌頌，實則掩蓋了根深柢固的仇外心理。在他心目中，緬甸本地人和外國人之間有一條鮮明的界線。數十萬名印度人和華人被迫在一九六〇年代中期離開緬甸，將事業交還給「正直的」所有權人。留下來的人被派給「外國人登記證」（Foreign Registration Certificates），而在奈溫將軍於一九七四年實施新憲後，所有持有外國人登記證的人都要繳回，等候核發新證。

當第一批國民登記證在一九五二年核發時，證上並未列出持有人的族群或宗教。也就是說，所有可以證明家人已在緬甸居住兩代的民眾，或在獨立之前已在緬甸居住八年者，不論族群身分為何，皆可獲得公民權。三十年後，當奈溫將軍宣布實施新的《一九八二年公民法》（Citizenship Act of 1982），規定又變了。不久之後，族群也要註記在卡片上了。但後來的事實證明，軍政府亦無視自己精心設計的法律。一九八二年後，人民會因為不屬於「緬甸原住民」而被拒予公民權。尤其，當軍人集團開始灌輸「國家固有一百三十五族」的概念時，標準又更嚴格了。若個人主張先人已在緬甸住了好幾代，其實沒什麼意義，除非申請人認同的那個族群已獲認證為緬甸原住民。那份索引成了判定誰是不是緬甸本地人的最重要依據；是索引——而非申請公民權的法定標準——決定了國族共同體的組成。[7]

這種情況下，最顯而易見的犧牲者就是羅興亞人。在英國人統治、且族群還不是國族的檢驗標準前，許多現在被鑑定為羅興亞人的平民，可能被囊括在不同的指標裡，例如「若開穆斯林」，或「吉大港穆斯林」（Chittagonian Muslim），他們是在英國殖民時期，循著早在國界劃定前就有的移民路線抵達。這兩類群體都被英國人納入人口普查，但後來被奈溫撤銷。消失的原因不得而知。或許奈溫無法贊同像若開人這樣的原住民名稱與「外來」的宗教並列；或許他相信若允許「吉大港人」留在人口普查名冊上，會讓更多外來者爭取合法化的地位。但因為這個群體不被視為國族的一支，其成員自然也不是國家的一分子。一九八九年，由於安全逐漸受到威脅，移民官員前往若開邦的羅興亞社區，要求他們繳回在一九七〇年代中期領取的外國人登記證，要他們等候新的國籍審查卡（Citizenship Scrutiny Card）核發。但那些仍主張自己是羅興亞人、或被政府認定為非法入境的人，並未發給身分證，亦不准重新登記。就從那時候起，羅興亞身分認同的法律地位開始粉碎了。

顯然，他們被印度人歸併在一起，都是大英帝國引進的外國人，對緬甸的忠誠度可疑。他們的族群被認為是人為創造的，與同住西部若開邦的「土生」族群形成對比。之所以創造這個族群，是為了給予這些孟加拉闖入者要求公民身分的權利，並開啟緬甸伊斯蘭化的平台。時間一久，羅興亞人便成為移民當局口號裡所警告的族群：他們會散播邪惡思想及不相容的差異，將緬甸人民吞滅殆盡。如此一來，任何被認定為羅興亞人的民眾，都被推到地圖的邊緣，就連自稱在國內深根已久的民眾也不例外。

但一九八二年形勢變化的影響不只如此。羅興亞人被拒絕給予社會地位，這件事以最陰險的方式呈現出來，害他們無國籍、不受法律與司法管轄、成為普遍被怨恨的目標。歸屬的階層一被創造出來，全國的廣大人口都會受到影響：「完全公民」（full citizen）瞧不起「準公民」（associate citizen）；「準公民」又享有略高於「歸化公民」（naturalized citizen）的權利。緬人構成完全公民的主體，他們的祖先無疑在一八二三年以前——即英國到來、使國家人口組成發生劇烈改變之前——就待在緬甸。他們被授予完整的政治權利，儘管當時全國人權都被大幅削減，但其他少數族群的境遇更慘。要取得完整公民權，必須提供身分證，也得清楚申請程序，但捲入衝突或不會說緬語的人口，往往不具備這些條件，因此許多住在非緬人邦的人口只能當準公民。8

「這不是因為我們恨他們，」奈溫在一九八二年法律發布後不久指出：「如果我們允許他們取得能決定國家命運的地位，只要他們背叛我們，我們就麻煩了。」[9]他們不是緬人，因此不值得信任——將軍顯然這麼覺得。於是，文明開化的中心緬人和桀驁不馴的邊疆民族之間，差異性先被英國人放大，後被軍政府強化，最後決定了數百萬人的命運。

緬甸中心與外圍的對立，一直是緩慢燃燒的發展。族群間的武裝衝突，始於一九四九年。克倫人（Kayin，英國人稱「Karen」）曾為殖民政權提供重要的兵力，英人則報以承諾：允許他們在英人離開後獨立建國。但隨著事態逐漸明朗，克倫獨立不可能獲得同意，克倫邦開始出現小規模暴動，沒多久便串聯成一場大規模武裝反抗運動。至一九四九年初，克倫叛軍已占領緬甸中部和三角洲地區的數個城鎮，軍方則以剷除該族出身的士兵做為回應。克倫民族聯盟（Karen National Union）在克倫邦與泰國接壤的山區成立，接著對政府宣戰。

很快，其他族群起而效尤。先前，在進行獨立談判、起草新憲法之際，翁山將軍擋住了黨內要求將佛教立為國教的壓力。這位獨立運動之父擔心那會在國家和諧為當務之急的時刻，激怒為數不少的非佛教人口。

由於翁山將軍在前一年協商期間堅不讓步，緬甸於一九四八年元月獨立的那一刻是個世俗國家（那時翁山將軍已過世了）。但到了一九五〇年代中期，這個議題又火熱起來。一九五六年五月，三個僧伽組織揚言，若不將佛教提升為國教，就要發動大規模抗爭。當時任期進入第八年的總理吳努在一場演說中回覆資深僧侶，他其實等不及要滿足他們的需求，但他擔心這只會加深少數族群本已激烈的怨恨——他們怨恨政府明顯打算背棄讓少數族群自決的承諾——何況其中不乏規模相當大的非佛教社群。

不過吳努確實繼續推動這件事。眾所皆知，他是虔誠的佛教徒；一個作家曾說他的施政「簡直與冗長的佛教儀式無異」，[10]他也曾在一九五〇年代中期短暫出家。當他在一九六〇年為了拉抬選舉巡迴全國時，僧侶大力幫他助選，並紛紛湧入村鎮集結，支持他的政黨。兩個月後，吳努成立特別委員會評估輿論對於將佛教立為國教的看法，成員涵蓋四大宗教團體的社群——佛教、印度教、伊斯蘭教、基督教，再加上泛靈信仰——但給予佛教徒較高比例的發言權。然而，當委員會前往國境最北的克欽邦時，駛入首府密支那（Myitkyina）的火車遭到抗議群眾扔石塊攻擊，因而不得不折返。這揭開一場民變的序幕。次年，民變將演變成克欽軍事叛變。被拒絕獲取自決權、且文化習俗不受保障的克欽人，有相當比例是基督徒，他們深知，如果佛教在這個有各種信仰團體的國家被立為國教，政府就會立法賦予佛教信徒優越的地位，結果是進一步將少數族群和少數宗教推向邊緣。

佛教始終沒成功達到國教地位。吳努設法在一九六一年通過一項打了折扣的法案，但隔年就被奈溫撵下台了。這位未來統治緬甸二十六年的將軍，雖然知道信仰有助於掌控多數人口，但他相信政教應保持分離，因此撤銷了法案。

相反地，奈溫採取了截然不同的統一策略。吳努的作法，是在英國人破壞社會結構、重劃權威與效忠，並留下一地狼藉後所進行的措施，結果反而把非緬人佛教徒推得更遠，削弱了政府統治全緬甸的潛力。在奈溫的監視下，少數族群將被拉得更靠近中心，強制與多數人口同化。他相信，如此將能培養少數族群的忠誠感，使國家團結一致度過劇烈變動的時期。他一再重申緬甸特有的族群階級制，緬人是土地真正的繼承者，而其他所有民族，不論是不是原住民，都是緬人的威脅。

「今天你可以看到，就連血統純正的人也可能對民族和國家不忠，反而效忠於他族或他國。」他在一九七九年一場演說中指出。

> 要是連血統純正的人都這麼行事，那我們必須小心提防那些混血的人。有些人是純血，繼承純緬人的血統，是真正的公民後代。克倫人、克欽人等等，也是

純血，但我們必須考慮這些人可否視為完全的同類——我們緬甸人——能否完全代表我們的國家，我們的緬甸。[11]

照將軍的邏輯，統一的大道上有個障礙——多元性。就如許多不同的族群叛亂中所看到的，多元性是暴力的源頭，會逐漸侵蝕整個國家，威脅到純正緬甸之實現。

拉拉就是其中一道障礙。當她來到仰光時，她必須做出某種交易：要向他們表現認同，才會被授予非緬人無法獲得的主體性。這是她必須經歷的轉變，以培養對國家之忠誠。在別的地方，同化的過程——強制人們進入緬人佛教徒的圈子，不從則大禍臨頭——則採用較公然的形式。軍政府廢除了學校裡少數族群的語言課，改上緬語；強迫非佛教徒皈依主流宗教，佛教社群被安插在有基督徒和穆斯林居住的區域，成了大規模社會工程計畫的馬前卒；少數族群的女性被迫嫁給部署於邊境地區的緬人士兵，稀釋原本社區的「濃度」。伴隨這些計畫的是軍方領導的暴力作戰，終極目標是根絕這些差異性，不論是藉由逼少數族群大舉逃離至其他國家，或直接殺掉那些不被認同的人。

但拉拉的交易獨樹一格，因為它的核心存在著一種看似矛盾的現象：只要做一些調整，她就能成為主流族群的一分子。然而自軍方執政以來，官方一直圍繞在身分的問題上，並強調族群分類是連續且永恆不變的——緬人獨一無二，比其他族群來得純正，國家過去都是以緬人為軸心旋轉，永遠都是。

稍後我們會見到，還有一些人的外在身分經歷了徹徹底底的轉變，使他們從社會的最邊緣直接迎向核心：羅興亞人「變成」若開人，穆斯林「變成」佛教徒。或兩者皆是。這似乎是他們得以成為社會一分子的唯一途徑，畢竟這個社會的歸屬標準已大幅限縮。

不過，親身經歷過這種轉變的人，似乎都印證了這點：我們每一個人不只有單一身分，而是由各種特徵、忠誠和情感組成的複合物，而那些都會隨時間大幅修正，且會以多種可以交替運用的方式和他人連結。當特定的身分標籤帶來權力和特權，個人往往會緊緊依附之。但對其他人，例如拉拉或其他從「次級」團體出身的人來說，他們往往不得不從一種身分轉作另一種身分。這並不能證明主流族群天生具優越性，而是證明外在身分對我們內在性格的影響，可能比一些人想像的還小。誠如古訓所言：相似比相異來得強大。

但民族主義大計若要成功辨別出誰是同類、誰又不是，就需要凸顯出差異，且讓差異顯得更具威脅性，並將各種錯綜複雜的關係混為一談。過去一世紀最野蠻的罪行，莫過於向非我族類展現出共同的仇恨，尤其是那些與我們全然不同的人。唯一的解決之道，便是讓他們從世界上消失。唯有當群體之間的共同點遭到抹煞、彼此的動能被徹底改寫，才可能發生這種事。

二〇一二年五月二十八日馬提達推遭姦殺案，便是這種過程的催化劑——不只存在於若開邦的佛教與穆斯林社區之間，也逐漸滲入國家的其他地區。當報紙和社群媒體開始以民族和宗教來區別罪犯的身分，便讓那些與強暴犯毫無關係的人也淪為犧牲品。憑身分判斷，他們都是宏大征服計畫的參與者，而馬提達推之死，就暗示著這個計畫正進行得如火如荼。

第五章 創造身分認同，操縱人民分歧

身分認同常透過反面論述來建構——你若不是什麼，我就是什麼。當第一波暴力於民主轉型一開始襲擊緬甸西部後，若開人和羅興亞人都驟然退回自己的社區裡，分化的過程就此取得新的能量。一旦害怕集體身分遭到削弱，人們便會積極精煉和維護身分，這是人之常情。但隨著彼此關係在二〇一二年後迅速惡化，隨之產生的心理極化，又聚積一股新的動力，促使在地社會逐漸崩解，最後造成深遠的影響。

不過，這個過程並不是從那年六月的暴力衝突開始的。「若開人」的觀念，從很久以前就逐漸深植人心——從該邦居民相繼對抗三個殖民強權開始：前殖民時期緬甸內地的君主、接著英國人、最後是緬人主導的軍隊。對強烈主張自己應當是若開邦主人的佛教人口來說，持續不斷的殖民，助長了一種受困心理，那最終會將矛頭指向穆斯林。今天，形形色色的若開佛教徒常說自己「卡在伊斯蘭化和緬甸化」中間（「緬甸化」指把緬人、或緬甸人的身分壓在少數族群身上）。儘管近年來從緬甸傳出的新聞，十之八九都是與穆斯林、特別是與羅興亞人的衝突有關，但從很久以前，由於不同政治勢力的操弄所種下的暴力種子，為「我們」和「他們」的分別火上加油。定義明確的內團體與眾多外團體對立，鼓動若開人將所有認知裡的外人皆視為威脅。這種分化是如此強大，就算這個西部邦的不同族群曾在獨裁統治下同病相憐，但那種感覺也迅速遭到遺忘。隨著脫離軍方統治的轉型繼續發展，若開的民族主義領袖強調，若開人再次淪為附庸的危機迫在眉睫——這一次是淪為伊斯蘭的附庸——同時創造了一種以淨化若開人身分、讓土地擺脫外來勢力為中心的敘事。

這是強有力的敘事，因為它回溯了若開人身分與自主權遭壓抑幾百年的事實，為他們當今的境遇添增令人痛苦的歷史背景。這也帶來相當大的後果。早在伊斯蘭成為若開人想像中的首要威脅之前，若開人民的獨立自主、習俗與傳統，就曾被奪走過。他們曾經強大，是個領土涵蓋今孟加拉東大半及緬甸西翼的王國，結果遭到定都數百哩外的某個國王併吞，並以毫不尊重新臣民傳統的方式進行統治。他們被國王的人馬管控，受制於他的苛政。但這種來自遠方的新權威，卻產生了奇妙的效應：它開始侵蝕曾是若開文化指標的包容性傳統。

過去一千年的大部分時間，緬甸西部沿海貿易繁忙，意味著若開王國有不少暫時性的移民居住。好幾百年來，伊洛瓦底谷地的族群遷移來此，直到一七八四年被波道帕耶國王

（King Bodawpaya）併吞之前，因為實在有太多形形色色的宗教和族群住在這裡，若開國王不得不對臣民採取包容的態度。九世紀早期來此的波斯或印度船員人數很少，對當地社會只有輕微的影響。但情況在十五世紀前後開始改變，治理若開以西領土的孟加拉王曾多次協助若開君主打敗敵人並保住王座。十五世紀初，若開國王蘇蒙（Min Saw Mon）在遭到來自東方的緬人軍隊攻擊後逃到孟加拉，後來在孟加拉蘇丹的保護下生活了二十四年。當他回到若開建立謬烏城時，他在城市周圍山區星羅棋布的數百座佛塔旁邊建了清真寺。接下來兩百年，若開國王都援用穆斯林稱號，也鑄造刻有波斯文字的錢幣，俾利與西方各王國進行貿易。儘管這個區域很快就出現受伊斯蘭強烈影響的跡象，但宗教差異並未像現在這般成為暴力衝突的源頭。

但到了十八世紀初，這片沿海地帶陷入無政府狀態，許多民族——信基督教的葡萄牙和荷蘭商人、信佛教的暹羅商人、信印度教和伊斯蘭的孟加拉移民及奴隸——一起加入現有人口，互相競爭，並希冀有個管理者來保護自己的利益。[1]王國的邊境實力大幅削弱，讓波道帕耶國王得以乘虛而入。一七八四年底，一群若開人冒險前往波道帕耶國王王宮的所在地——曼德勒附近的阿瑪拉普拉（Amarapura）——請他出兵干預。這位緬人國王毋須催促，旋即發動一場「正義戰」，以確保佛教奪回若開文化的核心地位，祛除侵蝕當地社會凝聚力的外國勢力。他發動的那場侵略，將若開王國納入統治，並使用令人毛骨悚然的暴力，在若開人的腦海裡留下永難磨滅的印記。「他們在西岸集結，把若開王室軍隊掃出蘭里島，沿著達列河（Dalet River）在昂（An）的西北方駐紮，令附近地區宣誓效忠。」史學家G．E．哈維（G.E. Harvey）這麼描述那場一七八四年的侵略。

> 後續戰鬥遍及各溪流島嶼，若開人挺身而出，在陸上及海上進行抵抗，但人數只有對方的三分之一，無法真正阻止緬人進犯。緬人不費吹灰之力即占領首都謬烏，肆無忌憚地對人民施暴，把他們綁在標示低潮線的樁上，或把人埋進田裡到下巴深，然後開始耙地。[2]

早在波道帕耶入侵前，若開王國的社會秩序就被長期的內部動盪給削弱了，這場潰敗更讓情況雪上加霜。波道帕耶的士兵也洗劫了王國最神聖的遺物，包括馬哈木尼（Mahamuni）的塑像。據說這尊大聖塑像是在佛陀時代雕刻，而佛陀在造訪若開時「為它注入生命」，賦予它特殊的力量來保護若開王國。[3]波道帕耶顯然想得到雕像來守護他自己。他的士兵回到阿瑪拉普拉時，也帶回一群卡曼穆斯林——受過專業訓練、守衛謬烏宮殿的弓箭手——他們拖著被卸成好幾塊的馬哈木尼塑像前來，而塑像後來在古城人口稀疏的北緣一座寺廟裡重組。現在那個地區已被曼德勒的郊區發展給淹沒，但遊客仍可漫步穿過護城河的街道來到馬哈木尼佛寺，瞻仰那尊曾經守護若開王國，而現在包覆著大量金葉——數百年來緬人、若開人、孟人持續添增——的塑像。[4]

當英國人終於在二十世紀中葉離開，緬印邊界重劃後，併吞若開、將若開人民劃歸緬人管轄的過程便告完成。後來奈溫開始將勢力拓展到邊境地區時，只任命緬人擔任區域軍事和管理官職。假如緬甸國家統一的先決條件是由單一族群、單一宗教主宰，那麼政權在偏遠地方的觸手，最好也由優勢集團成員來擔綱。非佛教徒、非緬人不可信賴，不可託付他們權威職；那種人對政權深懷敵意，不會發自內心替政權著想。

奈溫似乎借用了前人的藍圖，因為兩百年前波道帕耶掌控若開王國時也做過非常類似的事情：完全消除若開人的威信。在波道帕耶入侵後，政治領袖、軍事將領、僧侶和在地官員，悉數由他的人馬所取代；若開最後一位國王馬哈．薩瑪達（Maha Thammada），則和宮廷所有官員一起被流放到阿瑪拉普拉。

軍方從一九六二年開始擴大掌控權，並展開行動滲透周圍少數民族邦。因企圖在這些地區確立緬人的認同和權威，所以得到「緬甸化」（Burmanisation）之惡名。波道帕耶於十八世紀的征服，就是早年「緬甸化」的體現：緬人僧侶被送往若開，用緬語文本建立僧伽網路，將佛教儀式帶入架構；另外也實施中央集權，將若開政治體系納入緬人王宮的管轄。後來奈溫如法炮製。波道帕耶國王從宮廷調派官員出任若開各地的要職，奈溫將軍則任命緬人接掌絕大多數的高階行政管理職；不只在若開邦，而是全國各地都是如此。如同波道帕耶留下兵力數千的衛戍部隊駐守謬烏，確保他在那裡的權威至高無上，效忠奈溫的軍隊也駐紮在全邦各地監視著平民，實現軍方的安全目標。

類似過程也在緬甸所有少數民族邦上演，在許多方面，都反映出早在英國統治的幾百年前少數民族被洗劫的殖民過程。這種去除若開民族——以及全國各地少數民族——集體動能的措施已延續了好幾個世代，為當地人根深柢固、深怕成為「外人」——不論是誰——附庸的恐懼扎下基礎。

緬甸政治版圖的變遷，也是緬甸西部宗教、族群逐漸兩極化的幫兇。昔日兩大低地王國，若開王國及孟王國，都在十八世紀末被併入緬人主宰的上緬甸，而在英國人入侵、硬將自己的設計套用在這塊土地上後，原本鬆散的邊境，被劃出了嚴格的界線。邊境地區曾因不斷變動，使這些族群在不同時候「隸屬」不同國，有時甚至不屬於誰。[6]但久而久之，曾經反覆無常的邊界，逐漸被認定為區隔國家和居住人民的自然分界了。

這是緬甸西部人民的親身經歷。早在分隔緬甸與孟加拉（更早時候是印度）的國界最終於一九八五年劃定前，兩邊民眾經常越界來往。當若開王國於十八世紀末被併吞時，約有二十萬名若開人（佛教徒和穆斯林都有）往西邊逃，越過將在數百年後再次成為逃生路線的納夫河，到達山裡不會被波道帕耶掠奪大軍追擊到的避難處。後來，邊界兩邊暴亂頻仍，使這些族群反覆來回移動。有時他們會留下來定居，有時不會。但到了二十世紀中葉，當英國離開，而邊界重劃之際，一如世界各地的後殖民社會，兩國的族群都已發展出對土地相當程度的依戀——一種唯有現代民族國家可以造就的歸屬感。如今，若開邦和孟加拉之間曾相對容易的往來是個早被遺忘的史實；國界劃定後，隨後到來的任何人都被視為不屬於這片土地，會對那些自稱是土地主人的人構成威脅。約莫在十八世紀末，若開人大舉逃入孟加拉的同時，蘇格蘭醫生弗朗西斯．布坎南（Francis Buchanan）走遍緬甸各社區，記錄不同的族群。在《緬甸帝國一些語言的比較詞彙》（*A Comparative Vocabulary of Some of the Languages Spoken in the Burma Empire*）一書，他提出了或許是殖民統治前最廣泛的緬甸民族研究之一。他在書中指出：「緬甸帝國內部說三種方言，顯然都源於印度國。第一種是久居若開的穆罕默德追隨者，他們自稱『羅興伽』（Rooinga），或若開原住民。」

現今緬甸盛行的敘事是，羅興亞人是在殖民統治期間或之後越界而來的，利用容易穿越的邊界、買通貪腐官員造成人口暴增，圖謀建立穆斯林國家。但羅興亞人引用布坎南的研究，以及其後參照他的歐洲文本資料，做為他們在一八二六年英國人征服若開、導致印度工人大舉湧入之前，就存在這個地區的證據。他們也指出羅興亞人獲吳努承認（至少口頭承認），並曾在獨立後的政府擔任國會議員、甚至部長。[7]綜觀一九五〇、六〇乃至七〇年代，官方資料都將羅興亞人視為若開邦北部的居民。現今如此普遍的否定論，在剛獨立時並不常見於政府。那時羅興亞人還可成立政治組織——政府批准仰光大學的羅興亞學生聯盟（Rohingya Students Association）——該團體也有自己每週三次的羅興亞語廣播節目。

但隨著軍政府企圖更嚴格地校準緬甸的族群地貌，使之與古緬甸的包容性大異其趣，那些被視為不屬於這個國家的群體，便逐漸遭到排擠。若開佛教徒本已排外，又因「緬甸化」計畫加油添醋，再加上「若開穆斯林」從國家民族索引中被移除，迫使若開邦的穆斯林只能依附另一個標籤。他們主張那個標籤在緬甸歷史上起碼可溯至十八世紀末，一開始也得到政府承認。但它斷斷續續的歷史——尤其沒有在英國人的紀錄中明確出現——讓強硬推動民族宗教「純正化」的奈溫找到藉口，將整個族群踢出國家。

在緬甸軍方塑造的氛圍中，昔日被殖民強權具體化的民族分類，後來又被當作是固有、原始的「事實」。換句話說，某個「身分標籤」擁有多長歷史，某個個別認同者的世系就可被判定有多久遠。這些關於緬甸族群組成的假設——一個族群名稱的歷史直接與其身分的歷史畫上等號——變得如此穩固，讓輿論開始全力反駁羅興亞人，不承認在這個族群裡，可能已經有人久居緬甸。畢竟，羅興亞是「新」的標籤，因此它的成員一定都是新的。儘管在軍事統治期間，確實有來自孟加拉的非法移民湧入，讓昔日在邦中優越地位已飽受英國移民計畫威脅的若開佛教徒，再次覺得自己被圍攻，但更重要的是，這種強大敘事的發展，最後變成所有被鑑定為羅興亞人的都是闖入者——他們都在尋找立足點，讓他們得以進行最後一波的殖民化。

由於羅興亞人的標籤是虛構的，每一個以此標籤主張公民權的人，都要進行最嚴密的審查。「因為是羅興亞人，他們就不可能屬於這裡」的邏輯是緬甸官方不予之國籍的理由，但他們並未在法律上就罷手了。依此邏輯，本應是不可剝奪、不論政治地位都該賦予的基本人權，結果連官方都拒絕給予羅興亞人。「看來，」本身也因納粹喪失國籍的德國政治理論家漢娜．鄂蘭（Hannah Arendt）寫道：「一個人就僅只是身為一個人，就失去了那些可能讓他人視為同胞看待的特性。」[8]

造成羅興亞人失去國籍的規劃師，想必深知這點。讓羅興亞人與曾經多元的若開邦社會以及整個國家疏離、剝奪其基本權利、使其喪失尊嚴的過程，已經過數十年的運作。這順利讓這個群體喪失人性、遭到排斥，最終變成國家合法的施暴目標。

在一九八〇年代晚期取代奈溫的將領集團，延續他掌控邊境的辦法，但在管理少數民族方面，他們開始仔細規劃一條不大一樣的路線。他們發展出更具野心的新方案，鼓勵更具侵略性、更有系統地削弱羅興亞人，隨之進入九〇年代，一項改造若開邦北部社會景觀的計畫成形。持續悶燒、愈益激化的敵意促使當地佛教徒和穆斯林更加疏遠，也將在數年後，當馬提達推的屍體在樹下被發現時，引燃了熊熊烈火。

第六章 社會工程與囚犯村

如果你剛好是一九九〇年代緬甸的普通刑事犯，可能有人會對你提出這個聽起來不像真的、但極具吸引力的條件。仰光等地的典獄長已開始拜訪佛教徒囚犯，評估他們是否有興趣進行一筆特別划算的交易：搬到距首都三百五十哩外的偏僻角落，以交換提早出獄。很多人答應了，而答應的人將收拾行李，幾天後被載往仰光的主要港口，有一艘笨重的貨輪停在那兒等他們。他們會向西航行，緊挨著海岸線走，四天後抵達西岸的實兌。接著他們再從實兌一路向北，切過墨玉河（Mayu River）的泛濫平原，最後來到若開邦最北的布帝洞（Buthidaung）。

在那座小鎮周圍的山丘和平原間，坐落著多個新建的模範村落，儼然形成一張網，是專為這些新住民所開發的。這些男男女女幾天前還塞在骯髒汙穢、擁擠不堪的牢房內，現在不但有新房子住，還獲贈一頭母牛、一小筆津貼，及每月糧食配給的承諾，包括料理油、魚漿、豆、米等等。村子四周的稻田是給他們耕作的，土地是給他們漫遊的。不久，另一群人也加入他們——來自緬甸中部其他地方的受刑人，以及從仰光近郊貧民窟召募的無家可歸之人。來自若開邦南部的若開人也加入了，使人數更加壯大。

一九八〇年代晚期，緬甸政權愈來愈擔心若開邦會「拱手讓給」穆斯林。那裡有早年穆斯林移民的後代，有十六到十八世紀從孟加拉帶來的數十萬俘虜，[1]還有在英治時期從印度越界而來、落地生根的工人。但成為若開邦政治、人口危機的主要驅動者，是那些被視為較近期才從孟加拉遷來的人。

軍政府的「拯救計畫」在精心設計的模範村中成形，這些年來，已有大批不是貧窮、就是被判刑的佛教徒離開家鄉，整編進新社區。他們會矯正人口失衡——軍方認為那就是伊斯蘭正在緬甸擴張實力的證據。由於佛教徒在若開邦北部已成少數，對軍政府來說，那意味軍方在那裡擴張勢力時，能力被削弱了。因此他們將佛教徒罪犯帶出牢房，到遠方展開新生。

這是個異想天開的概念，其源頭始於一九八八年（找上第一批囚犯的數年前）擬定的一份文件。邊境地區和民族發展部（Ministry for the Progress of Border Areas and National Races，以其緬文字頭「*NaTaLa*」為人熟知）流傳著一份「十一點策略」，以扭轉伊斯蘭的入侵浪潮為宗旨。很久以前，孟加拉和若開邦之間的界線就贏得了「西方門戶」之名，導致穆斯林與佛教世界之間的分隔愈來愈單薄。這項計畫就是要遏止那種危險。計畫的第三階段，堪稱再殖民方案的基本藍圖：「召集國內不同城鎮乃至國外的佛教徒移民在若開邦建立『*NaTaLa*』模範村，藉此努力讓佛教人口多過於穆斯林。」[2]

這項指令是由民族團結黨（National Unity Party）主席達覺上校（Colonel Tha Kyaw）擬定，該黨是在一九八八年從奈溫緬甸社會主義綱領黨（Burma Socialist Programme Party）的餘燼中創立，準備競逐一九九〇年的選舉。這位上校除了曾在奈溫執政時擔任運輸部長，本身還是若開人佛教徒，至於其他事蹟則罕為人知。他為佛教徒奪回若開邦北部所設計的處方，融合了壓制羅興亞身分認同的制度化形式，以及公然迫害的手法。要是這個族群被官方承認為國家少數民族，而非多人認定的非法闖入者，那麼緬甸就會突然多了一堆穆斯林選民要應付。官方需要遏制，而指令所列的十一點策略，除了不准羅興亞人接受高等教育、禁止建造甚至維修清真寺和伊斯蘭學校（madrasa），也要繼續將羅興亞人指為叛亂分子，以強化一九八二年後拒予公民權的正當性。甚至婚姻也被限制，「用盡一切打壓和鎮壓手段……來減緩人口成長。」

模範村散布在若開北部的山丘和低窪平原間，大致複製這個地貌會形成的村落模樣。一如在一九九〇及二〇〇〇年代移來此地的人，遊民與受刑人也是分批送來，被安置在指定的村子裡。如果他們在抵達三年內離開，就要送回監獄。軍政府打算讓這些村子成為地表的固定設施，宣示佛教徒不打算走了。

那年，從孟加拉灣襲來的風暴特別猛烈，山崩水患頻傳，我在雨季即將結束時，和一名同事動身尋找一個前囚犯居住的村子。目前只剩下一個。翁達村（Aung Thar Yar）位於一座稻田圍繞的小山腳下，二〇〇四年開始殖民。我們沿著一條車轍極深的通道前進，經過曾駐紮邊境安全部隊（*NaSaKa*）的兵營。該部隊是一九九二年設立來戍守緬甸的五大邊界，但其中以駐守若開邦北部、對羅興亞人實施掌控措施的部隊最惡名昭彰；他們不時被指控對羅興亞人施暴。

早在見到村子之前，你的目光會先被一座小佛塔所吸引。那坐落在一塊二十四吋高的巨礫上，象徵該區許多模範村的總入口。這附近曾有其他收容前囚犯的村落，但已不復存在。許多居民撐過三年的居留期，時限一到，他們便賣掉房產離開了。

邊境地區和民族發展部在一九八八年奈溫下台後成立。但這一切都暗示著在恢復治安和秩序委員會底下重組的新將領集團，也和前集團一樣，對國族的論述充滿熱情。上台後不久，新集團便展開一項自稱「為促進獲承認族群之發展」所制訂的計畫。新集團說，這些族群「連續經歷數個地方恐怖分子暴力對待，已受盡苦楚」。[3]這句聲明旨在挑撥少數族群的平民與聲稱代表他們的武裝運動，也希望他們不要支持反對派緬甸共產黨——該黨勢力涉入全國各地的反軍政府運動。在那個時期，邊界邦的叛亂——所謂「恐怖分子」的傑作——已延續四十年，自一九六二年三月軍方掌權以來就令他們頭痛，而今問題依然如故：如何克服明顯反對團結的阻力，最後一統緬甸。

然而，在國族發展的論調背後，還潛伏著一個截然不同的議程。被鎖定「發展」的地區，當地族群通常對這項國家計畫深感怨恨，致使軍政府難以貫徹威信。在模範村計畫首度被提出來討論之際，若開邦北部也許沒有公然的叛變發生，但當地人口組成既不利於緬人，亦不利於佛教，因此讓軍政府芒刺在背。

如同拉拉那樣往中央靠攏——透過「成為」緬人、讓自己牢牢嵌入以緬人為中心的仰光文化——中央也向外圍擴張。這一千年來與緬甸社會密不可分的佛教文化，已被連根拔起、扔向社會的邊緣，如今要將之重新植入。離鄉背井前往若開邦北部的佛教徒，將是扭轉當地穆斯林優勢的必要人口矯正措施；那些種子終將長成一片青青草原，讓若開邦北部的山丘與平原美輪美奐。

這是一項野心勃勃的嘗試，軍政府企圖進行社會景觀改造工程。當時，約有五十個模範村建於貌奪、布帝洞和拉岱當（Rathedaung）三鎮之間。在一個以「毫無」國家福利聞名的國度中，模範村居民得到的好處——母牛、糧食、金錢——是前所未聞的優渥。

我們在正午抵達那個囚犯村，而在我們挨家挨戶拜訪時一路尾隨的那群男人，呼吸散發著廉價烈酒的辛辣氣味。在架高房屋底下，上午的雨水已積成惡臭撲鼻、蚊蟲縈繞的水塘。那年季風帶來的狂風一再席捲而來，強到翁達村的建築抵擋不住。從屋外，透過格子木板牆破裂的大洞，看得到臥室和廚房。雖然房屋受損嚴重，居民仍住在那裡；他們別無選擇。

那裡淒涼地證明了軍政府有多麼無所不用其極擴張勢力。村民來自曼德勒的勃固（Bago）監獄、仰光的永盛（Insein）監獄，以及緬甸中部各地。也有村民在實兌的牢裡被慫恿來到這裡。村長的臉上布滿深深傷疤，其中一道劃過左眼下方。他解釋說，典獄長跟所有刑期不到五年的囚犯洽談。他是因逃兵被判三年徒刑，在還剩兩年時簽約受僱。

當三年強制居留期屆滿、囚犯紛紛廉價出售這裡的房屋撤離時，村裡的人口就需要補充新血。這意味著每隔幾年，同樣的過程就要再上演一次，典獄長親臨牢房，拿免費住宅和自由的前景誘惑囚犯——位於那個山腳與金塔底下的家園。邊境地區和民族發展部是如此渴望讓佛教徒在此居住，使得決定誰有資格、誰沒資格遷入囚犯村的規定充滿變通。一個在我們和村長談話時站在附近的婦女後來告訴我們，她的丈夫原本被判謀殺罪，出獄後被送到這個村子，但因某種緣故已不住在這兒。

有些居民曾多次往返村子和監獄之間。江萊（Kaung Latt）就是其中之一。他來這裡兩次，第一次是二〇〇四年八月從三角洲的苗妙監獄（Myaungmya Prison）提前獲釋，二〇一三年又來這邊。

「我來過這裡，待了一段時間，但後來又因搶劫案被捕，他們把我送回布帝洞那邊的監獄，我被判了七年徒刑。」兩年半後，他再次提前獲釋，但書是得回翁達村。「他們告訴我，若開有太多穆斯林了，所以他們希望透過送佛教徒來這裡，以平衡這種情況。」他回想起第二次和典獄長的對話。

我們談話的時候，他的兩個孩子在家門前的木階上玩耍，不久就有個不超過十二歲的少年從泥土路過來，在屋外徘徊。他的頭皮有道深長的傷口，一隻眼睛腫起來。旁邊一個女人說幾天前他媽媽拿石頭敲他。當初讓許多人入獄的施暴模式，也被帶到這個村子來。家暴如家常便飯，常有人打架打到不得不叫警察來。

在模範村，人們隱約記得他們所參與「更廣大的地區族群發展」計畫。有新房子住，且一年內保證有東西吃的前景，比許多人在家鄉所忍受的惡劣狀況要好上太多了。但沒過多久，這項交換條件的好處便開始消退。翁達村建立十年後，很多居民都想回故鄉了。配給在好幾年前就停了，工作也很難找。這些人沒有受過耕作稻田的訓練，難以適應新的需求，但也知道自己負擔不起回緬甸中部城鎮的旅費，也承受不起回鄉後找不到工作的風險。

其他模範村很快步上翁達村的後塵。南邊的瑞雲村（Shwe Yin Aye）是二〇〇五年時為第十一波移民而建，他們大多來自仰光，這次他們獲贈兩畝地和一間貨櫃屋。但幾年過去，原始住戶紛紛離開，這個村子住了愈來愈多窮愁潦倒的人——三更半夜大聲喧嘩的酒鬼和賭徒。他們還可以在某間架高木屋裡開的妓院找到嚴酷生活的慰藉——附近村落的年輕女性來這裡服務他們，直到黎明再臨。

瘧疾已經擊倒一個又一個人，不只在瑞雲村，而是遍及若開邦北部整個模範村。在布帝洞近郊的一個小村落，我們偶然遇見村長躺在家中地板上，身上蓋了好幾條厚毯，仍然劇烈打顫。我們請求允許會見其他村民，他揮手要我們進去，仍躺在地上。我們找上一戶先前無家可歸的人家。我們在其飽受暴風雨摧殘的屋子外面說話，就在這時，一名年長女子從附近一道門出來，舉步維艱地穿越布滿油黑水坑的狹窄街道。她也裹著毛毯，受瘧疾折磨。她隨後進入附近一間屋子，不見蹤影。

透過注入新的人口，軍政府盼能在這個昔日權威薄弱的區域實行更大的控制。參與者唯一必備的條件是佛教徒。是不是暴力重罪犯、是否贊同軍政府的擴張目標，都無關緊要。宗教，一如族群，早就成為判定是否效忠、或至少隸屬國家的指標，而這些被召募的成員，將扮演淨化的角色，淨化這片不斷被穆斯林吞噬的土地。這些村子，就像約旦河西岸的以色列占領區，將成為「既成事實」，做為佛教在那裡長盛不衰的證據。

在造訪模範村幾個月後，我前往仰光北部的一個郊區跟貌貌翁（U Maung Maung Ohn）碰面。他是退休將領、曾任邊境安全部隊的指揮官，後來被任命為若開邦國境事務部的副部長。他於二〇一四年升任部長，負責穩定該區域在二〇一二年暴力衝突後的情勢。我想知道數十年前囚犯被重新安置在國土的那個角落時，當時的說法是否與該地區的官方政策一致。他的答覆小心謹慎，經過深思熟慮。一如許多前高階軍官，他試著為那龐大的組織營造這樣的形象：它的一切行動，都是為了它統治半世紀的人民著想。

「那是為了佛教徒，為了緬甸人民。」貌貌翁這麼說模範村，否認軍政府有什麼不可告人、意欲掌控地區及民眾的戰略性動機。「是為了若開人和緬甸人。」佛教徒覺得他們的土地要被奪走了，一九四〇年代晚期至五〇年代的事件，都是這種情緒由來已久的歷史證據，也讓若開人反覆回想，盼能解釋二〇一二年開始發生的事情。

事情是這樣的。貌奪地區從很久以前就屬於若開邦了。現在仍是。就連一些孟加拉村落也取了若開的名字，村裡有許多佛塔。也就是說，這些地區以前就是若開人居住的地方。

但他說，穆斯林人口成長快速，且已開始取而代之。

政府建立模範村以確保所有若開人能散布若開各地，讓他們密集居住於若開邦，否則就沒有若開人了。反之，孟加拉人到處開枝散葉，勢將要求屬於自己的領土。

唯恐若開邦北部淪入穆斯林之手這點，除了軍政府意欲將掌控權擴張至國家這個遙遠的角落，而且還有其歷史基礎。許多在民主轉型後猛烈爆發的焦慮，似乎皆根源於此。在達覺外上校擬定一系列策略、試圖取回那片土地的四十多年前，若開邦曾受到英軍和日軍戰鬥的強烈震撼。二次世界大戰在一九四二年進軍緬甸，日軍更橫掃了若開邦，英軍因而組織數支羅興亞部隊予以反擊；日軍則尋求若開佛教徒支持，雖成功程度不一。在敵對外國強權的動員下，兩方的武裝暴民開始互相殘殺。一九四二年四月，當時稱為阿恰布（Akyab）的實兌市區出現幾波格外激烈的戰鬥，堪稱若開人和羅興亞人地理劃分的濫觴。日本人實質掌控以佛教徒為主的南部，英國人則掌握穆斯林為主的北部。[4]

模範村就是在北部建立的。原來早在數十年前，數萬名穆斯林往北移動，以逃離實兌附近的戰鬥。那次遷徙劇烈改變了貌奪、布帝洞等城鎮的人口，碰巧在此時，許多民眾從當時的印度越界湧入若開邦——其中可能大多為穆斯林——在一九四二年戰爭爆發時就往東邊逃了。[5]結果，他們牢記著若開佛教徒在二次大戰的混亂中大肆屠殺的故事；佛教徒後來也這麼說穆斯林。

「難民抵達貌奪後所敘述的殘暴經歷，讓當地穆斯林義憤填膺，遂將盛怒發洩在當地位居少數的佛教族群上。」以色列外交官摩西．耶加爾（Moshe Yegar）這麼寫道，他曾在一九七〇年代派駐仰光，針對穆斯林在緬甸的歷史進行數項詳盡研究。「不久，佛教徒便成群結隊從北湧向南，穆斯林則從南湧向北，若開邦硬是分成兩個不同地區，穆斯林區和佛教區。」[6]

在二次世界大戰後的混亂漩渦中，一場穆斯林暴動在若開邦上演，主要集中在北部。許多俗稱聖戰者（Mujahid）的成員都曾在二戰期間受過英軍訓練，好對抗日本人及昔日的若開人同胞。擔心英國很快就要離開緬甸，也知道附近的穆斯林重鎮如吉大港等地，馬上就會加入東巴基斯坦，他們也要求將若開邦北部納入新建立的穆斯林國家裡；有些人甚至要求建立完全獨立的穆斯林國家。[7]

一九四八年，趁緬甸軍隊大批人力轉向東部邊境規模較大的叛變之際，聖戰者一度完全控制布帝洞和貌奪。接下來六年，聖戰者再往南推進，對佛教村落發動突擊，並對佛教徒和穆斯林強索重稅。該年年底，政府軍重兵部署該地區，在地人的苦難更是雪上加霜。軍隊燒了清真寺和村落，迫使近三萬人越界逃往東巴基斯坦。

若開佛教徒之所以害怕穆斯林在若開邦取得優勢，還有一個小小的理由，然而這個理由不斷在若開邦滋長，到了二〇一二年，已變成一則極易煽動的敘事。這是二戰危機愈演愈烈時，英國人所做的草率決定：為獎勵羅興亞部隊效忠，他們將若開邦所有高階行政職都授予穆斯林，不讓若開人擔任權力要職。這在若開人之間播下怨恨的種子；不只針對穆斯林，也針對任何在若開邦強行行使權威的非若開人。

聖戰者在北部宣布獨立的要求，從來沒有實現過，因為不論外來殖民政權或緬甸獨立後的政府都沒有理由把這塊土地徹底放掉。另外，這項運動缺乏民意支持和人力支援，在運動高峰期也只有一千名士兵左右。穆斯林本身也受到聖戰者所害，[8]且穆斯林之間仍保有對中央政府一定的忠誠，這意味著分離者得到的支持相當微弱。「許多羅興亞人不同於『印度穆斯林』，仍效忠於緬甸政府。」[9]R・B・裴恩（R. B. Pearn）在一九五二年寫道，他在日軍占領前擔任仰光大學的教授，後來加入英國外交部研究司，研究聖戰者叛變。

就算如此，一九四〇年代末到五〇年代初發生的事件，仍讓若開人普遍對羅興亞人的熱望抱持猜忌。之後羅興亞人數度嘗試發起武裝暴動，特別是羅興亞愛國陣線（Rohingya Patriotic Front）在一九七四年及其承繼者羅興亞團結組織（Rohingya Solidarity Organisation，RSO）的行動，更讓若開人相信分離主義是羅興亞人的終極目標。RSO成立於一九八二年、明白宣示目標為保障羅興亞人的公民權及更大的政治權利，除了在孟加拉建立基地，也在一九八〇年代及九〇年代初越界攻擊若開邦北部的軍警哨所。然而，雖然它大大加深若開人的恐懼，深怕好戰的羅興亞獨立運動很快就會將槍口轉向他們，但該組織從未構成太大的安全威脅，且到一九九〇年代晚期就被認為名存實亡了。

但歷史確實出現數次武裝運動的事實，這成為若開人和軍政府斷言羅興亞人企圖透過武裝動員和主張原住民身分在北部建立據點的依據。二〇一二年暴力衝突的幾年後，由於若干國際恐怖組織，包括巴基斯坦塔利班（Taliban）和伊斯蘭國（Islamic State），都呼籲羅興亞人拿起武器挑戰政府，「羅興亞人勢必會再進行武裝暴動」的想法更加鞏固。政府也擔心

RSO再次動員——這一次或許會得到更多邪惡勢力的支持。要是恐怖組織看中了那些受到委屈、覺得除了訴諸暴力別無其他政治選擇的人們，他們或許會認為若開邦的現況正適合召募新血。

若開羅興亞救世軍在二〇一六年十月九日上午宣布成立，隨即被政府指控與恐怖分子有關。至此，那些恐懼看來終於成真。儘管如此，一般羅興亞人究竟有多支持武裝鬥爭，向來是個疑問。羅興亞人太脆弱了，且事實昭然若揭，任何動員都會使軍方及在地若開人大發雷霆。但在許多緬甸人眼中，威脅一直潛伏著。因此，嚴密的控制、用佛教徒移民稀釋人口的策略，都是防範他們完成計畫——半個世紀前由他們的武裝聖戰者先人所開啟的計畫——的必要措施。

若開邦北部的穆斯林不是軍政府唯一顧忌的族群。隨時間推移，軍政府也向國家其他地區的「無結盟」社區推進，利用佛教做傳輸線來彌合族群分歧，或拉攏迥異的族群親近中央。設置模範村意在削弱、而非同化羅興亞人，因為他們很久以前就被斷定太過特異、無法融入國家。但在其他地方，計畫的目的並非如此，主要是積極培養一致的意識形態。

若開邦北方是欽邦，如果你從若開模範村往東北走，越過加叻丹河（Kaladan River）

的泛濫平原，再進入欽邦的山區，你可能會偶然碰到一連好幾所不像緬甸中部標準教育機構的學校。它們在一九九〇年代為一個特別目的所設置：做為培養學生支持國家大業的實驗室，支持恢復治安和秩序委員會一九八八年掌權後制定的「國家三大志業」（Three Main National Causes）：「聯邦統一、民族團結、主權不朽。」

這些學校鎖定的學校不是穆斯林，而是基督徒。美國傳教士在十九世紀初就來到欽山區，將聖經話語快速傳遍社區，除了已皈依的東部和北部地區之外，基督教的觸手更延伸到緬甸其他地方。欽邦有為數眾多的外國教會學校，儘管奈溫已在一九六〇年代中期將所有海外傳教士逐出緬甸，還把基督學校及醫院收歸國有，但他沒有其他抗衡基督教影響力的作為。恢復治安和秩序委員會到來後，情況開始轉變。

在模範村於若開邦北部興建時，同部會的官員也開始發展模範學校網，主要設在少數族群邦。基督教會學校曾是山區鄉村的生活重心，如今也有佛教教育機構了。第一批模範學校在一九九四年成立，[10]政府冀望透過旨在建立緬甸不同文化之信任、增進相互了解的課程，來拉近歧異族群的距離。將佛教徒與基督徒學生混在一起、齊聚一堂——因為是寄宿學校——是「必要之舉，避免養成不良習慣和行為，進而導致民族主義或宗教狂熱」。一位政府官員後來這麼說。[11]模範學校的畢業生保證能在地方政府任職。

到二〇一一年時，全國各地已設置二十九所模範學校，其中三分之一在欽邦。但很快就有人揭露當初受條件吸引入學的基督徒，被迫改信佛教之事。在近四分之三人口過著貧窮線以下的生活、飢餓司空見慣的地區，政府提供人們便宜或免費的教育及膳宿。[12]彷彿要以格外殘酷的方式表現自然的無常，飢荒每五十年侵襲欽邦一次。每到這時，吃完竹子活蹦亂跳的林鼠大軍會侵犯稻田和儲糧。這種現象引發的週期性食物危機會使家家戶戶深陷貧窮，讓免費的教育食宿更顯誘人。

這樣的故事不勝枚舉。軍用卡車開始出現在飢荒特別嚴重的欽邦山區，哄孩子跟他們去學校念書，結果那些孩子都被迫剃度、穿袈裟、學佛經。「我們得穿尼姑的袈裟；男孩則得穿和尚的袈裟。」一位曾於欽邦南部敏達鎮（Mindat）的模範學校待過好幾年的基督徒女孩在二〇一一年這麼告訴欽族人權組織（Chin Human Rights Organisation）。[13]拒絕改宗的人則被威脅充軍。

> 我們基督徒學生獲得的待遇比佛教徒差。我們被指控沒有嚴格遵守規定和規範。除了一般學科，我們還得背《巴利佛經》（Pali）和其他佛經。如果背得不正確，就會被僧侶打。他們會賞我們巴掌，或拿麻袋抽我們的腿和背。

僧侶和一般佛教信徒也會被徵召，在山區佛教團（Hill Regions Buddhist Mission）的監督下到學校教書。這項專案在一九九一年啟動，當時已設立佛陀教義推廣宣傳司的宗教事務部，開始派遣忠於軍政府的緬人僧侶小組到欽邦的村鎮。他們通常由武裝士兵陪同，負責監督基督徒的改宗儀式，並協助召募孩子到模範學校就讀，也在那裡任教。就像模範村計畫吸收的人員，山區佛教團的工作主要是勸誘貧困者就學——那些受糧食短缺所苦的人家。

二〇一三年年底的一個週末，我從曼德勒搭夜班巴士到欽邦南部的敏達鎮。巴士大約在傍晚六點出發，展開預計八小時的車程。但在巴士於隔天清晨抵達山麓丘陵時，路看似走到盡頭，流水截斷了我們的去路。十六個小時後，我們終於抵達與曼德勒直線距離僅一五〇公里的目的地。看來，緬甸外圍社區的「進展」並沒有邊境地區和民族發展部多年前保證的那樣全面。除了部署來打擊叛亂分子的士兵及促使基督徒改宗佛教的計畫外，欽邦仍不在軍政府的雷達範圍內，它的道路，一如它的人民，完全遭到忽視。

一天下午，一位男士答應跟我在敏達往西北方走的路上碰面。到二〇一三年年底，山區佛教團召募孩童就讀模範學校的業務已進行二十多年，而每一次光是欽邦就有超過一千人入學。[14]我想了解，這波改宗運動是否讓基督徒得到更嚴重的汙名，且是否已滲入山區的日常互動之中。

那天，濃密的雲低低籠罩著山谷。從我們所在之處，可以眺望雲上晴朗的十二月天空，腳下則是一望無際的白，再底下就是他的村落所在。偶爾當雲散開，遙遠的低處會露出一撮二十八間共組的房屋，從這裡只能靠一條曲折、沒鋪設柏油的小徑連結，他也是循著這條路上來。敏達是離這裡最近的鎮，但騎他的摩托車也要三小時才能到。

楠吉（Naing Ki）和妻子與四個小孩住在村裡。他在十年前改宗浸信會（Baptism）。在長年找不到心靈平靜後（他沒有明說是什麼樣的平靜），他相信基督教會帶來他渴望的安寧。然而，其他村民——全都是佛教徒——卻對他的改宗反應激烈。他記憶中「篤信佛教」的父親在一九八九年建了這個村子，但已於二〇〇四年過世。所以他蓋了新屋，並在二〇〇五年三月找來一位牧師，和家人一起禱告。

然後村長朝我家丟磚塊，村民毆打我和妻子。他們說你們沒有權利住在這裡。一個和尚告訴我，如果我改回信佛教，就會被接納；否則就永遠不會被接受。但我已經決定改宗浸信會了。

他說，那個和尚來自某個「佛教傳教團體」，最可能是山區佛教團，他們在那之前就被派去那裡打擊久遠以前基督教傳教士所做的努力。一九八〇年，奈溫建立國家僧侶監察委員會（State Sangha Maha Nayaka Commitee），由軍政府親自挑選僧侶來管理緬甸的僧眾。緬甸據估有五十萬名僧侶，而佛教社群的人數搞不好比國家龐大的軍隊還多。他們在將軍統治期間逐漸參與反對運動，而奈溫認為僧侶享有的尊崇可能會影響大量民眾，因此需要嚴密關注。之後，據傳軍政府派出密探穿上袈裟，安插在全國各地的佛寺，另組織村級到邦級的僧侶委員會來監督僧侶的「不良行為」。那些被派往欽邦的傳教僧侶，最可能就是從這個委員會和附隨的網絡中挑選的，他們相信僧伽耳根子軟，會願意當看門狗。

楠吉改宗的決定產生了深遠的影響。村長立刻把他從戶政名單上剔除——緬甸民眾必須在戶政名單上才能證明自己擁有住宅。他向鎮行政官員申訴，官員命令村長——也就是向楠吉家丟磚頭的那位——把他加回去。村長照辦，但隨後來到他的門前警告：「不管你遇到什麼暴力，我一概不負責。」楠吉向鎮上的宗教事務科申訴，也碰到類似的敵意。「如果你不改信佛教，就不會有未來，」對方告訴他：「我會寫信給更高權責單位，他們會過來把你趕出村子。」

那或許只是嚇唬他的話，因為八年下來，他仍住在他父親死後蓋的屋子裡。但當地的互動已徹底改變，他和家人儼然變成賤民。鄰居不讓他使用公共水管，村裡唯一一家商店也拒絕賣東西給他。他得仰賴附近一戶人家供水，每一、兩個星期騎車爬上那條動脈般的小徑，沿著幹道前往敏達鎮上補貨，再騎著超載的摩托車回家。

這就是楠吉在村裡遇到的情況。我想像他的鄰居在他改宗後發展出什麼樣的集體心態導致那麼深的敵意。除了緬甸中部派來巡迴鄉間、監視村落的緬人僧侶和信徒外，這裡的民眾清一色是欽人。緬甸的歸屬觀念向來強調族群性，但這些民眾顯然認為維護宗教比同文同種這件事來得重要。數十年來的欽人皈依佛教運動，已進一步凸顯像楠吉這樣的基督徒是不受歡迎的。但他自認有權待在村子裡，因為村子是他父親建的。他也有更深刻的歸屬感：他是欽人，村裡的欽人同胞和他一起長大、跟他說一樣的語言，許多習俗也與他相仿。然而，一離開佛教，他在村民心目中就形同離開社區。不是身體上——因為他就算被討厭、被遺棄，仍選擇待在那裡——而是精神上、意識形態上的。一旦改宗，似乎就足以違反歸屬感，斬斷所有本該完好如初的連結：親屬關係、長久友誼、家庭與村里的聯繫。

這些都是緬甸獨立後的治國權術所創造出的慢燃效應。對軍政府的怨恨並未減少；軍政府每向少數民族地區進逼一次，民怨就更趨沸騰。但在此同時，族群緊張也遭到挑撥，就連關係緊密的村子也出現圈內、圈外之分，鄰居突然形同陌路，某些人因變成「外人」而遭到猜忌。平民，例如楠吉村裡的欽人百姓，以往因本身的族群認同，使他們進入軍方的十字瞄準線，現在卻開始以自己的方式一起追求國家的目標，就算他們也曾是那種操弄手法的受害者。

奈溫將軍在一九八八年垮台，似乎也是緬甸化政策的分水嶺。隨著模範村在布帝洞和貌奪附近的鄉間興建，它們為緬人、也為若開人創造了空間——若開人也常被移往同樣的村子。若開人，一如佛教徒，儼然成了緬人擴張主義的代理人——這是軍政府治國權術的奇妙脫軌，畢竟在那之前，軍方一直採取族群而非宗教路線，但這確實反映了軍方有本事操弄多條具有差異性的軸線。對參與的若開人而言，他們固然一直都擔心軍政府的勢力擴張，但害怕被穆斯林支配的恐懼更勝一籌。反過來說，透過若開人來增進緬人利益，軍政府證明了凸顯宗教特性可以超越固有的族群兩難——若開人雖是不牢靠的少數民族，卻可以為緬人效勞，因為雙方有佛教這個共同基礎。此外，這也暗示將領集團相信，經過數百年的征服——從前殖民時代的國王到後來的軍政府——已使若開人產生部分的「心理殖民化」。加上他們對羅興亞人的怨恨，若開人很可能是建國大計的實用工具。

對羅興亞人來說，在奈溫下台、恢復治安和秩序委員會掌權之後，若開邦北部的生活更是危機四伏。隨著族群議題在軍方統治下愈益顯著，他們爭取原住民族地位的音量愈來愈大。但這只進一步激怒若開人，使他們挺身支持削弱穆斯林人口的行動。

達覺上校在一九八八年提交掌控若開邦北部的計畫，軍事情報單位隨即加以詳盡討論，但始終沒有正式通過，而在恢復治安和秩序委員會於一九九〇年代鞏固權力，後來化身為國家和平與發展委員會（State Peace and Development Council）之後，達覺上校便淡出舞台。但他的提案沒有被淡忘。在孟加拉邊界與若開優瑪山脈（Yoma）之間的楔形土地上，羅興亞人逐漸成為需要被嚴密監督、加強掌控的對象。

事實上，羅興亞人早在一九七八年就已經是「龍王行動」（Operation Nagamin）集體屠殺的目標。奈溫命令移民官員和士兵仔細調查所有家住緬甸邊境地區的人，好判定誰是公民，誰是「非法滲入國家的外國人」。[15]但其焦點主要擺在若開邦，而首要目標就是羅興亞人。隨著行動於一九七八年三月展開，消息迅速傳遍羅興亞村落：軍隊每到一個社區進行人口普查，都會一路強暴和殺人。於是二十多萬羅興亞人逃到孟加拉建立臨時村落和營區，也就是後來的庫圖帕朗。許多人去而復返，但一九九一年，軍方重兵部署貌奪和布帝洞兩鎮的消息不脛而走；由於緬甸和孟加拉當時的關係劍拔弩張，促使軍方增援邊界。碰巧同一時間，恢復治安和秩序委員會再度查驗當地羅興亞人的身分，於是屠殺再次上演。

「在一九九一年五月雨季來臨前，已有一萬多人逃到孟加拉。」人權觀察組織這麼報導羅興亞人的移動。「到一九九一年十一月雨季結束時，細流匯成洪水；一九九三年三月，已經有超過二十七萬難民散布在孟加拉科克斯巴扎爾－代格納夫（Cox's Bazar – Teknaf）的路上。」彷彿在預言很久以後會發生的事，接下來的話更令人毛骨悚然：「難民說軍方使用就地處決、強暴和其他形式的酷刑——都是他們親眼目睹甚至親身經歷過的。」[16]

然而許多逃離第二次屠殺的羅興亞人又回來了，再次越過邊界，在若開邦北部重建社區。但他們將發現，他們回到的環境，對他們抱持的敵意更深了。一點一滴，隨著一九九〇年代緩慢前進，達覺上校掌控這些被遺棄人口的願景已開始實現。

一九九七年，政府開始在實兌限制羅興亞人的行動，然後像漣漪般擴散到若開邦各處。在北部連接貌奪和布帝洞的東西向道路上，警方設了一連串檢查站來查驗過路羅興亞人的身分證明和旅行文件。在路邊眾目睽睽之下，羅興亞人被拖出巴士、強行帶入崗哨。要是羅興亞人希望離開貌奪鎮、越過鎮界去拜訪住布帝洞的親戚，必須先在當地移民機構申請許可，且每次都要繳交最多八美元的規費。申請表上需註明他們在布帝洞的住處，以及返家日期。但不管是否獲得許可，每個檢查站都可能是旅途的終點站，因為如果沒有另外行賄，羅興亞人可能就得折返。緬甸人稱此為「茶水費」，它不會被記在帳簿上，且自成微型經濟，為限制措施提供延續下去的誘因。要是基於某種理由，羅興亞人無法在預定日期前回到鎮界這一邊，就得再跑一趟移民機構，且極可能得支付更高額的罰款、更多的茶水費，面臨更高的不確定性。

二〇〇五年，貌奪當局又發布一項獲得邦政府核可的命令：「自此區域性命令生效日起，為控制出生率、使糧食住所供應無虞，獲准結婚的人必須限制生育數。」[17]羅興亞人一直被指控生太多小孩，因此這項規定就是要阻擋其繁育對若開北部佛教徒人口所造成的威脅。但它也為權威當局——特別是當時該區最顯眼、最叫人害怕的邊境安全部隊人員——提供進一步侵犯羅興亞私人空間的藉口。當局堂皇進入羅興亞人家中清點孩童人數；他們在自己家裡被羞辱。若懷疑某戶人家裡的某個孩子是別人家的——或許是「交換」過來的孩子，好讓別人家的孩子看起來比較少——家中母親就會被迫當著視察官員的面給那個孩子哺乳。[18]

或許根本沒有必要限制生育率。軍政府就算不是存心，也大部分忽視了若開邦北部的醫療健康狀況。這幫了邊境安全部隊大忙。若開邦的醫療服務奇缺，以羅興亞人為主的貌奪和布帝洞，每十五萬八千居民中只有兩名醫師。南邊的實兌——當地佛教徒多於穆斯林——數字是六百八十一比一。[19]在布帝洞，每一千名幼童中有二二四名——也就是近四分之一——在滿五歲前夭折；實兌則是七十七名。[20]我們只需要走八十五公里，就可以記錄到差別三倍的嬰兒死亡率。全國只提供一組統一的數字，但每個族群的數字天差地遠。

二〇一二年暴力衝突後，模範村計畫重現生機。暴力已傳至孟加拉，促使穆斯林社區與佛教徒針鋒相對。許多孟加拉佛教徒是一七八四年若開王國被併吞後逃到吉大港山區的，他們是定居下來的若開人後裔。就是這些佛教徒在二〇一二年後開始會見越界進入孟加拉的僧侶和社區領導人，緬甸這方哄騙同族同胞回到貌奪和布帝洞附近的平原，那裡已經闢建新的模範村來容納他們。儘管已脫離緬甸兩個世紀，也從來沒有在若開邦生活過，這些人仍被「重新引進」若開邦，裨益推展佛教徒的殖民化。

達覺上校在暴力衝突後穩操勝券。若開邦南部村子裡的羅興亞人被限制居住，北部羅興亞人也不准離開北部。若開邦唯一一所大學——中央政府長期忽視——位於實兌，在衝突之前，兩個族群會一起念書。但隨著羅興亞人不是被封鎖在實兌附近的營區及貧民窟，不然就是不准他們從布帝洞碼頭上船前往首府。羅興亞人接受高等教育的途徑完全被切斷，到他處進行文化知識交流的機會也蕩然無存。

只有羅興亞人遭受這種命運。這個被挑出來鎖定的族群，目標為「全面控制」，包括控制行動、控制生育力、控制取得關鍵服務的途徑。羅興亞人不得不開始問這個問題：除了圍堵，若開邦官方對他們是否還有別的意圖？官方是否已著手執行讓羅興亞人的生活無以為繼的策略，使他們別無選擇，只能逃離緬甸。二〇一二年後，他們不禁更加懷疑這點，因為孤立的狀況愈來愈嚴峻，衝著他們發表的非人道言論愈來愈大聲，且政府完全不查禁。許多研究國家犯罪的學者開始主張，世界歷史上其他地方的大屠殺前兆，已在緬甸歷歷可見：目標群體的孤立和限制、去人化、針對他們的間歇性暴力、國家拒絕給予保護等等。[21]

針對羅興亞人的掌控措施，隨時間不斷緊縮，到了二〇一六年，若開邦北部已建立八十六個檢查站。[22]攔檢車輛搜查羅興亞乘客的例行措施，大大加深「羅興亞人是安全威脅」的認知，也反過來強化「羅興亞人是次等人」的敘述——這是一九八二年後官方拒絕給予公民權時就已明確表達的想法。這不僅在宗教或族群上有其意義，也在法律和刑事上將羅興亞人徹底與若開邦其他群體分開，最終於二〇一二年爆發衝突。他們不值得受到和若開人一樣的保護，即便若開人受到的保護也相當有限。而在曾經參與攻擊或在遠方支持攻擊的若開人心目中，他們是低等人類、是動物，已不具有那些平常會阻止我們對同類施暴的特性。

二〇一二年那些早期殺戮，不只是對同年五月馬提達推姦殺案迅速的回應。參與攻擊羅興亞人的暴民確實會提到那起事件，講述一個廣為流傳的畫面：年輕女裁縫師扭曲的身子倒在村子附近的樹下，遭受無恥地侵犯。但容許若開人訴諸暴力的心理過程，源自政府的灌輸。「羅興亞人的生存毫不重要」這種認知過程，早在星火燎原以前就形成了。

第七章 二〇一二年：災難形成

發現馬提達推屍體及引爆後續事件的八個月前，若開民族發展黨（Rakhine Nationalities Development Party），即今日的若開民族黨（Arakan National Party）前身，舉行一系列研討會來討論羅興亞人侵占若開人遺產的情況。其中一場於二〇一一年十月初在實兌召開，同月在布帝洞和貌奪亦各有一場。當布帝洞那場的與會者離開時，他們渾身充滿這種感覺：「他們的土地和有價遺產，正遭到那些吉大港孟加拉穆斯林團體及他們所編造的羅興亞歷史所羞辱。」一位與會者這麼告訴記者。[1]

那幾場研討會正是若開邦族群關係更加緊張的開端。到了十一月，也就是暴民攻擊的七個月前，一張把若開邦描繪成羅興亞人家園的地圖在網路上流傳。那正是前一個月令布帝洞研討會與會者義憤填膺的主張。其實那張地圖早在一年前就刊登過，是ＢＢＣ一篇探討緬甸族群衝突文章的附圖，不知怎麼地又在那些研討會後被挖出來貼在社群媒體上。這點燃了許多若開人的怒火，他們呼籲抵制ＢＢＣ，揚言要在仰光的英國領事館進行抗議。憤怒的原因很明確：就是不可以把羅興亞人描述成緬甸的原住民。

那幾場研討會的要旨，是若開人和緬甸其他許多人都非常普遍的認知：羅興亞人是新創立的族群；他們自稱存在已久，但那不僅是謊言，還是意欲從佛教徒手中奪取若開邦掌控權的整體計畫一部分。這些絕非新觀點，在模範村計畫於一九八〇年代晚期制定時，若開民族防禦保護組織（Rakhine National Defense and Protection Organisation）就曾上書恢復治安和秩序委員會的早期領導人蘇貌（Saw Maung），要求對羅興亞人施加各種限制，包括人口控制、教育限制、限建清真寺等等。那份長達三十頁、在一九八八年十月送交將軍的文件中，警告這些「吉大港孟加拉人」構成的威脅不限於緬甸，還延伸到緬甸國界之外。

> 只要他們被允許合法住在這裡，他們就會進行遠大的戰略性目標：搭一座橋經由緬甸和泰國連接孟加拉和馬來西亞，而緬甸和泰國都將被伊斯蘭化。要是國家無法滿足我們的需求，緬甸西方將門戶大開，貌奪的命運將落入孟加拉人之手，孟加拉人進入緬甸本部的危險也會升高。[2]

這些觀點，與促使達覺上校擬定計畫控管若開邦北部羅興亞人的想法如出一轍。而在二〇一二年六月衝突爆發後，暴民開始破壞實兌穆斯林社區，迫使數萬民眾逃入難民營，而若開佛教團體也為這裡的「穆斯林問題」提出類似的看法，進一步加深民眾的恐懼：穆斯林淨化土地的企圖正縝密地化為行動。

人類學家阿君・阿帕度萊（Arjun Appadurai）在著作《害怕少數人：憤怒的地理學》（*Fear of Small Numbers: An Essay on the Geography of Anger*）中寫道，要對與自己不同的鄰近族群採取極端暴力，族群內部必須對鄰居的意圖產生困惑；對某些事情非常肯定，但又有某些事情極不確定。他們會問，這些人到底是誰？究竟想對我們做什麼？

> 這會令人煩惱：日常生活的平凡臉孔（與自己不同的名字、習俗和信仰），其實是一張張日常的假面具，後面潛伏著真正的身分——不只是他者族群，更是偽裝成一個民族的叛國者。[3]

這種對鄰近族群真正意圖的揣想——看似熟悉的臉孔卻隱藏著深切的敵意——常提供集

體暴力的驅動力，並有助於將暴力理解為防衛。在那些四處流傳、令人心神不寧的訊息漩渦中，「不同族群的團體會將小小的懷疑、些許的怨恨和輕微的猜忌累積起來。隨著更大的劇本出現，包括那些確定與不確定的腳本，所有小故事便會匯聚成帶有種族滅絕動力的敘事。」[4]

二〇一一年底那幾場研討會在若開邦各地舉行後，把羅興亞人形容為陰險、低等人類的資訊漸漸多了起來。二〇一二年二月，「*Piccima Ratwan*」雜誌開始發行。其編輯委員包括若開僧侶、警長和政府官員——該地區最具權威的人物。那本雜誌反覆提到羅興亞人是恐怖分子，並警告他們造成的威脅已迫在眉睫。不只住在羅興亞人附近的若開人會感受到凶猛的「故作卑微之黑色海嘯」，甚至全部若開人都會被淹沒。在一篇標題為〈羅興亞人是什麼〉的文章裡，作者寫道：「孟加拉人善於欺騙——如有必要，他們甚至會拿刀割自己的血肉來誇大故事。」[5]

若開人不是以上毀謗資訊的唯一源頭。六月初，也就是馬提達推姦殺案公諸於世不久，廣受歡迎的喜劇《閔茂坤》（Min Maw Kun）——緬甸知名導演貌妙敏（Maung Myo Min）執導的情境喜劇——就給羅興亞人冠上「黑皮膚、大肚子、多毛髮、娶很多緬甸老婆的卡拉『*kalar*』」之汙名。[6]「卡拉」是緬文的俚語，原本泛指「外國人」，後來逐漸被用來輕蔑地稱呼黑皮膚或外貌具南亞特徵的人。

約莫在雜誌開始傳播的同時，全國民主聯盟（The National League for Democracy）正競逐國會補選，以填補二〇一二年初政府改組所空出來的席次。他們在二〇一二年四月獲得勝選，囊括四十五席中的四十三席。身為緬甸第一大反對黨，他們首度進入國會。該黨在一九八八年暴動進入尾聲時創立，曾在一九九〇年贏得選舉，但軍方隨即宣布選舉結果無效。軍方認為緬甸還沒準備好實行民主，於是又進行二十年的嚴厲獨裁統治，數以千計的異議分子被打入監牢，武裝衝突持續在邊境地區侵蝕人口。但在許多人心目中，二〇一二年四月的補選勝利，多少稀釋了軍方的政治勢力（雖然軍方在國會仍保有憲法保障的四分之一席次），因此這顯然是緬甸逐步脫離軍事統治、允許反對黨在國家事務扮演要角的徵兆。

隨著民主轉型向前邁進，軍方對媒體的嚴密掌控也開放了。以往，出版品須經審查委員會仔細檢查才能銷售，任何被認為會對國家安全構成威脅的報導，通常會直接從報上裁切掉，剩下的直接送到報攤。但在許多人為媒體自由喝采的同時，較不引人注目的是，一個可能監控並助長仇恨的媒體正悄悄增強或創立，與政治轉型亦步亦趨，有時比民主化的進展還更快，往往形成有害的效應。於是，當馬提達推姦殺案的報導開始流出若開邦，媒體便被煽動對羅興亞人投射瘋狂的憤怒。沒有人願意或加以遏止。

六月八日，羅興亞暴民攻擊貌奪郊外村落的若開人住家。五天前的六月三日，一群佛教徒顯然為報復馬提達推遭姦殺一事，襲擊一輛載滿穆斯林的巴士，亂棒打死十名乘客。貌奪鬧區的清真寺隨即舉行禱告儀式，為受害者哀悼。六月八日，在清真寺外的街道，羅興亞人與附近若開群眾發生激烈口角後，衝突爆發。據說警方朝羅興亞人開槍，羅興亞人便開始拿石頭砸若開人的商店，隨即轉進鎮外的模範村——許多是建在向羅興亞人強制徵收的土地上。羅興亞人放火燒了數百間房屋，而在混亂中，備受歡迎的《每週十一》（*Weekly Eleven*）雜誌（由仰光商業區一間辦公室的緬人主導）報導，若開人在「羅興亞人恐怖攻擊」中慘遭殺害。[7]之後該雜誌又主張「種族清洗或種族滅絕危機可能存在」[8]，這裡指的是羅興亞人有可能消滅若開人。在那場攻擊後的數個月間，由當地政黨、社群團體和僧侶組織所發布，似乎意在煽動更多若開人反羅興亞人的資訊，傳播得愈來愈頻繁。政府從來沒有譴責過那些在傳單或國營媒體上散播的訊息，而那些訊息產生的效應——將飄浮不定的擔憂與怨恨轉變成更具體對策的感覺——很快變得明顯。後來我請接受採訪的若開人解釋為何支持暴力，他們的說詞與先前印刷品上的文字，有驚人的雷同之處。

二〇一二年六月十二日那天發生的事，阿布杜．舒庫爾（Adul Shukur）記憶猶新。那一天，也就是郭繆手持開山刀守在經過納錫的道路、而其他若開人拿火把進入社區的日子。暴力為期兩天，以六月十二日較為嚴重，但不知怎麼的，他的房屋倖免於難。

之前幾天，隨著暴力已從貎奪擴散到實兌外圍的村落，再進入納錫鎮內，鎮上的羅興亞人已不再冒險遠離自己的社區。自己人遭到攻擊的消息，在兩邊都傳得更頻繁。當羅興亞社區被若開人團團包圍的同時，主客易位的事情也在發生。羅興亞暴民在六月十日進入居民多為佛教徒的閔淦（Min Kan）地區，燒毀數間房屋。

幾天過去，實兌的氣氛變得愈來愈不祥。平常每當夜幕低垂，居民會坐在路邊聊天彈吉他，但六月十日晚上，通往納錫的街道空空蕩蕩，屋裡燈火全暗。很多住在當地的民眾都覺得不要離開社區比較好。畢竟居民已經一起住了一輩子，一定不會反目成仇，阿布杜認為他聽聞到在他處發生的爭鬥很快就會解決。但沒有。衝突在六月十一日襲擊納錫，隔天又重演一次。「然後納錫就被燒掉了，那也是暴力的最後一天。後來政府就把我們移往難民營了。」

我跟他在三年半後碰面，四十五歲的他仍住在難民營裡。他經營著製作、販售魚乾的生意，同樣來自納錫的鄰居也住在附近的營房裡。那波暴力衝突後，許多羅興亞人逃到實兌西北方的特喀平村（Thet Kae Pyin）。幾個月後，隨著更多人湧入，村子周圍建起難民營，超過五千名流離失所的羅興亞人來此，住在國際援助機構提供的擁擠小木屋和防水布裡。我們就是在他跟家族同住的營房外頭碰面。

若開人也逃離納錫。他們一開始在附近兩家工廠避難，然後被送往不同的營區，待了好幾個月，甚至更久。逃離家園的羅興亞人大多留在營區裡，但有愈來愈多人搭船或經由陸路偷渡路線離開。支付兩千美元的費用——高於緬甸年平均所得的兩倍——他們可以買到往泰國或馬來西亞的行程，有時取道人口販子設在兩國交界的營地。二〇一四年初，國界兩邊營地旁的林間淺墳挖出數十具羅興亞人的屍體；這些人原被扣留在這兒，家人得付贖金才能放人。

阿布杜描述了自己逃離納錫區的經過。當暴民撤走，縱火及開山刀攻擊也告一段落，他和鄰居請求警察帶他們到安全的地方。「我們有好幾千人離開，但沒有得到足夠的保護。警察只護送我們一段路。」他和其他居民一早離開社區，沒過多久，通往各營區的路徑就沿著海岸線冒出來，他們也和帶著家當離開實兌的人一起塞在路上。他們先到另一個營區待了兩天，才轉往特喀平，很可能將無限期定居於此。

穆罕默德．伊斯邁爾（Mohammed Ismail）也在納錫區長大，且認識阿布杜。兩個人現在是特喀平的鄰居。曾在納錫讀高中的他，以前有來自不同族群和宗教、住在同社區的朋友。現在那間學校已不見蹤影，而納錫區曾經的多元組成也不復存在。那已經被暴力一掃而空。

一如阿布杜，這位年輕教師也在暴民抵達納錫的前幾天，感受到實兌籠罩著異樣的氛圍。當六月十日晚上騎車回家時，穆罕默德·伊斯邁爾見到街上空無一人，家家戶戶室內一片漆黑。他告訴朋友，他有不祥的預感。不過幾天前，人們在太陽下山一陣子後仍在街上遛達，或在鎮上的餐廳或茶館消磨時光。此景不再。空氣中有股凝重的靜謐、一種憂慮感，那是他全然陌生的。

擔心發生最糟情況的人不只他一個。隔天，六月十一日一早，時任若開邦首席部長的拉貌汀（Hla Maung Tin）邀集雙方社區領導人到學校，警告納錫有可能發生暴力。同一時間，另一場會議在納錫另一區進行，穆罕默德人在現場。大約二十名若開人和羅興亞人的領袖齊聚一堂，保證不會互相攻擊。但在那場會議結束前，成群結隊持棍棒、開山刀的男人已經抵達地區邊緣，陸續進入。穆罕默德認得其中一些人，他們來自附近的一區。其他數十名乃至數百名像郭繆那樣的人，則是用巴士從更遠的地方載來。最終，雙方社區領導人是否信守不參與暴力的承諾，已無關緊要。從外面來的暴民發動攻擊，除了被下指令以外，對於目標屬於哪個族群、信哪個宗教都一無所知。

暴力過後，原本就存在的分野往往會更加鮮明，使每一次攻擊都可能構築下一波的暴力。隨著族群退回各自身心的領地，馬上就有人開始散播剛結束的暴力真正的意義：誰是侵略者、誰是防衛者；萬一戰鬥輸了，要付出何種代價。當濃煙從納錫區和其他被夷平的地區竄上天際，這些耳語說得愈來愈急迫、愈來愈惡毒。羅興亞人和若開人斷絕關係，或許能減輕暴力的直接威脅，但迅速猛烈地切斷互動，卻意味故事可以繼續加油添醋，愈說愈黑暗，而完全沒有反駁的資訊可以修正。

到了六月十三日，暴力大致中止，只延續了四天。但就算只有短短四天，鎮上的社交互動已徹底轉變。隨著實兌的衝突塵埃落定，兩個社群進一步疏離，政府官員也開始加入攪局。當時的總統辦公室官員穆佐（Hmuu Zaw）就是其中之一。

「聽說俗稱羅興亞團結組織的羅興亞恐怖分子正帶著武器越過邊界進入國門。」他在自己的臉書頁面這麼警告。「也就是說，羅興亞人正從其他國家進入我國。既然我們的軍隊已事先得知消息，我們將會殲滅他們，直到最後！」[9]

羅興亞人確實有施暴，並造成許多若開人喪命，讓更多若開人逃離焚毀的家園。那通常和羅興亞人自身所經歷的一樣殘暴，包括近身開山刀攻擊、放火燒屋子等等。但只有羅興亞人的暴力被理解為恐怖主義，這項指控訴說著由來已久的認知：羅興亞人是外人，一心一意要以暴力奪取若開人的地位。在世界各地因族群、宗教或種族所引起的大規模暴力事例中，這種深怕地位被反轉的恐懼，向來是首要的驅動因素，而這會兒就要對緬甸西部發揮影響力了。

若開人也常提及這樣的憂慮，說穆斯林正在緬甸進行更大規模的作戰，且與其他地方發生的事件息息相關。實兌北方有一條路連接一連串若開人村落和以羅興亞人為主的譚達烏里村（Thandawli），我在路邊碰到一位男士，他就是從這種角度看待二〇一二年暴力的。攻擊事件期間，隨著「羅興亞人正在譚達烏里村動員」的謠言傳遍若開人的村落，分隔兩個社群的田野遂轉變為戰場。數百名若開人武裝起來，透過當地村里官員的行動電話聯繫，並決定全體越過田野。他們在田野中點碰上羅興亞人，雙方便展開另一場激烈的火拼。這位年過五十的男士，由他幾個十來歲的兒子陪同，和數百名若開人一起越過田野。但一看到前方群眾的態勢，他明白戰鬥將是血腥的，所以帶著兒子打道回府。

在那一天前——他解釋——當地佛教徒和穆斯林的關係不是這樣的。「那波衝突之前，當我們還了解彼此的時候，我們處得很好。我們常去他們那邊，他們也會來我們這裡。」他說。但他隨即激動起來：「我們國家發生什麼事了？」他大叫：「他們企圖併吞世界。他們是動物，他們不是人。」我們的對話顯然激起他內心某種情緒，他愈說愈激憤，多數時候沒有看我，而是眺望路的另一頭。「問題出在若開邦的穆斯林身上。他們一宣布發動聖戰，便會互相幫助。當他們遇到若開人，便會割斷若開人的喉嚨，殺死若開人。是他們的神下的命令。」

這種持續將暴力塑造為恐怖主義且受宗教狂熱驅動的說法，在二〇一二年六月後發揮新的效用。雙方都做出同樣可怕的行為，但若開人可用正當防衛的理由，將邪惡推給對手，說自己一模一樣的作為具有道德性。這些都是阿帕杜賴所謂的「更大的劇本」，並一點一滴融入當地人對衝突的理解之中；在若開人心中，這將大大重塑衝突的性質和含意。透過喚起恐怖主義的幽靈，羅興亞人的反對者可將家鄉發生的事件連上緬甸國外的陰謀。二〇〇一年紐約九一一攻擊事件和同年阿富汗巴米揚大佛（Buddhas of Bamiyan）遭塔利班破壞的影像，此時開始在社群媒體散播、推波助瀾。若不加以遏止——有心人繼續說——類似的屠殺便可能在緬甸展開。這改變了衝突的範圍，把它從地方層次大舉提升到全球層次。藉此，若開人失去領土的嚴重性將大幅提高，進而誘使民眾對此威脅作出相等程度的回應。

「我們將照顧我們自己的民族。」總統登盛（Thein Sein）在納錫被燒毀整整一個月後表示。「但非法進入緬甸的羅興亞人不是我們的民族，我們這裡無法接納他們。」他說，解決辦法是聯合國將他們安置在由聯合國管理的營區，解除緬甸政府的一切責任。「如果有哪些國家願意接納他們，可以把他們送過去。」[10]

在六月暴力後的幾個星期，有種運動正在成形，一舉將羅興亞人逐出緬甸的感覺愈來愈強烈。謬烏一個僧侶協會，很快就跟著登盛發表聲明，提出更嚴苛的解決之道。

若開民眾必須了解，孟加拉人想要破壞若開的土地。他們正吃著若開的米飯，計畫消滅若開人，用錢買武器來殺害若開人。基於這個理由，從今天起，若開人不該販賣任何物品給孟加拉人，不該僱用孟加拉人做工、提供任何糧食給孟加拉人、跟他們打任何交道，因為他們本性殘暴。[11]

三個月後，隨著受威脅的聲音愈來愈大，暴力再次橫掃若開邦。我在那年十月底到達實兌，一星期前，暴力攻擊在該邦九個鎮爆發、蔓延兩百五十公里。第一波於十月二十二日一早在謬烏鎮和敏比亞鎮（Minbya）掀起，往後幾天愈演愈烈。在謬烏鎮及周圍地區，一群群若開人帶著魚叉、開山刀和火把襲擊六個村落，幾乎一間房屋也沒放過。大隊人馬乘船抵達皎漂（Kyaukphyu）和包多（Pauktaw）。這兩個鎮除了羅興亞人，更是卡曼穆斯林的家園。十月二十三日後，若開人開始夷平兩鎮的穆斯林社區。逃離包多的穆斯林搭長尾船在河上航行三十公里到達實兌。他們在首府西邊的海岸線下船，走上內陸，帶著家當穿過低地到達一個從海灘就看得到的地點。那裡名叫歐尼多吉（Ohne Daw Gyi），意譯為「椰子園」，以往情況好的時候，你可以坐在那裡眺望大海，看火球般偌大的太陽穿透一簇簇椰子樹，沉入孟加拉灣的地平線，讓景物沐浴在金碧輝煌之中。但歐尼多吉已變成難民營，人口逐漸膨脹。二〇一二年十月底，我和兩個同事從實兌商業區走到一個仍有人居住的羅興亞村。當我搭便車（摩托車）到達那裡時，那裡已經蓋了大約八十間臨時避難所。那些建築物脆弱不堪——木板鑿孔、用細繩隨便綁起來，披著一塊塊破布做為遮蔽。十多戶人家擠在底下。當傍晚來臨時，煮飯的大鍋子則擺在篝火上。

十月時，實兌已完全實行種族隔離。納錫已淨空很久，而鎮上僅存的兩個羅興亞社區，都被限制在布梅和昂敏加拉爾兩地。若開暴民曾在二〇一二年六月納錫爆發暴力衝突的前一天，進入昂敏加拉爾。我數個月後去了那裡，跟我談話的居民形容暴民是怎樣在鎮暴警察的陪同下進入，一進入就散開了。武裝警察迅速守住兩地出入口——其實我也得跟他們協商後才能進入。昂敏加拉爾的居民很難帶回食物和藥物；再也沒有人能前往實兌的市場。警方固然允許少許食糧通過檢查哨，但不管怎麼看，昂敏加拉爾已變成被圍困的貧民窟了。暴力衝突過了那麼久，這些地區的訪客仍會在入口被警察找上，要求出示通行許可證。每一個進入和離開的人都會受到嚴密監視，而二〇一二年籠罩當地的沉重氛圍，幾年後仍未散去。二〇一五年底，事隔三年半，我第二次造訪昂敏加拉爾時，一名二十幾歲的男子說到自二〇一二年六月以來，他僅離開過那裡幾次，每一次都是去難民營，通常是求醫。有很多人跟他一樣，都是被關在自己社區裡的囚徒。

攻擊事件過後不久，也是我第一次去昂敏加拉爾的時候，我對警方和若開人事後留下的些微破壞證據感到疑惑。縱使建築也像別處的那樣被推倒，卻明顯留有曾經存在過的跡象——建物的基座、斷垣殘壁和殘留的柱子等等。一位男士帶我去一個還留著建物混凝土基座、瓦礫四散的地方。他說，警察在這裡朝羅興亞人開槍，房子的牆壁滿是彈孔。但沒過幾天，就有推土機過來消除所有痕跡。

還有其他敘述指稱，警方在二〇一二年六月的攻擊中施暴，令人更加懷疑政府涉入當年若開邦種種事件的程度有多深。隔年在緬甸中部城鎮發生的暴力事件，也有類似紀錄流傳。有人拍到維安部隊在佛教徒攻擊穆斯林時，一動也不動地站在旁邊看。那時事實已相當明顯：若開政黨和軍方無意保護羅興亞人的性命。長久以來，羅興亞人連獲得最基本的保護都被拒絕，但這些紀錄顯示，警方確實參與了攻擊，也進一步加深有更高層涉入的可能性。從來沒有確鑿證據顯示，暴民和政府或軍方對處置羅興亞人的計畫有直接關係。但除了對穆斯林少數族群長久抱持的輕蔑，暴力背後似乎有個基本論述支持「改變政治版圖有戰略效用」。這情況將在翌年緬甸中部發生暴力衝突時，變得更明顯。

實兌大致逃過十月的第二波暴力，但已然成為若開邦其他地方羅興亞受害者的必經之地：他們會穿過鎮上去醫院或位於沿海的營區。暴力吞沒河流上下游村鎮的消息傳遍所有社區。家家戶戶搶在暴民抵達前收拾好行李離開家園，之後於首府外圍較安全的地方會合。

二〇一二年十一月初的一天下午，我站在實兌商業區北方薩克羅基亞溪（Sakrokeya Creek）的突碼頭上。北方及東方的村鎮，一波接著一波的暴力持續進行。在我等船的時候，一艘雙層公營渡輪噹唧噹唧地進入視線，慢慢朝碼頭這裡開過來。那艘船平常會載滿往返實兌和若開邦其他地區的貨物和通勤者，而今下層甲板有一位若開男子，他的雙臂和下腹部都被燒傷了。四十五歲的他是從彌蓬鎮（Myebon）過來的，他的房子前一天被羅興亞人燒了，而他無法及時逃離火場。他的傷口只塗了一種當地的藥膏，用保鮮膜包著，臉痛得扭曲。他被扛下船，搬進一輛等候的計程車，載往實兌醫院。

送他過來的河運路線，數百年來都是載運居民和商人往返該邦不同村鎮的通道，但二〇一二年，它發展出一項新用途。往實兌上游航行六十公里，就是謬烏的所在地。那年十月底，未經證實的消息傳來，在附近村落爆發激烈的戰鬥，之後羅興亞人的屍體被拋在鎮外的萬人塚。數百名遭到攻擊或害怕遭到攻擊的若開人搭船來到實兌，他們將被安置在與羅興亞人保持安全距離之處。當萬人塚的消息傳來，我請求若開首席部長辦公室准許我從實兌前往謬烏。有關當局不大願意讓新聞記者搭船向北前往暴力現場，但我求了一個星期，終於獲得許可。一天早上，我搭一艘快艇離開，先順薩克羅基亞溪而下，再轉進加叻丹河口。三小時後，行程接近尾聲，隨著我們逼近古王國，河道開始變窄，兩側出現平坦的稻田。穿過岸邊的長草，數百座古佛塔襯著林木蓊鬱的山腰，緩緩映入眼簾。數百年前從河而來的旅客，也會看到這幅逐漸開展的全景，一模一樣。

那感覺好不怪異——靜謐、秀麗的入口，引我們進入極度騷亂的場景。我們從碼頭上岸，走進謬烏。那一天，鎮上充塞寂靜，街道幾無人跡。人力三輪車帶我們到其中一間幾天前曾收容若開人的佛寺。那些逃離外圍村落、來此避難的民眾，肩並肩睡在地板上，旁邊放著他們能夠帶出的家當。有間佛寺收留來自謬烏南部村落一群若開人家，他們從十月二十三日爆發的暴力中逃離。一名青少年回述道，當武裝的羅興亞人一到，他和家人就離開村莊。就在這時，他瞥見他十五歲的朋友倒在地上，血流如注，頷口下的開山刀傷口不斷冒出血來。

然而，約七十個羅興亞人在十月同一天遭到屠殺的消息，正是從附近的一個村子——楊泰村（Yan Thei）——的居民口中傳出。前一天，一小批鎮暴警察顯然獲得楊泰村可能被鎖定的線報，前來部署。天色一亮，一群拿著魚叉、開山刀和汽油彈的若開暴民在村外集結。目擊者後來指出，在鎮暴警察已解除羅興亞人武裝之際，暴民衝了進來。[12]警方對空鳴槍試圖驅散群眾，但徒勞無功。武裝若開人衝破薄弱的警察封鎖線，開始攻擊住家和試著逃跑的人。鎮暴警察退到安全距離外，任憑烈焰吞噬楊泰村的房屋，兩個小時後才回來。一些幸運逃出的村民後來告訴調查人員，警察回去後，朝餘下的羅興亞人開槍。[13]

類似事例，也從二〇一二年十月那波暴力後被鎖定的九個鎮傳出，形成漣漪效應，將社區連根拔起，進一步把羅興亞人推往海邊的難民營。到了十一月，已有超過十萬人流離失所，其中絕大多數是羅興亞人，但也有若開人和人數更少的卡曼人。兩個社群要先分開來，若開人留在原地，而羅興亞人和卡曼人則被安置。兩地保持安全距離，似乎是再自然不過的事；他們會分開到情勢緩和，然後又可以比鄰而居為止。就是這麼回事。

那時政府的談話著重於區域穩定的必要性。登盛總統已在六月十日宣布緊急狀態，但那並未遏止十月的暴力。真的要說，二〇一二年六月的衝突，已將裂隙撕得更開，大大加深兩個族群之間的敵意，將不信任的程度提升到連最微小的火星都可能引爆大規模的攻擊。隔離似乎是唯一能保證兩邊社群無法彼此接觸，防止擦槍走火的處置方式。

但這個措施也意在懷柔若開人，他們已認定難民營和少數民族區是適合羅興亞人的地方。這些封閉地點除了可監視羅興亞人的動員跡象，也可促使羅興亞人乾脆離開這個國家，因為緬甸的生活已不值得他們背負更多的重擔了。限制羅興亞人的行動，得到若開邦高階政治勢力的熱烈支持。同年六月底，在登盛總統發表聲明請求聯合國協助安置羅興亞人之前，若開民族發展黨就已指出，羅興亞人該被流放至第三國，而其他所有族群該通力合作阻止「孟加拉人侵入」。[14]這個立場延續到現在。黨魁阿耶貌昂博士（Aye Maung）後來告訴我，他對若開人留在實兌鎮上、而羅興亞人待在營區的現況，感到相當滿意。他說，羅興亞人在營區範圍裡還是可以自由行動。「那樣很好。畢竟曾經發生過恐怖攻擊，如果住在一起，民眾會害怕。」

二〇一二年，他曾赴國外考察緬甸該以何種模式處置羅興亞人。「我們需要為這些人擬定政策，一種排除政策，思考如何防衛這個地區；他們將一再侵略我們的領土，我們必須效法以色列。」[15]隨著情勢變化，若開人接受羅興亞人為鄰的可能性更低了。他認為，可能要花二、三十年，這兩群人才能再住在一起。

高牆——包括實際意義與象徵意義的——正在這兩個族群之間築起，而隨著時間過去，若開民族主義者提出愈來愈凶惡的「解決之道」——高牆終將矗立。在二〇一二年中進入緊急狀態數個星期後，一群若開僧侶在實兌正北方拉岱當的妙法寺（Myo Ma Pavilion）集會。那天是七月五日，十月暴力三個半月前，而他們在下午談了數個小時。會議結束時，眾人做成一項聲明，要求若開人中止和「孟加拉卡拉」的一切接觸。若開邦的港口、農田、碾米廠和磚窯不應再僱用他們。他們不准坐船、渡輪和摩托車，若開人也不該跟他們做生意。[16]幾天後，一封署名「溫塔努民族團體」（Wuntharnu Ethnic People）的信件開始流傳，警告國際非政府組織給流離失所的羅興亞人援助，是在「灌溉有毒植物」。[17]

這些就是預示二〇一二年十月暴力的呼聲。宣傳的力道之強，持續不斷地傳播——不只發傳單，還透過各種公、民營地方媒體——讓若開邦的佛教團體幾乎沒什麼心思思考羅興亞人除了威脅以外還代表什麼。那個形象儼然主宰了若開人的想像，而事實隨即證明，那也深嵌在形形色色廣大緬甸人的心中。

就在暴力再次橫掃若開邦的四天前，另一群僧侶打著「若開全體僧侶團結會議」的旗幟，在實兌達光禪寺（Dakaung Monastery）集會。他們在聲明中重申支持若開人與羅興亞人應井水不犯河水，但又補充一點：「不論誰同情孟加拉卡拉，都要以叛國罪論，公布其照片，並將資訊傳播到全國每一個城鎮。」[18]

「同情孟加拉卡拉」的人包括繼續幫助、甚至和羅興亞人互動的若開人。二〇一二年六月後，仍有不少若開人謹慎地幫忙送糧食和藥物進入昂敏加拉爾地區。但現在他們被視為不忠，必須被肅清。這呼應了一九九四年盧安達的狀況，當時胡圖族（Hutu）「溫和派」遭「胡圖力量」（Hutu Power）狂熱分子鎖定，痛斥他們協助圖西族（Tutsis）人逃生，背叛自己的族人。若開邦和世界其他發生大規模暴力的地點，開始出現令人驚恐的雷同之處：少數民族區、獵巫、「非我族類」，以及敵對團體之隔離。

緊張持續累積。二〇一二年十月二十一日，謬烏一名若開男子被逮到賣米給穆斯林顧客。一群若開同胞拿棍棒湧至他的攤子，把他活活打死。隔天，附近村落一位羅興亞丈夫跟妻子在家裡吵架，出手掌摑。若開鄰居聽到風聲，迅速包圍屋子。過沒多久，謬烏就出大事了。

但遠在國家另一端，不祥也開始擾動。怒江切穿陡峭、從沖積平原拔起的石灰岩山脈，流經克倫邦。帕安鎮（Hpa-an）就位於江畔。克倫邦以佛教徒為主，但也有為數不少的基督徒。就人口總數而言，穆斯林較不重要。但在若開邦呼籲要將援助羅興亞人之溫和派公諸於世的四天前，湄邦禪寺（Mae Baung Monastery）的住持雅辛・卡威・達扎（Ashin Kawi Daza）就發布帶有警告意味的聲明：佛教徒不該把土地或房屋租給穆斯林，不該在穆斯林商店購物、不該和穆斯林結婚。[19]帕安鎮上其實並沒有羅興亞人——只有緬人和克倫族的穆斯林。但照這情況看來，幾個月前在緬甸極西之邦兩個族群間發生的地方性衝突，已開始在數百哩外產生回響。

住持發表聲明後數週，四個男人從克倫邦高加力鎮（Kawkareik）的孔多區（Kyondo）騎上摩托車，在午夜前經過一間清真寺。他們投擲兩顆手榴彈，一顆落在裡面，一顆擊中外牆掉到地上，爆炸一小時後，又有兩顆手榴彈投向同鎮另一間清真寺。居民後來說，這是當地清真寺第一次遭到攻擊。

回到若開邦，隨著雙方族群已進一步區隔，暴力的例子減少了。到十月底暴力終止後，總統辦公室宣布情況已「差不多回到正常」。[20]但那個正常是族群依宗教而隔離的狀態——卡曼人現在和羅興亞人住在同樣的營區裡——也是檢查哨確保實兌內外穆斯林無法跨越營區的狀態。局勢的確平靜了，但這屬於誰的平靜呢？

要再隔八個月，暴力才會捲土重來襲擊若開邦。二〇一三年六月三十日，一名女佛教徒在實兌南方丹兌（Thandwe）遭兩名卡曼穆斯林男子強暴，其消息再度刺激暴民，這次有四棟穆斯林房屋被毀。同年十月，暴力再次襲向該鎮。一個卡曼男人和一個佛教徒計程車司機在停車場爭執。穆斯林侮辱佛教徒的消息隨即傳開，攻擊再起。在丹兌外圍的一個村落，數名男子闖進一間房屋，一名九十四歲的卡曼婦人正在床上休息，他們拿開山刀把她砍死，而女兒僥倖逃走。當女兒返回時，只看到母親肚子、脖子和頭部都是致命傷口。接下來幾天，暴民趁軍方未至，夷平了丹兌和附近村落七十多間穆斯林房屋。那些屋子都是卡曼人的。這波暴力沒有牽扯到羅興亞人，暗示暴力背後的基本論述，已從捍衛國家防範非法移民侵入，轉變成對穆斯林社群的全面攻擊了。卡曼人是緬甸公民，也獲承認為若開邦的原住民族。但他們是穆斯林，很快地他們也像羅興亞人那樣遭到辱罵。往後幾星期，涉及丹兌暴力的嫌犯陸續被捕，若開民族發展黨的地區主委赫然在列。

與此同時，暴力已從若開邦轉移到緬甸中部的城鎮，其中許多地方從未以這種族群敵對聞名。一開始是小插曲，像是高加力的清真寺遭攻擊，結果愈鬧愈大。二〇一三年三月，曼德勒南方米鐵拉（Meiktila）有三個穆斯林社區全被夷為平地。數百名武裝男子——其中很多人居民無法辨認——湧入鎮中，迫使多達一萬兩千名民眾（多數為穆斯林）逃到外圍的臨時營區。他們將留在那裡好幾個月，甚至數年。緊接著在四月，距離仰光北方兩小時路程的奧甘（Okkan），鎮上及周圍的穆斯林住家悉遭放火。次月，暴民襲擊遠在國土東北部的臘戍（Lashio）。往曼德勒北方一百公里遠、位於緬甸乾燥帶的坦戈內村（Htangone），則在二〇一三年八月淪入暴力：佛教僧侶率領群眾前往穆斯林住家和當地清真寺，把房子變成瓦礫堆。緬甸佛教徒與穆斯林之間的暴力，已從西部若開邦的地方性衝突，橫越到中央來了。

第八章 民主實驗搖搖欲墜

幾乎和二〇一二年的暴力一樣令人震驚的是民眾的反應。當穆罕默德・伊斯邁爾和其他數百人拿著家當從納錫區的廢墟前往海岸線時，一群群若開人站在路邊，嘻笑看著他們通過，但噪音很快就從更遠的地方、更意想不到的地區傳來。怨恨羅興亞人的，顯然不只有若開民族主義者；挺民主運動的主流聲音似乎也是如此。

長久以來，緬甸大眾的主要凝聚力是反對軍方；就像黏膠一樣，這股力量把所有未受惠於軍方統治的人結合在一起，展現出道德和諧。僧侶、學運人士、翁山蘇姬和她的同黨同志都在其中；軍方邊境作戰及中央機構全面監管下的大批受害者也在其中——數千人一生泰半時間都待在牢裡。他們一直看似一鼻孔出氣，加上多半以和平、莊嚴的方式反抗軍政府，相比之下，讓人覺得軍方真是壞透了，而公眾則很善良。這種說法當然很膚淺。對抗軍政府的族群軍隊也奪走平民性命，且不時反目成仇、化友為敵，民主運動更絕非單一一個有凝聚力的組織。只是獨裁統治就像蒙住此國的面紗，時常遮蓋了那些微妙的差異。

但隨著軍人集團退出權力核心，顯然有新的共同敵人出現了。緬甸社會裡縱橫交錯的斷層紛紛浮上檯面，皆有一觸即發之勢。在二〇一二年及其之後的特定時刻，曾經看似明確又合理的各種團結與敵對組合，正戲劇性地重新配置。

全國民主聯盟在二〇一二年四月首次進入國會。對於在補選結果揭曉時聚於黨部和其他地方的數萬民眾來說，那個月的第一天是個神奇的一天。當太陽落下，熟悉的粉紅霞光灑上仰光的建築，議員席次則一個又一個落入反對黨手中。他們每贏一席，樹立在瑞貢丹路（Shwegondaing Road）那棟建築外的螢幕便會閃現一個新贏下的選區，帶動群眾大聲歡呼。自奈溫政變到現在已經五十年了，這賦予緬甸一個不正常的特點：二十世紀世界持續最久的獨裁政權之一。雖然全國民主聯盟仍是國會少數，但一切看似就要改變。

但改變發生的原因並不明確。對比當時全球趨勢，如突尼西亞、利比亞、埃及和不久前印尼的大規模抗爭，緬甸軍政府仍屹立不搖。這是軍政府漸進式的權力移轉，以配合二〇〇三年展開的「七階段民主之路」——表面上軍方要淡化其政治角色，把統治權轉讓給平民政府。軍人集團的核心圈子之外，沒有人真正了解轉移的原因——也許是擔心政權更替後，極不得民心的領導將沒有太多時間喘息。軍政府愈來愈依賴中國給予的經濟和政治支援，甚至允許中國幾近免費取用國家資源，這背離了軍方民族主義的抱負。精心設計的轉型是保住自身利益、擺脫對鄰國依賴的靈巧方式，最終還能讓國家重新加入半個世紀前退出的世界舞台。事情將如何演變，很難預料，但那天晚上站在全國民主聯盟總部外時，就連懷疑論者也不可能抗拒這種感覺：緬甸延續至今的歷史正出現重大突破——民選政府的開端。

但民不民主因人而異。在自由投票與更全面彰顯人民平等權利之間，有一段漫長的協商與妥協過程，這經常成為該讓哪一種民主理想扎根的爭論角力場。在緬甸，既然半個世紀以來的政治競爭都被視為犯罪，這個過程勢必衝突不斷。不僅舊勢力想要限制新勢力的權威，民眾也了解到他們已有新的途徑來表達不同的欲望——更自由的媒體、更自由的抗議空間——國會裡還貌似有反對黨可以把人民對國家未來的各種憧憬制定成法律。

當媒體開始傳播民眾對二〇一二年六月暴力事件的反應，一開始令人驚訝的不只有一般民眾反羅興亞人的敵意有多深；對那個族群的仇視，甚至不限於特定的政治傾向。世人常將仇外情緒和極右派連在一起，但在那些年，緬甸的情況似乎不是如此。寇寇基（Ko Ko Gyi）即為一例。他是一九八八年反軍人統治暴動的領導人物，曾因反對軍政府而在牢裡待了十七年。他從來沒有像翁山蘇姬那般吸引國際關注，但他在緬甸家喻戶曉，受許多人尊敬，被推崇為堅忍不拔、願意犧牲小我來促成國家領導階層變革的年輕人。但當暴力震撼實兌時，他似乎發生了某種轉變。他告訴記者，是「鄰國」在火上加油。若開人已變成若開邦北部的少數，「即便那裡的土地，那裡的水原都是若開人的。」而寇寇基和他備受敬重的八八世代（88 Generation）民運組織不僅拒絕承認羅興亞人是原住民族，還會與緬甸軍隊聯手驅逐這些「外國侵略者」。[1]

他和其他人的反應——不但沒有譴責暴力，還趁機呼籲驅逐羅興亞人——似乎完全與緬甸民主運動曾經代表的理念脫節。寇寇基的言論也可說是一種「民主」：他拒絕給予羅興亞人那些其他族群也主張的權利；他擔心若讓這些穆斯林少數得到權力，其他族群都會受害。突然間，緬甸的人權似乎不再有公益性：不是所有人都能獲得，也並非適用於每一個人。[2]相反地，人權只對挑選過的團體開放；萬一有意料之外的選民被賦予公民權，他們的地位就會大大削弱。引發這種情緒的焦慮，已變得勢不可擋，讓長久「壟斷」對平民施暴的軍方——那個讓寇寇基被監禁近二十年的軍方——搖身變成同一群平民的守護者，對抗一股新的、更邪惡的勢力。縱使羅興亞人已被拒予公民權，且數十年來若開邦施予的限制已有效將羅興亞人隔離，讓他們受制於其他緬甸族群沒有過的監控，但也於事無補。羅興亞人依舊成為全國歇斯底里的源頭。

羅興亞人遭施暴一事，全國民主聯盟也沉默得引人注目。翁山蘇姬仍在野時，通常採取曖昧路線，她會主張雙方都有錯。若光指責若開暴民，會給人他們是始作俑者的印象。二〇一二年十一月當第二波暴力平息後不久，她在訪問印度期間，提到了緬甸西部正上演一場「國際大悲劇」。「但別忘了雙方都有動用暴力，」她繼續說：「這就是我不願意選邊站的原因。另外，我也想努力促成雙方和解。要是我選邊站，就沒辦法做這件事了。」[3]

在那個時間點，已有十一萬五千人住在實兌外圍的難民營，其中絕大多數是羅興亞人。流離失所的若開人可以在營區和附近城鎮自由移動；反觀羅興亞人則禁止離開自己的社區，出入口還有武裝警察站崗，警告他們若是敢越雷池一步，便可能遭到若開人攻擊。翁山蘇姬說得沒錯，雙方都犯下過暴行。但她不願大聲點出民眾普遍抱持的種族主義心態，不僅為暴力火上加油，更隱瞞了一個嚴重的問題。隨著隔離政策愈深植人心，事實也愈來愈明顯：沒有任何具影響力的人物願意出言反對那些針對羅興亞人、乃至更廣大穆斯林的偏見——人們的偏見已被那年種種事件給激化或加深了。舉世皆知，翁山蘇姬曾因對軍政府進行非暴力抗爭，而被軟禁在家十五年。對羅興亞人的立場，似乎與她過往的形象不符，也引來尖銳的批評。但她的立場實際上有相當程度的一貫性。羅興亞人數十年來的苦難，從未進入緬甸民主運動的雷達範圍內，羅興亞人也從未被納入後軍政府時代的族群平等呼聲中。二〇一二年以前，羅興亞人的議題一直是次要議題，唯有在成為國際爭論焦點時才會登上頭版——羅興亞人搭船逃離緬甸，促使鄰國注意到，緬甸的國內危機正逐漸演變成區域危機。緬甸遭受迫害的少數民族與其奮鬥敘事，從來沒把羅興亞人算進去。他們沒有聲音、沒有形象，好像幽靈一樣；明明住在緬甸，卻好像不存在。

要是長期放任不管，這些偏見似乎只可能變得更易引爆，尤其緬甸始終缺乏可能有助於羅興亞身分去汙名化的論述。翁山蘇姬常被指控有成見，因為她本身是緬人菁英，是緬甸基礎族群穩固階層的受益者。但無論她自己對羅興亞人有何感覺，又為何保持沉默，她拒絕指出那些圍繞在羅興亞人的論述本質有害。這大有問題。除非這位緬甸最受敬重的人物能就危機提出真實的解釋——承認政府支持打壓羅興亞人數十年，以及這種打壓會如何招致若開人訴諸暴力——她和她的政黨可能就得回答這個問題：他們是否也是助長暴力的幫兇。

一而再、再而三，每當遇到這樣的質疑，翁山蘇姬都會刻意拒絕入彀。她會顧左右而言他，且從來沒有公開使用過「羅興亞」一詞，唯恐被強硬派民族主義者視為承認羅興亞人。在補選勝利並進入國會後，她很快建立起迴避媒體的名聲，我也始終未能訪問到她。每當新聞記者確實有機會逼她表示意見，她會呼籲政府——當時是由和軍方結盟的聯邦團結與發展黨（Union Solidarity and Development Party）主政——授予所有少數族群平等的權利。但她很清楚，羅興亞人不被視為法定少數族群，如此一來，她既能向國際社會表現她積極投入這項議題的模樣，又能避免惹惱國內規模龐大的反羅興亞遊說團體。公民法必須「得到澄清」，她這麼說。然而她無論如何也不會指出緬甸公民架構中的偏頗：有些族群儘管個人在緬甸駐留已久，整個族群卻沒有國籍。

由於緬甸社會各界都對羅興亞人保持深深的敵意，她的路線或許冷靜務實。若為了維護這個被鄙視的族群，便有一種將佛教徒原住民——即若開人——塑造成惡者的風險。對著眼於執政的人來說，這無異是政治自殺。下一場選舉預定在二〇一五年舉行，即暴力衝突的三年後，翁山蘇姬必須保住她的支持基礎。也有人說她是在放長線釣大魚，等民主轉型進展到她覺得夠安全的地步，才開始大刀闊斧處理這個深植緬甸千萬人心的怨恨。但這看起來很危險。若開邦的社區被暴力撕裂得那麼厲害，時間可能只會加深分歧，終至無法修補。

隨著民主轉型持續，她和許多曾因反抗軍人統治而蒙受苦難的民運人士，持續進入主流政治。可當他們一發表對二〇一二年後緬甸西部危機不斷加劇的看法，事實便昭然若揭：這些人物秉持的民主品質從未被真正檢驗過。他們反對軍人統治，而用「民主」這個詞做為動員群眾的有力符號，但他們真正代表的理念並不明確。我曾不假思索把這種民主概念與包容一切的原則畫上等號，但在二〇一二年的刺眼燈光下，這看來是一場可悲的誤會。而令人驚訝的不僅是民主運動，當僧侶團體開始煽動若開邦、乃至全國各地的暴力沙文主義，佛教徒本性和平的說法也開始站不住腳。批評若開邦發展出隔離制度、質疑那些軍事行動的作法，以及大聲說出這種排他性民主運動似是偽善的外國評論員，都被貼上新殖民主義者或恐怖主義支持者的標籤，並被警告：「這不關你們的事。」

民主開放反而帶來分歧，或許是緬甸的命運。身分認同與歸屬的觀念被如此劇烈地操弄，成為軍政府統治的重心，以至於在軍方開始退出時，這些爭論遂構成尋找新緬甸人的核心要件。儘管大眾向來排斥軍政府的宣傳，但軍政府散播的歸屬與「真相」的論述——國內特定少數族群究竟有何意圖——卻以萬鈞之勢融入現今對族群互動的理解之中。不管世人如何讚頌不同族群與宗教團體為反對軍政府所展現的團結，拉拉和其他許多人從同儕身上感受到的更微妙的日常偏見，卻依然持續著。

因此，暴力的引信或許早已鋪好，但讓它有機會點燃的是民主轉型期的作為。在若開邦，乍看下是深植於歷史但長久被壓抑的仇恨，自己猛然爆發而無法控制。但事實隨即明朗：不論公然或暗中進行，那都是火上加油，被挑撥操弄的。二〇一一年底若開政黨所舉行的研討會，就是特地為了警告穆斯林的威脅而召開，之後由僧侶團體和其他民運網路散播的傳單，更進一步提高威脅的層級。這些活動旨在喚起若開人最深的恐懼，但提供的解方卻與緬甸現行方向背道而馳：遠離軍隊製造出的分裂政治、擁抱民主國家的理想。緬甸不但沒有進入全國療傷止痛的年代，還散播更深的分裂。

若開民族發展黨的發跡過程一如全球各地以族群為訴求的政黨，為了在轉型期鞏固支持度，而大打民族主義牌。它在二〇一〇年十一月首次選舉的六個月前成立，知道未來將有一場硬戰要打。它需要建立和選民的切身關係，這向來是任何新政黨的首要之務，而在若開邦，一個以族群捍衛者自居的政黨要謀求支持，喚起地方民族主義的情緒，似乎是再明顯不過的方式，尤其若開人長久以來不被允許有政治聲音。若開人理所當然想要更積極地參與民主轉型，並從中獲得更大的報酬。以往，他們一直被迫看著自己主張擁有的土地，成為地方與國際掠奪性經濟的覓食場，而獲益從來不會回到若開人民身上。到二〇一〇年選舉前，若開的貧窮程度幾乎達全國平均的兩倍，[4]枉費該邦的地下和外海有豐富的天然氣和其他天然資源。奉軍人集團之令，這些資源都被拿來「款待」來自中國、韓國等地的公司。

民主轉型將是修正這種窘況、讓若開人有發言權的契機，也可望開始修補數十年前為了國家利益所造成的一些傷害。但要實現這些，就必須相當程度提高當地族群的政治地位。這就是危機所在。因為民主開放也可能賦予羅興亞人有資格爭取在若開邦的權利。

那些恐懼，之前就曾上演過。在進行二〇一〇年投票準備工作時，軍人集團的選舉委員會宣布，任何持有臨時登記卡，或「白卡」者皆可投票。若開政治人物指控這是政治陰謀，因為羅興亞人有白卡，他們一定會把票投給做為將領影武者、甫授予羅興亞人選舉權的聯邦團結與發展黨。在投票前，該黨黨員巡迴若開邦北部的羅興亞村落，鼓勵居民註冊為選舉人。結果，聯邦團結與發展黨果然獲得羅興亞選民大力支持，讓數名代表該黨的羅興亞政治人物贏得議會席次，若開人的恐懼成真。儘管若開人的政黨仍在若開邦議會拿下了十八席，勝過聯邦團結與發展黨的十六席，但羅興亞人和執政黨的選前交易卻預示，未來羅興亞人有可能進一步獲得權力。

二〇一二年十一月，若開邦第二波暴力攻擊一個月後，若開民族發展黨在黨刊《發展期刊》（*Development Journal*）刊登一篇社論。文章是這麼寫的：

> 希特勒和艾希曼（Adolf Eichmann）是猶太人的大敵，但或許是德國人的英雄……為了國家生存、民族生存，或捍衛國家主權，違反人道的犯罪或無人性的行為或許情有可原……因此，若（我們緬甸的例子）同樣適用或容許那種生存原則或正當性，那麼我們保衛若開民族、捍衛緬甸聯邦共和國主權和長治久安的努力就不該貼上「違反人道罪」或「無人性」或「不人道」的標籤。[5]

這段話闡明若開邦的最大政黨——不再位於邊緣，而是在議會有席次的政黨——對羅興亞抱持的怨恨有多深，以及它覺得有必要對那群人採取的措施有多令人擔憂。但這段話能發表出來，也指向另一個問題——一個愈來愈難協商的問題。雜誌發行沒有引起任何警告：內容沒有校訂、執筆者沒有遭到指責。政府審查委員會在雜誌發行前幾個月已停止運作，意味雜誌出版不再需要檢審。雖然在二〇一二年獨裁政權式微前，該委員會就逐漸放寬限制，卻始終沒有運作正常的機構取而代之，以遏制這些危險言論的崛起，管理言論發表後所產生的衝突。相反地，由於在二〇一二年暴力事件過後，全國民眾憤怒的焦點集中在羅興亞人身上，這種論調便被允許恣意傳播了——在政黨雜誌、網路部落格、Facebook，以及要求把協助羅興亞人的國際援助組織趕出緬甸的抗議活動中。

同年四月，翁山蘇姬在仰光茵雅湖畔主持第一屆伊洛瓦底文學節，做為前一年民主進展的象徵。許多傑出的國際記者和作家蜂擁而入，其中有些人曾名列軍政府黑名單數年。雖然知道一切全然陌生且不可預料，現場仍一片歡欣鼓舞，緬甸終於從黑暗中露出曙光。但似乎沒有人真的了解該怎麼管理，甚至該不該管理言論自由的空間。這直指民主化問題的核心——自由化無可避免形成的力量，可能裨益、也可能危及國家開放的能量，政府是該加以約束，還是放任其恣意橫行？參與影響命運的決策、傳播理念、自由支持或抗拒他人的想法，以往這些都是遭到獨裁政權拒絕、而民主允諾的渴望。但這些渴望既能促進開放與包容，也可能招致反效果。當二〇一二年逼近，已經生根且在動員若開暴民上扮演關鍵角色的分裂意識形態，似乎已翻山越嶺，在緬甸中部的佛教徒之間表現出來。

二〇一三年初的一天晚上，我在仰光上巴士夜行至毛淡棉，這座位於河畔、寂靜困倦的孟邦首府。鎮上有間我想拜訪的佛寺和希望會見的住持。從二〇一二年十月到我拜訪毛淡棉的那幾個月，看著反穆斯林情緒擴散到若開邦以外，在許多觀察者眼中，維摩詰（U Vimala）已無人不知、無人不曉。在二〇一二年第二波暴力後不久，他便授意毛淡棉一家印刷廠印出一批貼紙。隨後，那些貼紙開始出現在商店門口和計程車車窗上——不只在毛淡棉，而是全國各地。那些貼紙清清楚楚反映出反穆斯林的情緒已擴大到羅興亞人之外，且已串連成某種類似組織運動的行為了。貼紙出現在毛淡棉市場的攤位上，也出現在仰光、曼德勒和邊境偏遠城鎮的市場攤位上。貼紙印了緬甸數字「九六九」，以法輪和佛教旗幟為背景，數字底下則是坐著四頭獅子的墩座。

維摩詰愈來愈擔心緬甸會步上區域鄰國的後塵，眼睜睜看著佛教的地位被伊斯蘭取代。他解釋，印那些貼紙的目的是保護佛教，因為那三個數字象徵佛陀的九種特質、佛陀教義的六種特質，以及僧伽的九種特質。以上能抗衡穆斯林的類似慣例。長久以來，穆斯林的店門口都有數字「七八六」——相當於《可蘭經》的開場白：「奉至仁至慈的真主之名」。＊

貼紙在全國各地無限量發放。雖然這種做法令人難以苟同，但一開始也很難斷然拒絕。他們據理力爭：畢竟穆斯林也這麼做。對許多人來說，九六九運動的宗旨並非狂野幻想，而是深切的個人焦慮。並非每一個貼上貼紙的人都覺得穆斯林是壞蛋，但對所有持有那個標誌的人來說，佛教顯然太過柔弱而需要保護。對許多緬甸人來說，宗教向來是軍事統治之前和過程中最珍貴的庇護所，各家各戶也投入重金——或許比投入醫療和教育的金錢還高。[6]它很久以前就曾受英國人威脅，而那樣的衝擊已足以使僧侶拿起武器。一九二〇及三〇年代那幾波運動，或許更聚焦於政治上的自治渴望，但宗教因素絕非微不足道的憂慮。對許多緬甸人來說，他們的國家在世界上愈來愈稀有，是佛教徒有機會在強敵環伺下倖存的地方。像維摩詰這樣的現代僧侶，將會仿效一百多年前前輩的做法，擔任一場信仰保護運動的先鋒。

若開第二波暴力的五個月後，針對穆斯林的攻擊突然在緬甸中部各城鎮爆發。過程大同

＊譯註：有一說是根據阿拉伯數值進位系統，將每個阿拉伯字母配以數字，這句話全部字母加起來就是七八六，亦有一說是這句話在《可蘭經》中出現七八六次。

小異：導火線發生，暴民迅速湧至、夷平社區，迫使穆斯林逃到難民營。此外還有其他相似點，例如事先發送傳單警告穆斯林的威脅，只是現在威脅並不限於若開邦，也不再僅是羅興亞人再使手段；威脅現在是全國性的，而且來自其他穆斯林。之前在緬甸西部支持暴力的說法似乎已蔓延到中部來，暗示緬甸的命運相當程度繫於若開邦所發生的事。若開邦的優瑪山脈或許曾為緬甸中部提供緩衝，阻絕伊斯蘭文化從它脆弱的西翼進一步入侵緬甸。如今，那些山或許已靠不住了。

米鐵拉在二〇一三年率先發難。該鎮是忙碌的貿易輻輳，位於一張四通八達公路網的中心，既連接南北向的曼德勒和仰光，也聯繫了極東方撣邦和靠近印度邊界的人民與市場。

那年三月二十一日一早，珊達爾（Sandar）在曼德勒家附近上了一輛公車，要坐兩小時的車到米鐵拉。這位年輕記者當時任職於一家被驅逐出境的緬甸媒體，隨身帶著塞了幾件衣服的包包和她的攝影機——已經用了好幾年的小型手提裝置。她搭的那班車平常會不時停下來載客人和貨物前往米鐵拉，但那一天，車子才出城三十分鐘便停下不走，不肯再前進。她和其他乘客被要求在路邊下車離開。平常車子會載她到米鐵拉鎮中心的車站，但那一天她和其他人在離鎮界還很遠的地方就下車了。大家在找有沒有候客的摩托計程車，她找到一輛，談好車資便上了後座。摩托車上路，但幾分鐘後又開到路邊停下來。駕駛叫她撿一根竹竿帶著。妳皮膚很黑——她聽到他這麼說——可能會被誤認為穆斯林。竹竿則暗示她是佛教徒。所以她把包包掛在背上，一手拿著竹竿、另一手拿著攝影機，爬回後座，讓摩托車穿梭米鐵拉外圍的偏僻街道，終於抵達鎮中心。

一進鎮上，她便了解駕駛在擔心什麼。從鎮郊一直到鎮中心，有數十間店面被破壞。那些都是穆斯林開的店——招牌上的阿拉伯文透露了店主的身分。事實上，那天早上和前一天都因為這些招牌而決定了他們的命運。

這樣的災情率先透露了暴力衝突的後續發展，但目前還不夠充分：滿目瘡痍，殘破不堪的房屋和身軀，都是前一年十月若開邦大屠殺以來緬甸最大規模佛教徒和穆斯林暴力衝突的產物。從西邊通往鎮中心的主街，沿路一整排建築的後方，黑煙竄上天際。那來自提拉明格拉（Thiri Mingalar）區。前一晚，那裡有數百名手持棍棒、開山刀和火把的男人光顧。居民後來說，很多人是從外面進入鎮上的。那幾群男人前一天傍晚就出現了，沒人認得他們——他們看來像喝醉了或吸過毒，且不確定自己身在何處，一直問路人某些地區怎麼走——幾小時後失火的那些地區。從提拉明格拉往北走幾條街，明格拉札萬（Mingalar Zayone）也被夷平，再往鎮的西邊走，越過米鐵拉發展起點的大湖，也有一個社區已成灰燼。在那三個地區，破敗的景象令人瞠目結舌。不過一個晚上的功夫，暴民已將數百間房屋變成瓦礫堆，也迫使居民逃往鎮郊的臨時營區。

珊達爾之前去過米鐵拉。忙碌的鎮中心有個圓環，從圓環出發的發射狀道路老是塞滿車輛和行人。位於南方、每到太陽升起就熱鬧活絡的市場，那天停止營業，亦不見人潮。她只看到三五成群的人在街上大搖大擺，拿著棍棒和開山刀。

她和駕駛把車停在圓環旁的路邊。那時剛過中午，而珊達爾的攝影機幾乎運轉了整個上午。她下車後仍繼續錄，鏡頭攀到前方的街道。

「有一群人就站在路口，還有幾個人騎摩托車過來。」她回憶道：「站在那裡的人，有兩個拿著刀，其他拿著棍棒。騎摩托車來的停在其中一個男人旁邊，講了五到十分鐘的話。」他們的聲音沒有傳那麼遠，她聽不到他們說什麼，但還是讓攝影機繼續運轉。

兩天前，三月十九日，米鐵拉商業區一家穆斯林開的珠寶店發生了爭執。起因是一對外地來的佛教徒夫婦到店裡買了一支金簪。結果金簪是假貨——他們這麼宣稱，因而指控穆斯林店主詐欺。激烈爭吵後，店主怒不可抑，動手打人。於是雙方大打出手，然後佛教徒太太被殺的消息散播開來。佛教徒很快成群結隊而至，在店外聚集，其中不乏僧侶。不到幾小時，那家金飾店和兩旁數間穆斯林商店都被破壞。後來流出的影片顯示，警方在一旁文風不動地看著商家遭攻擊，而當一個穆斯林傷重倒在街上，旁觀者討論是否要放他自生自滅。[7]同一天，一群穆斯林男人把一名僧侶從腳踏車踹下來繼續毆打。後來有人放火燒他的身體，他被送去醫院，仍不治死亡。隔天早上，大屠殺便爆發了。

對街，男人間的對話戛然而止。她看著一群人逼近坐在摩托車上的男人。「他們開始殺他，想砍他的頭。」持刀的人鋸著他的喉嚨，他摔到地上。他還在動，但他們隨即朝他潑汽油，點火把他燒了。

那群人之中有人發現她在錄影，便橫越馬路跑過來。他叫她把影片刪掉，她不從，他便威脅要殺了她。她和駕駛跳上摩托車，加速離開，但那群人緊追在後。她們全速穿過大街小巷，十分鐘後才甩掉那群人。珊達爾順利抵達朋友家，在那裡等了好幾個鐘頭，等到夜幕低垂，她和朋友騎車回到鎮上。他們經過那具屍體所在的圓環和街道。屍體還在那裡，一個焦黑的人形倒在人行道邊緣。火熄了，但還在冒煙，路人經過都會稍微繞開一下。

街上那具屍體是米鐵拉屠殺最終的四十三名罹難者之一。這是屠殺無誤。說到暴力迸發，我們會想像突然有群人「集體抽搐」，短暫但非常強烈，以至於在極短的時間內造成巨大程度的破壞。二〇一三年三月二十二日下午，在政府宣布緊急狀態之際，米鐵拉已經有近八百三十間房屋被毀了。兩星期後我走遍提拉明格拉和明格拉札萬的遺跡，了解那些地區有多少已被摧殘殆盡。一排排房屋盡成廢墟，鍋具、鞋子和衣物遺落在瓦礫堆中。有些柱子和牆壁仍屹立不倒，但除了一些人三三兩兩在廢墟中撿東西，對任何訪客投以長長的凝視外，這些地區毫無生命跡象。

有些人說暴力從若開邦「擴散」到米鐵拉，就像傳染病似的從一地轉移到另一地，清空了穆斯林地區的居民。但事情沒有那麼簡單，因為緬甸中部佛教徒和穆斯林的互動模式不一樣。米鐵拉從未發生過這種事，任何形式都沒有。除了宗教，這裡的族群關係並不像西部的若開人和羅興亞人之間有那麼強烈的差異。在這裡，佛教徒和穆斯林社群大多都是緬人。米鐵拉能成為繁榮興盛的貿易重鎮，靠的是所有居民的互動，而居民也仰賴城鎮及其忙碌的商業活動維生。

暴力衝突在米鐵拉格外激烈，也引來一群令人驚訝的人物。有人拍下三月二十日明格拉札萬遭到攻擊的影片，影片中，一名穆斯林男子原本躲在社區周圍的長草叢，但被拖出來推入空地。一進空地，他立刻被兩個持長竿的男人襲擊。第一擊是橫向猛力擊中後頸，將他打倒在地。其他攻擊者向他衝過來，棍如雨下，每一擊都讓他雙腿猛烈抽搐。那場景凶惡十足，像軍方而非平民的作為。然後一名僧侶——或說一個剃光頭、穿袈裟的男人——從鬥毆現場的右手邊出現。他緊抓他的竿子打了一下、兩下、三下、四下、五下。

那個場面，以及前一年若開邦僧侶團體的論調，都與「佛教不僅愛好和平，更積極反對暴力」的普遍認知大相逕庭；當佛教最高權威從俗人出家成僧時，不是都依教義發誓過反對暴力嗎？或許是為了逃避這難以置信的事實，有人懷疑那人是穿著袈裟的惡棍，加入是為了賦予攻擊「正義性」，以動員更多佛教徒參與。但在二〇一二年若開邦的暴力之後，一些暢所欲言的僧侶——不只在緬甸西部，而是全國各地——對穆斯林問題採取的立場，都愈來愈具侵略性。這位米鐵拉僧侶或許是個極端的例子，但他卻強化了這種印象。緬甸佛教社群裡明顯有一批人逐漸對穆斯林採取激進好鬥的立場，信仰成為暴力衝突的沃土。九六九運動披著袈裟的名義領袖不是利用講道來鼓吹和平，而是把宗教分歧掰得更開，而這個過程又在米鐵拉攻擊的醞釀期變本加厲。

雖然率先行動的是維摩詰，卻有另一位僧侶逐漸占據鎂光燈焦點。威拉圖（U Wirathu）是曼德勒摩梭因寺（Masoyein Monastery）的住持。他曾於二〇一二年十二月，也就是暴力發生的幾個月前訪問米鐵拉，並在一場講道中懇求鎮上的佛教徒跟穆斯林劃清界線。「只跟我們的商店買東西。如果我們的錢落入敵人手中，那會摧毀我們的民族和宗教。」九六九貼紙將表明哪些店是佛教徒開的，而事實隨即明朗，貼紙不僅可以讓佛教徒像基督徒那樣擁有十字架功能的佛教標誌，在一些人心目中，它也是杯葛穆斯林生意的運動。「他們會用那些錢來操控女性，迫使那些女性改信他們的宗教，而她們的孩子將成為國家的敵人，」他繼續說：「他們會摧毀整個民族和宗教。當他們人口成長，他們就會進行他們之前在若開邦所做的事：侵略。他們會占領整個國家。」[8]

就在他訪問米鐵拉之後，多份傳單開始傳遍全鎮。「我們寫封信是要告訴你，緬甸佛教徒的生存正備受威脅。」其中一份這麼開頭。信末的簽名只寫著「感到無助的佛教徒」，致當地僧伽委員會的主席。「據上述情況，米鐵拉的穆斯林，那些老虎卡拉，正穿著卡拉清真寺的衣服，比以前更常在鎮上走來走去。在那群人裡面，還有一些我們沒見過的陌生卡拉。」[9]

在今人的記憶中，米鐵拉是緬甸中部大規模宗教暴力中最血腥的例子。但這種現象並非全新。三十多年前，暴力也曾斷斷續續發生，且似乎與軍人集團陣腳不穩的時期不謀而合。一九八八年七月，當奈溫招致的民怨即將沸騰時，卑謬（Pyay）和東枝（Taunggyi）都發生針對穆斯林的攻擊，也都有人指稱攻擊是當時軍人集團策劃，以便將民眾的注意力從全國四處爆發的抗爭中轉移開來。一九六〇年代晚期和一九七〇年代，節節高漲的通貨膨脹和民怨，同時發生了排華暴動，當時也有人提出了類似的指控。那些指控似乎有理：設法撕裂那些被認為團結起來反對軍方的族群，讓憤怒的焦點水平轉移，人們就不會再針對真正讓經濟瀕臨崩潰的暴虐軍政府。

在米鐵拉的暴力過後，外洩的機密政府資料顯示，政府至今仍有策略性煽動。一封日期標註為二〇一三年九月十三日、由綜合行政部門寄送給全國鎮級有關當局的信件說明，出自仰光某清真寺的穆斯林已討論要於那年九月及十月「謀劃」一場佛教徒與穆斯林之間的全國性暴力。[10]根據那封信，穆斯林會先挑釁佛教徒施暴，然後燒毀自己的房屋，再向全世界散播暴力影片。因此，有關當局應提高警覺，「事先做好……必要的準備」。這個預言始終沒有應驗，信中所提及仰光清真寺的伊瑪目也自稱對這些計畫一無所知。但這封信卻表明軍方可能試圖製造社群緊張，慫恿佛教徒預先防範一場並不真正存在的威脅。

也有其他事件並不確定軍方的涉入程度到底有多深。二〇〇一年，全緬甸從若開邦、勃固省（Bago Division）到伊洛瓦底省各地城鎮的穆斯林社區都遭到暴民襲擊。同年三月，塔利班炸毀巴米揚大佛——一千五百年前刻入阿富汗中部一面山崖的兩尊巨大石像——泛起的漣漪擴及亞洲大陸各地，當然也進入緬甸。成群結隊的武裝男人在僧侶率領下攻擊東吁縣（Taungoo）的穆斯林地區，聲稱是為了回應西方三千公里外聖像被毀之事。[11]從一個角度看，在二〇〇一年九月九一一攻擊事件後，猛然劇增的「恐伊斯蘭情結」已跨越國界，就連未受事件影響的國家，民眾也開始對穆斯林的發展感到強烈猜忌。但同樣地，東吁縣和其他地方的目擊者也指出，警方和軍隊袖手旁觀，引人懷疑是否有更高層級的人介入。[12]那一年緬甸發生嚴重的通貨膨脹及糧食短缺。根據美國國務院的宗教自由報告，那一年也見到緬甸「反穆斯林的暴力程度遽增，其中有些可能得到政府暗中支持、資助，甚至煽動。」[13]也許暴力是轉移那一年蓄積民怨的方式。

威拉圖的家鄉皎施（Kyaukse）也是一例。二〇〇三年十月，佛教四旬齋節（Buddhist Lent）結束時，一顆石頭扔進年輕僧侶正在誦經的佛寺之中。佛寺隔壁是清真寺，而指責很快演變成暴力。佛僧率領暴民攻擊清真寺和附近的穆斯林住家。然後消息傳至曼德勒，吸引當地一些政治活躍僧侶的注意。他們來到皎施，唆使民眾對穆斯林發動類似攻擊，造成數人喪生。軍政府逮捕其中四十四人，脫去他們的袈裟，威拉圖也在其中。他入獄服刑八年。

米鐵拉的暴民之中有許多當地人根本不認識，這個事實使居民更加懷疑暴力是預謀的。「我看到他們時，他們看來都喝得爛醉，根本不知道自己在幹嘛。」珊達爾這麼形容那些橫行街頭的男人。雖然神智不清，他們仍在不到七十二小時內摧毀八百多間房屋，也完全沒有引來保安部隊的干預。時任聯合國緬甸特使的南威哲（Vijay Nambiar）提到這場殺戮「殘酷地有效率」。[14]他表示，那不光是盲目的憤怒所致，而是有組織、有規劃的作為。等到暴力衝突進入第三天，政府才宣布緊急狀態，警方也開始採取行動。前兩天，珊達爾在米鐵拉街上只看到三、五個警察，任憑暴民衝來衝去、恣意殺人，什麼也沒做。一群又一群男人拿著棍棒和開山刀在鎮上橫行霸道，身為人民保母的政府執法人員卻站在旁邊看。在過往的動盪中，特別是一九八八年和二〇〇七年的全國性反軍政府抗爭，警察都沒有那麼漠不關心。他們會朝群眾開槍，導致抗議群眾死傷慘重。當然，這一波的動亂並非針對軍政府而起。

暴民恫嚇的目標不只有米鐵拉居民。米鐵拉攻擊事件五個月後，時任聯合國緬甸特別報告員（UN Special Rapporteur for Myanmar）的托馬斯・奧赫亞・昆塔納（Tomas Ojea Quintana）親自走訪該鎮。那天是二〇一三年八月十九日，這位阿根廷律師與外交部代表同行。他預定在隔天訪問米鐵拉周邊的穆斯林難民營。那一晚他的車隊從東方駛進城鎮。他的座車沒有標上聯合國旗幟，但車隊中其他車子有，而他抵達前已知會當地政府。但當車隊進入米鐵拉時，他不由得擔心起來。

> 奇怪的事情開始發生。代表說我們碰到一點問題，得改變行程。到底是什麼問題，他們說得不清不楚，但顯然他們在某個時間點接獲有事不對勁的情報。

政府代表告訴他有人在示威抗議，因此車隊必須改道。細節說得含糊，徒然加深不祥的預感。「我忍不住緊張起來，因為我看過報導，知道米鐵拉發生的事情。我知道那裡有多暴力。」

在前一年若開邦的暴力後，他已成為若開民族主義者鎖定的抗議目標，他們要求聯合國停止援助羅興亞人，而他的照片被印在仰光和其他地方示威活動高舉的海報上。在他於二〇一三年八月訪問米鐵拉之際，他的臉已經舉國皆知了。

「快到米鐵拉入口時，車隊突然停下來，我開始看到民眾包圍車隊，非常激動。」他估計大約有兩百人，而他們紛紛走向那部有聯合國旗幟的廂型車。

我猜，後來也獲證實，他們以為我在那輛車裡面。他們開始往裡面看，想打開車門、亂敲一通。一發現我不在裡面，他們開始查看別的廂型車。所幸，當他們來到我這輛、開始猛敲車門時，車隊慢慢動了起來。

他記得當暴民一輛一輛車搜查時，有一名警察站在附近觀望。政府後來發布聲明表示，那些圍住他座車的人是想拿一封信給他，但他不相信。

抵達鎮公所之後，我們進入一個房間，然後開始聽到暴民接近的聲音。現場連一個警察都沒有，所以我們真的面臨非常緊張的情況，而有關單位不清楚到底發生什麼事。

那天早上昆塔納去過撣邦北部的臘戍，同年五月那裡也發生過針對穆斯林的攻擊，比米鐵拉晚兩個月。房屋、店面和一所穆斯林孤兒院同樣被居民沒見過、不知打哪兒來的暴民燒毀。暴民還攻擊試圖報導暴力事件的當地記者。昆塔納獲准進入事後被捕的參與者牢房。

「我探問到那些佛教徒是僱來的，並不住在臘戍，」他解釋說：「他們只是從一鎮到另一鎮遷徙的工人。有人去鎮外找他們，說：『跟我來，我們去做這個做那個。』但他們不肯說那些人是誰。他們保持緘默，當然，他們害怕極了。」

究竟是誰籌劃二〇一二年若開邦的暴力事件，同樣曖昧不明。當我請郭繆多透露一點資訊——他們抵達納錫區後是誰上巴士、把他們分成兩隊，又是誰命令他去攻擊逃跑的穆斯林——他也省略細節。他只稱他們「發起人」，其餘絕口不提。也許他真的不清楚他們的身分，也許他擔心參與者若牽扯到他人會遭到懲罰。臘戍的例子看來也是如此。

昆塔納原先安排隔天要與米鐵拉攻擊受害者會面，這下不得不取消。那天晚上，在尾隨他進鎮公所的暴民解散後，他繼續驅車前往曼德勒。「結果，我沒辦法就米鐵拉發生的事情取得第一手資訊回報給聯合國。但那對我來說非常重要，因為那些報導和指控都非常嚴肅，」他說：「我需要聽穆斯林的說法，也需要聽當局說明到底發生了什麼事，但我無能為力。如果他們的目的是阻止聯合國調查員接觸到受害者，那他們成功了。」

他始終無從確定暴民是怎麼知道他到訪的，以及為什麼當暴民圍住他的座車時，警察一直袖手旁觀。但顯然，這是有心人意圖阻止聯合國獲得有關的資訊，而附近的警察並未壞了這件差事。

隨著有人策劃的跡象逐漸顯露，關於那場暴亂屬於何種性質、又有何目的的理論也開始流傳。有一種推測頗受二〇一二到一三年事件的觀察者青睞：很可能，擔心在民主轉型後失勢的軍政府派系，若不是製造了看似具族群性質的暴力，就是允許其落地生根。他們想傳達，在一個裂痕這麼深的社會，授予人民更大的政治談判權利可能非常危險，因為民眾顯然動輒發生衝突，進而引發暴力競爭，以奪取民主的戰利品。米鐵拉和其他地方的局面，證實緬甸還沒準備好讓軍方退居幕後。如此一來，軍方就可繼續擔綱管理國家內政的角色，進而保護其龐大的政治利益。

暴力衝突已讓翁山蘇姬和全國民主聯盟陷入兩難的困境。該黨已在前一年的補選中贏得席次，而大家心知肚明，除非遭遇嚴峻難關，她下一次選舉將是一場壓倒性勝利，民眾對軍方的向心力將進一步被削弱。但假如翁山蘇姬在漸以宗教劃分敵我的衝突中，乃至在二〇一三年的劍拔弩張中譴責佛教徒施暴，她可能會被認為站在穆斯林那邊，認同他們將國家伊斯蘭化的可疑計畫。想在民主轉型期累積巨大的政治股本，她不得不選邊站：要採取高道德標準，保護穆斯林受害者但失去佛教徒支持者呢？或繼續保持曖昧，這雖然不會激怒她的主要選民，卻會使她享譽國際的人權鬥士名聲受損。

米鐵拉的暴力背後是否有人運籌帷幄，程度又有多深，始終不明朗，主事者究竟是透過何種管道向暴民傳達指令，亦混沌不明。政府內部是否串通一氣，令執法人員參與或不干涉，同樣無法確知。或許那些警察本身就對穆斯林深懷偏見，不受上級約束；或許他們看出鎮外暴民的到來，是更高權威執行的計畫，所以不願介入。或者他們真的接獲「什麼也別做」的命令。

米鐵拉暴力爆發時，警察隊長泰溫（Htay Lwin）人在現場執勤。他看到暴民大肆破壞穆斯林的房屋，但一如緬甸所有與那起暴力有關的權威人物，在被問到警方為何按兵不動時，他不願多說。

「上級下了干預的指令，那本來就是我們的職責所在，」隊長說：「我們試著干預，但現場的狀況常是一名警察要單獨面對一、二十個人。」他似乎在暗示警方人手不足，難以應付那種窮凶惡極。有些影片顯示，警方試著和數百名蜂擁而至的暴民協商，但其他影片只呈現警官站在一旁眼睜睜看著穆斯林房屋被毀。維護治安的力量竟如此薄弱，不是很奇怪、甚至可疑嗎？「我不認為可以做這種結論。」是警察隊長唯一能說的。「我們盡其所能阻止了。」

雖然襲擊米鐵拉的瘋狂裡，看似有某種邏輯、某種條理，卻始終沒有確鑿證據能將那場暴力連上政府或軍方的哪個人物。確實有當地素不相識的人參與攻擊，但也有鎮上居民是因穆斯林殺害僧侶才被動員起來，而後繼續跟別人一樣凶狠地參與到底。

不過，毫無疑問的是，那場暴力大部分的基礎早已扎下，而登盛總統領導的政府不是不願、就是不能回擊驅動暴力的黑暗勢力。在若開邦攻擊事件猖獗全緬甸之前，他的政府就允許仇恨言論在該邦散播，此外，他們還祝福九六九僧侶。在二〇一三年六月，即米鐵拉事件三個月後政府發表聲明，讚揚九六九是「和平的象徵」，其精神領袖威拉圖是「佛陀之子」。儘管這位住持繼續對穆斯林惡言相向，揚言施暴，他仍在全國各地暢行無阻，不受權威當局約束，他和其他極端民族主義團體散播的資訊也從未遭受譴責；雖然曾因唆使民眾攻擊穆斯林而入獄，但現在他自由自在、無拘無束。

若開邦在他獲釋一年後爆發衝突，而在衝突幾個月後，威拉圖據說用那些遭穆斯林殺害的佛教徒肖像，裝飾他曼德勒佛寺的入口。到了二〇一三年三月，他已頗具威望。我和另兩位新聞記者前往拜會。應他要求，訪問在一面從地板到天花板都擺滿自畫像的牆壁前面進行。對話期間他冷漠無表情的臉孔，不時突然綻放燦爛笑靨，兩眼閃閃發光，然後瞬間消逝；來得快，去得急。

我們坐在摩梭因佛寺一間禪房裡，聽威拉圖滔滔不絕地講述他和其他九六九運動僧侶一致的說法：國內記錄在案的每一起強暴案都是穆斯林幹的；穆斯林丈夫會折磨妻子，到她們改宗才罷休；證據顯示伊斯蘭已「毀壞」馬來西亞、印尼等地的基督教和佛教；緬甸很快會淪入同樣的下場，因為全村都會變成穆斯林，穆斯林男人會試著娶妻和大量生育。

二〇一二年十二月，威拉圖以這一句對追隨者的宣言，為他在米鐵拉的講道畫下句點：「那就是為什麼長期來看，只能去有九六九標誌的地方。」那將確保佛教徒不會再去穆斯林的店，佛教徒的錢不會再被拿來資敵。九六九的領袖希望做出明確區分。如同納粹會在猶太人房屋的門上畫大衛六芒星來標示住戶身分，米鐵拉穆斯林門上亂畫的七八六數字，也會在暴民衝遍城鎮時被凸顯出來。[15]

在米鐵拉之後，還有更多暴力發生，而且是以某種詭祕的方式推進。仰光有一條公路一路向北直達卑謬，如果你在地圖上標註米鐵拉暴力後八天內沿著這條公路發生動亂的地點，你會得出一條工整的直線，起於小鎮德貢（Thegon）迄於塔拉瓦底（Tharawaddy）。那以某種方式沿著那條公路前進，在不到兩星期的時間襲擊了十一個各相距五公里的城鎮。

這樣看來，這波暴力似乎真的會傳染。雖然它是怎麼從一地傳遞到另一地的，不得而知，但似乎有一種模式反覆上演：每當意在喚起佛教徒恐懼的資訊增加時，針對穆斯林發動的攻擊便接踵而至。通常會有導火線、某個單一事件，看似沒什麼大不了——比如那年四月底，一名穆斯林少女在奧甘的市場騎車時撞到一名僧侶，使他的托缽掉到地上，這就可以引發長達一天的攻擊行動，造成近七十間穆斯林房間毀損，一人死亡。那一次暴民同樣迅速集結，但沒有人知道他們從哪裡來的。

米鐵拉及其後續暴力造成的第二個效應，是讓穆斯林的歸屬問題重新進入民眾的意識裡。而且這次不只羅興亞人，還包括多數緬人口中的穆斯林——以往他們的公民權從未遭到質疑。在金飾店的爭執後，《緬甸郵報》（*Myanmar Post*）解釋店主是「一對非原住民族的夫妻，毆打一個來賣金子的人」。[16]在暴力衝突後的那幾年，我和不少穆斯林、甚至是有穆斯林親人的佛教徒聊過，他們都說要取得身分證愈來愈難了。他們去移民單位換新身分證時，官員都拒絕再像過去那樣將他們登記為緬人穆斯林。就連行賄也行不通了，而卡片上還會硬性加註新的國籍——印度、孟加拉或巴基斯坦，因為穆斯林一定不可能是純緬人。暴力也在法律層面進一步將緬甸穆斯林他者化，先前獲承認為原住民族的人，現在會被權威機構強烈質疑其歸屬主張。

從二〇一二年底到二〇一三年，身披袈裟的人士遊走各個城鎮：二〇一二年十二月是威拉圖在米鐵拉；次年二月底是維摩詰在敏拉（Minhla）對佛教信眾演講——仰光往北那條危路上的十一座城鎮之一——數週後，清真寺和穆斯林的住家付之一炬。二〇一三年九月在丹兌也發生同樣的事。威拉圖在卡曼穆斯林住家附近的村落對若開群眾演說，十月，那些住家便成為攻擊目標。威拉圖後來說他拜訪那些地方是為了緩和緊張情勢。我很難相信。他在米鐵拉的講道內容是公然要求佛教徒和穆斯林劃清界線，鞏固宗教分野，清楚表明雙方是兩個截然不同的群體，一個可以信任，另一個不行。然而這些僧侶永遠可以自我辯護，在緬甸盛行的上座部佛教詮釋中，要評定一種行為的是非善惡，關鍵在於意圖。如果目的是捍衛佛教，那採用的手段就必須依照那個目的來評估。因此在追隨者間，像威拉圖那樣的僧侶，並不被視為違背和平教義，反倒是在確保「和平方式」能延續下去。

我在二〇一三年四月動身離開威拉圖位於曼德勒的佛寺時，他拿給我一疊DVD和書籍。一本書的封面畫了一名少女，因看到一頭像狼一樣的巨獸露出尖牙而花容失色。不難想像那象徵著什麼意義。那天與我們同行的有一位幫忙翻譯的當地學校英文老師，還有一位二十八、九歲，幫我們安排會面的男子。他曾出家過，雖然已認識威拉圖一段時間，卻仍對他抱持的反穆斯林態度感到不安。他認為那種語言太極端，也擔心那會對兩個族群的關係造成不良影響。

和威拉圖的對話持續將近兩小時。拜會結束時，我們循原路出去，再次經過那些被殺害的佛教徒照片牆。四月曼德勒的天氣炙熱難耐，我們直直往路邊攔計程車，想逃往涼快的地方去。但在這段路上，翻譯員驚呼她對住持提供的豐富資訊印象深刻。我嚇了一跳。我的想法與她恰恰相反：威拉圖很多說法顯然毫無根據，連質疑都沒什麼意義。她相信全國所有強暴案都是穆斯林幹的嗎？她不確定，但已經了解到緬甸佛教所面臨的嚴重威脅。

我們一到馬路上就分手了。幾天後我回到仰光。不久，我的手機收到一則訊息。「我看了威拉圖的DVD，覺得非常生氣。他們奪取我們的空氣、水、土地；他們大行恐怖主義！」訊息是安排會面的那個年輕男子傳的。不過幾天前，他還認為那名僧侶是危險的煽動分子，現在竟然只需一片DVD就能扭轉他的看法，引他關注假想敵。宣傳的力量可見一斑——用一條簡單的因果鏈就把佛教、民族和個人的命運牽連在一起。那裡頭警告，若不加以遏止，國家其他地方發生的事情很快就會對數百哩外人民的安全造成影響。難道是這樣的連結，讓那股恐懼從若開邦躍入國家中部的城鎮，把鄰居化為敵人，將原來的民主支持者轉變成好戰的民族主義者，擁護在其他方面與民主背道而馳的信念嗎？又或者，每爆發一次衝突，都再一次提醒老問題尚未解決？或許是暴力衝突和隨後傳播的資訊，讓佛教徒注意到他們和穆斯林之間有著不可解的差異，不僅讓他們憶起過去，又將修訂後的意義帶入現代。

那位年輕人沒有暗示他支持攻擊行動，但他的「頓悟」證明，心理戰可能開始發揮效用了。如果暴力是為了抵禦那些意欲侵奪空氣、水和土地的人，那不參與暴力的代價可能非常巨大。威拉圖一直強調他從未鼓動攻擊，他在講道時也不曾呼籲信眾拿起武器。但他確實鋪下了容易著火的引信。

當然不是每一個人都買恐嚇的單；隨著暴力開始擴散，有人發起小規模的草根運動反擊錯誤資訊。有看著人們墮落成劊子手的米鐵拉佛教徒表達對攻擊的厭惡，也對煽動攻擊的目的表示懷疑。也有人冒險保護逃離的穆斯林，帶他們回家或佛寺裡，阻擋咆哮的暴民。

其中一位是威圖達（U Witthuda）。當二〇一三年三月底暴力造成的傷亡人數節節上升，更多家庭逃離家園時，這位住持打開了佛寺的大門。他們沿著那條塵土飛揚的路，從米鐵拉的鬧區步行三哩而來，一開始差不多十人一群，接著變成數以百計。不論佛教徒或穆斯林，沒有人被拒絕，在住持監護下，他們於周圍城鎮分崩離析之際進入佛寺避難。

暴力衝突兩年後的一天，我前往拜會威圖達。整座亞達那烏佛寺（Yadanar Oo Monastery）沐浴在清朗的陽光中，而在圍牆內，十多歲的年少僧侶靜靜過他們的日子。那裡有股動人的寂靜。路上來往的車聲，早在我抵達寺門前就消失了，這會兒只聽到鳥兒在歌唱，牠們在院裡遍植的樹上築巢。我們一進入，威圖達便慢慢向我們走來，臉上掛著好奇的微笑。我們跟著他進入正殿，坐在地板上；我和翻譯同邊，與住持面對面。我請他回憶那幾天的事，他點了根雪茄，以僧侶特有的慎重、近乎催眠的語調娓娓道來。

佛寺附近有間警察局。但在暴力衝突時，警方沒有接到命令要保護逃到附近的穆斯林，所以拒絕了他們。威圖達告訴警官可以叫他們去他的佛寺，而他們去了：第一天四十人，第二天將近四百人，到了第三天，裡面已經有八百人，還有更多人來。他請寺裡的人協尋其他還躲在附近的人，於是他們每天早上、下午和晚上都從佛寺出發，四處尋找。「有人藏身稻田，有人躲在樹上。他們都很害怕。」那位高僧回憶道。

> 我也請到寺裡避難的人打電話給親人過來待在這裡。有人告訴我這位、那位親人根本嚇壞了，完全不敢離開家，所以我請一些人去把他們救出來。

第一天抵達的群體中，包括引爆點本人——和佛教徒顧客起爭執的那家穆斯林金飾店老闆及其家人。威圖達曾住在那家店附近，認識老闆的兒子，所以當那家人到來時，他親自引領他們進入寺內。但那家人抵達的消息很快引來不對的人。三月二十一日清晨，一群人聚集在門外。

「他們要求我：『把寺裡那些穆斯林交出來。』」他拒絕了。「我是在幫助遭遇困難的人。我辦不到。如果你們要抓他們，得先殺掉我。我沒辦法把他們交出來。」最前面的兩個人開始大叫：「你是誰？你是穆斯林和尚嗎？」但是住持說，他的佛寺裡有大約三十五名僧侶。「那些僧侶就站在我旁邊，所以那群人不敢進寺裡，只好轉身離開，從此沒有再來。」

到了第四天，共有九百四十人在寺裡避難。兩個社群一開始分開生活，後來又慢慢混在一起了。頭兩天，許多穆斯林沒有吃東西。「他們驚恐萬分，後來才告訴我，剛到這裡時，他們以為我是要把他們集中起來統統殺掉的。」

他們的恐懼很快消散，開始願意吃東西，但有幾天情況混亂。有些酗酒的人因為沒有酒喝，半夜大吵大鬧，劃破大家在地板縮成一團睡覺時的寧靜。好幾位女性在寺裡生產。還有一位長者死於原本就有的疾病。威圖達認為是心臟病。他和家人同行，也知道自己的時日不多了。

我能說什麼？我覺得是他的命運將他帶來這間佛寺，讓這裡成為他最終安息之地。也有些命定要以這間佛寺為出生地的人，在這裡出生了。你可以從這個角度來看，對不對？我們不知道我們會在哪裡出生，哪裡死亡，對不對？

在米鐵拉暴力後的那段時日，有更多佛寺開始湧入人潮，鎮外的難民營也迅速膨脹。一所學校兼作穆斯林的避難所。二〇一三年四月初，我去那裡拜訪一位母親，她年輕的兒子在米鐵拉空前慘烈的屠殺中，甚至可說那一年緬甸中部死傷最慘重的一場屠殺中喪命。當時他二十六歲，在明格拉札萬區的喜馬雅托伊斯蘭男孩寄宿學校（Himayathol Islamic）教書。那年三月二十日早上，那所伊斯蘭學校擠滿一百二十名學生，年紀最小的才十一歲。他們已得知金飾店所引發的衝突，也知道大批武裝佛教徒正在街上遊蕩，所以把學校的門全部鎖起來。

在明格拉札萬西緣，地勢隆起、形成堤岸的地方，有一條路沿著堤岸開闢。堤岸另一邊則是米鐵拉湖的最北端。三月二十日傍晚，暴民開始在那條路上出現。他們朝鎮區而來，連在校學生都聽得到他們沿路挨家挨戶搜查穆斯林的聲音。學生只得逃出學校，三五成群躲在附近的長草叢裡，站在水深及膝的水裡過夜。[17]

日出前不久，更多人開始在堤岸上集結。由於地勢較高，那條路是俯瞰下面地區的制高點。利用汽車頭燈照明，聚在堤岸上的那些人充作鎮區裡武裝男人的嚮導，每照到一處穆斯林的藏身地，就大聲呼叫。乍聞喊聲震天，在草叢裡躲了一整夜的師生又朝學校的方向跑回去。他們躲在學校附近一間住宅區裡的屋子，待到天亮。成群結隊的男人包圍住宅區，開始投擲磚塊和著火的柴枝。師生還躲在裡面。二〇一三年三月二十一日上午八點一過，警方抵達鎮區，包圍住宅區，叫裡面的人出來。

我去避難所拜訪的那位女士是從其他同學口中得知兒子的最後時刻。她描述他們是怎麼在警方陪同下，雙手放在腦後走出住宅區。警官命令他們走到附近距學校約一百五十公尺的瓦均區（Oat Kyune）。「警察說他們安全無虞，」母親說：「有些學生試圖逃跑，但馬上被暴民抓住。」

他們被暴民拿摩托車的鎖鏈和棍棒打，又被拿開山刀劈。前文提到那位被僧侶拿長竿拚命毆打的男子，也是在這時被人從長草叢拉到空地。攻擊過程被一名路人拍攝下來，而在僧侶打了最後一下之後，鏡頭轉到右邊，排成一路縱隊的穆斯林在警察帶領下進入畫面。[18]後來提供給調查人員的證詞詳盡說明了排在穆斯林隊伍尾端的那幾個人是怎麼被抓出來打到斷氣，以及僧侶是如何煽動攻擊，強迫穆斯林跪在地上向他們膜拜。[19]那段影片也顯示警察隨身配備步槍，卻毫無干預的作為。

那位母親的兒子在走出住宅區時迎面遇上一群攻擊者。他們動手毆打。「學生告訴我他們看到他摔到地上，然後被長刀砍。」

那天早上，溫騰（U Win Htein）曾去過那條高坡上的路。那時他是米鐵拉全國民主聯盟的議員，在同年的補選中拿下席位。他在鎮上長大，非常了解鎮上民眾。三月二十一日早上，當暴民襲擊明格拉札萬的消息傳來，他從全國民主聯盟辦公室走了二十分鐘的路過去。「那天是最糟的一天。穆斯林少年藏身的屋子被緬甸群眾還有僧侶包圍。」他說的就是那所伊斯蘭學校師生最後藏匿的地點。

在穆斯林年輕人和緬甸暴民之間，有警察站在那裡。當時是早上八點左右。我問分區警官和警督察有沒有擴音器。他們說有。那你們為什麼不吼一吼那些人呢？但他們沒這麼做。有人越過警察線，把一些年輕人拖出來打，當著我的面殺害他們。我試圖阻止，但那群人的老大說：「別干涉！」警察過來叫我退後，否則也有危險。

他隨後前往拜會剛抵達鎮上的曼德勒省首席部長。他們只談了半小時，然而兩人的對談很快就激昂起來。首席部長告訴他，已經發布命令「減輕人民損害了」。溫騰反駁說，在他們說話的同時，「同一個地區已經有二、三十人被殺了。」

溫騰也開始懷疑警方毫無作為的原因。那天早上派往明格拉札萬的警官，擺明讓武裝分子可以穿過他們找出躲在屋子裡的穆斯林，再帶到外面打死。他研判，可能有幾個動機。

一是警方接獲什麼也不做的命令。二是沒有獲得任何指示。我不知道是哪一個。為什麼有第一種可能呢？因為政府希望問題愈滾愈大。議員，尤其是我，代表著米鐵拉的人民，高層希望人民覺得我沒有做事，以至於無法解決問題。他們希望怪罪於我。

二〇一三年三月二十日稍晚，珊達爾也抵達明格拉札萬。她到的時候，警方已經離開。她也去了那條路，那時群眾仍在給下方的殺手指引。「我可以看到穆斯林躲在自己家中。有些人朝佛教徒丟石塊，但佛教徒有刀，而且見什麼燒什麼。」她可以看到伊斯蘭學校的遺跡，以及曾是住家的建築殘骸。而站在堤岸上，她還看到堆成一堆的屍體。「跟我身高差不多，城裡最大的一堆。」而就在她俯瞰的時候，她看到一個人拖著一具男屍過去，把它扔到其他遇害穆斯林的屍堆上。在那座層層疊疊、已有一個人高的屍堆中，包含伊斯蘭學校的師生，或許我拜訪的那位母親之子也在其中。她知道他已經「火化」，但不知詳細經過。

等了一段時間後，珊達爾離開了。她兩小時後回到那裡。太陽已經西下，只留下朦朧餘暉籠罩那個地區，而火舌開始從屍堆竄出來。

「他們晚上就把屍體燒了，那時我還在那裡。」

第九章　鼓吹仇恨的佛教徒

溫騰向米鐵拉首席部長抗議三年後，我去他位於首都奈比多（Naypyidaw）的住處拜訪他，那是間小而簡樸、只有一個房間的公寓。當時是二〇一六年三月底，從暴民夷平明格拉札萬的那一天之後，緬甸已發生諸多變化。全國民主聯盟在前一年十一月的全國選舉中大勝，準備接管政府。仍是翁山蘇姬貼身助手的溫騰已被任命為該黨發言人。

在緬甸，反穆斯林運動的本質也演化了。在米鐵拉濺血事件後，九六九運動逐漸消退。二〇一三年八月，國家僧侶監察委員會——政府任命、負責管理僧侶的組織——發布命令，規定以九六九原則組織佛教網路非法，並告誡佛教領袖，不准再用九六九標誌做為佛教的象徵。那些貼紙開始從曾經裝飾的店面和計程車窗消失，追隨者也不再引人注目，隱沒於日常大眾之中。

於此同時，另一場同樣由僧侶帶頭分裂人民的運動已然興起，那展現了高水準的組織能力，有數百萬支持者，還能對政府最高階層發揮影響力。它最顯眼的數名名義領袖——其中有些來自九六九運動，包括威拉圖、維摩詰、雅辛・卡威・達扎（二〇一二年十月發布抵制穆斯林命令的住持）等人——鼓吹同樣排外的民族主義，鎖定伊斯蘭教為民族健康的大敵。但一如九六九，他們似乎也免於政治人物的批評——就連翁山蘇姬和全國民主聯盟都不願譴責那些身披袈裟男人的講道，就算那些內容似乎時常引起針對穆斯林的攻擊。

面對這個於二〇一三年六月、九六九開始式微後形成的新運動，全國民主聯盟顯得畏縮。該運動的正式名稱：種族、佛教與教義保護聯合會（Organisation for Protection of Race, Religion and Sāsana，或稱種族與宗教保護聯合會）呼應了一九三〇年代民族主義者的口號。那些是歸屬感論述演變成的三大主軸。該組織的簡稱「*Ma Ba Tha*」已為人熟知，民眾提到時無不畢恭畢敬。

「我們是兩歲大的男孩，」[1]威拉圖曾這麼說：「但我們是從天而降，不像凡人。我們是聰慧之人。」

該組織由僧侶和俗人共同組成，一度得以規避使九六九運動沒落的限制。它有自己的教育宣傳部（威拉圖領導）、法務部、會計部和一票精明的媒體官員，已然成為資源豐富、觸角遍及全國的組織。它網羅了較深思熟慮的僧侶和善於煽動的人物。但比其前身更甚的是，它的極端民族主義派系展現了恫嚇緬甸政治領導階層的驚人實力。

我告訴溫騰，國際媒體正形容全國民主聯盟膽小怯懦，因為該黨不願質疑威拉圖等人散播的訊息。當初為九六九頒布的禁令顯然不夠周延，因為同一批僧侶仍繼續大肆宣傳伊斯蘭有多危險，而政府完全不加譴責。這個指控令他苦惱。

「你明明了解我們的理由！」他反駁。「僧侶受人敬重。他們要守八戒：戒淫、戒非時食（過午不食）、戒偷盜、戒殺生，我們非常尊敬他們。」還有別的理由。「如果起了政治上的爭執，我們會覺得自己犯了惡行；不僅對他們，也對我們自己。那不是怯懦，只是避免不必要的爭執。那是自我保護。」

全國民主聯盟天生受人尊崇。這既是福，也是禍。全國民主聯盟於一九八八年成立時，就再也沒有人懷疑一旦軍方垮台後，它會接管政府。就此意義而言，該黨儼然是民主的代名詞。嘗過一九九〇年選舉勝利卻被宣告無效、翁山蘇姬被軟禁在家的苦頭，該黨不必再玩困難的政治遊戲——一面和競爭對手談判、妥協，一面避免流失支持的基礎。在大批追隨者的心目中，它已接近完美，代表著軍方不代表的一切。黨的群眾基礎廣大，橫跨種族、宗教與階級。但那也先天背負一個特別的重擔，當二〇一二年他們一進入國會、承接內閣職務、得直接面對形形色色的選民時，事實就很明顯：該黨無法讓每一個人稱心如意。二〇一三年，翁山蘇姬被任命為一個委員會的主席，負責調查緬甸北部鎮壓銅礦場示威群眾的事件——保安部隊朝抗議營地發射燃燒彈。燃燒彈濺散出的白磷，讓一百多人、包括僧侶，嚴重化學灼傷。她主持的委員會批評武力鎮壓和抗爭的根本原因——欺騙村民撤出自己的土地，被迫遷出的社區卻無法獲得收益。但抗爭人士關閉礦場的要求恕難照辦，翁山蘇姬說。這麼做會危及和中國的脆弱關係——委員會主張——並傷害緬甸的國內經濟。

於是，長久以來看似不可褻瀆的翁山蘇姬，招致礦區附近社區居民的嚴厲批評。「有時從政者必須做人民不喜歡的事。」她告訴他們。任命她擔任委員會主席，似乎是登盛政府的精明布局。雖然造成傷害的是軍方掌控的保安部隊，她卻成了代罪羔羊。

這個事實愈來愈明顯：全國民主聯盟對於九六九和種族宗教保護聯合會的立場，在意識形態上與軍方雷同。由此看來，翁山蘇姬對軍方或許真的別有利用價值。假如她譴責自詡為緬甸佛教捍衛者的運動，那她就會被貼上親穆斯林的標籤，頓失支持；要是她繼續保持沉默，她做為民主鬥士的國際名聲就會受損。兩種劇本都不利於全國民主聯盟的聲望。

我問溫騰是否有必要進一步處理種族宗教保護聯合會某些僧侶所釋放出的訊息。該組織規章所闡述的主要目標，包含防止與種族及宗教有關的暴力，但威拉圖、維摩詰等人卻已著手進行一連串似乎意在加深宗教分歧、播下衝突種子的運動。他們繼續巡迴全國各地，透過Facebook和其他社群媒體散播反穆斯林的宣傳。也就是說，緬甸至今仍存在著暴力的可能性。這或許不僅已茁壯為緬甸最大的社會運動，大部分城鎮都還設了辦公室，並為其他團體的崛起開了先例，其中有些對穆斯林抱持更排斥的立場。溫騰看似不願就這個現實表態。

「我們有成千上萬個問題，穆斯林的問題只是千分之一。我們會根據我們選擇的優先順序來處理每一個問題。」這種迴避態度，反映出全國民主聯盟正採取何種途徑來處理一個迅速對其地位構成嚴重威脅的議題。把責任轉嫁到他處，似乎是該黨屬意的策略。「是你們媒體！是你們渲染這個問題，說我們除了這之外沒有別的問題。」他語畢。

全國民主聯盟掌權時，承接了一個制度和基礎建設全面崩壞的國家。在幾乎每一項發展指標裡，緬甸都落後於同區域其他國家。似乎唯有阿富汗可以挑戰緬甸「亞洲最缺乏活力國家」的寶座，歷經數十年的獨裁統治和經濟管理不善，它受到嚴重的侵蝕和腐化。在二〇一一年聯邦團結與發展黨主政之前，緬甸的醫療及教育支出合計不到總預算的三%。在聯邦團結與發展黨執政後，軍方一再針對國家北部和東部的族群反叛分子發動攻勢，在軍隊應該淡出的時候，又大大加劇了存在已久的衝突。於是，終止這些爭端的責任，落在二〇一六年上台的全國民主聯盟肩頭。此外，還有較日常的問題——忽視數十年的基礎建設所造成的電力持續短缺、重要部門資源匱乏等等。經濟仍被與軍方結盟的財團和巨頭把持，他們昔日的致富關鍵是倚賴與守舊派的臍帶關係，因此至今仍不願放手。

以上種種都有待全國民主聯盟矯正，我們也了解他們所承受的重擔和期望。該黨長期與軍方水火不容也是問題，因為數個關鍵部會仍由軍方控制：內政、國防、邊境事務等管理國家安全與施政的部會。以上單位似乎永遠動盪不安。假如全國民主聯盟真的要與軍事統治分道揚鑣，就必須修正這些林林總總的問題。

但那些挑起紛爭的僧侶，聲望卻愈來愈高，大眾對羅興亞人的憎惡絲毫不減，確實看來像當務之急。而且這不只威脅到穆斯林的安全，民族主義運動也巧妙地操縱宗教分歧來削弱翁山蘇姬的政黨。在全國民主聯盟競逐二〇一五年十一月選舉之際，種族宗教保護聯合會的高階人物，開始懇求追隨者支持與軍方結盟的聯邦團結與發展黨。他們的論點是，儘管過去胡作非為，但他們才是最能保護佛教的政黨。「別仔細審視那個黨。我們只需要關心誰會照顧我們的宗教，誰會在意我們社群的發展。」頗具聲望的種族宗教保護聯合會成員、高僧無垢尊者（U Bhaddamta Vimala）在二〇一五年六月的會議上告訴組織裡的一千多名僧侶，此時距離選舉僅剩五個月。[2]

反觀全國民主聯盟，曾在二〇一四年十二月反對由種族宗教保護聯合會所擬定並大力推動的一系列帶有信仰和性別歧視意味的法律。「種族宗教保護法」（Protection of Race and Religion Laws）宣告多配偶制為犯法，並要求意欲改信另一個宗教的人須事先徵得官方同意。地方政府也被賦予限制女性生育率的權利，只要他們覺得轄區內可能會受人口過剩所害就能下令。由於坊間盛行羅興亞人意欲透過繁衍淹沒若開人佛教徒的說法，這條法律顯然針對的是特定族群。最後，佛教徒若要與非佛教徒結婚，須交輿論定奪——未婚夫妻必須公布婚事，看看是否有人反對。這顯然是要企圖抑制跨信仰的婚姻，因為眾人依舊認定女性佛教徒若想嫁給穆斯林男人，就必須改宗伊斯蘭，進而稀釋掉佛教人口。

於是，歷史似乎再次重演。早在一九三八年，第一波反印度暴動的幾個月前，現已停刊的《錫丹雜誌》（*Seq-Than Journal*）就曾這麼警告嫁給印度人的女佛教徒：「你們這些未能保護自己民族的緬甸女人……是民族毀滅的禍首。」[3]這樣的家父長制，似乎沒有隨時間衰退。種族宗教保護聯合會推動的婚姻法，乃繫於這個信念：為了保護女性的「自由」，不應給予選擇結婚伴侶的自由。「我們佛教的女性不夠聰明，保護不了自己。」佛教團體上部座達摩網（Theravada Dharma Network）的領導人在二〇一三年六月種族宗教保護聯合會提出那法案後這麼說。[4]

法律提案當然引發反彈，但反彈也付出了代價。草根團體聯合向政府請願，但反對那些法律的民眾隨即了解到，他們抗衡的運動是一頭全新的野獸。梅薩百縹（May Sabai Phyu）是署名發表聯合聲明、上書國會、請求駁回法案的民運人士之一。這位以努力中止性別暴力在緬甸享譽盛名的女權運動人士，曾在公開演說期間譴責那些法律，並告訴追根究柢的媒體，那些法條充滿歧視、倒行逆施。聲明發表一天後，種族宗教保護聯合會就在其刊物上登載一篇文章，將那封信的簽署人形容為叛國者。印著梅薩百縹等人相貌及詳細個人資料的海報，開始出現在各佛寺，海報上也再次加給她們叛國的汙名。然後，她的電話開始響了。

「如果妳反對種族和宗教法，妳會沒命。」電話那端的聲音這麼說。同時，手機訊息傳來被侵犯而後殺害的裸女照片。「他們告訴我，如果我繼續反對那些法律，我會像這樣被殺。」

她的手機號碼開始出現在成人網站，說她是應召女郎。男人開始打電話要她服務，有時一晚會超過上百通。暴露的照片和影片傳到她手機。接著家裡的電話也開始響了，她的孩子會去接。「妳媽竟敢反對那些法律？叫她當心！」聲音警告。

十多年來持續積極活動，反對軍方在緬甸邊境地區濫用暴力，梅薩百縹從未遇過像這樣的事情。威脅的內容充滿惡意又貶損人格，而且一再衝著她來。以往她的孩子也沒被當成目標。她和共同簽署聲明的同事，起初決定不要和種族宗教保護聯合會當面對談，擔心假如她們前往該組織位於仰光北部的總部，他們的對話會被錄影，說不定還會被動手腳，以利之後散播來敗壞她們的名聲。但之後僧侶親自拜訪，與梅薩百縹討論異議，而她也彬彬有禮地跟他們說話。但威脅仍源源不斷，她的公民社會網成員開始對她持續發表的公開聲明感到焦慮。他們擔心，那些警告或許會擴及所有跟她有關係的人。再一次，恫嚇作戰的寒蟬效應遠遠延伸到首要目標之外。

雖然全國民主聯盟投下反對票，但法律依舊過關。種族宗教保護聯合會已經能對政府最高層發號施令了。不過才四年前，軍隊領導階層對民意完全無動於衷，表達意見形同犯法。在這麼短的時間內，緬甸已發生劇烈變化，仇外民族主義隨民主轉型而崛起，意味著現在的新勢力已經有本事設定政治議程了。

種族宗教保護聯合會在法律上的成就，強化了民族主義僧侶和軍方盟友聯邦團結與發展黨間的共生感。該黨壓倒性支持那些法律，以換取僧侶的支持，角逐二〇一五年的選戰。緬甸選舉法禁止宗教干政的規定形同虛設，其他競爭政黨抗議種族宗教保護聯合會和執政黨過從甚密，但聯邦選舉委員會卻充耳不聞。其他時候，聯合會也會與聯邦團結與發展黨正面衝突，但每次都是聯合會贏，進一步加深一個印象：一股龐大的政治勢力已然成形，足以挑戰政府。二〇一五年中，登盛總統政府取消了一筆耗資三億美元的仰光商業區高樓開發案。幾個月前，聯合會曾抗議建築工程可能會危及備受尊崇的仰光大金寺（Shwedagon Pagoda）。聯合會贏得民意支持，揚言要在全國各地進行抗議，政府只好順應要求，補償開發商。

對全國民主聯盟來說，由於不支持種族宗教法，使該黨在二〇一五年選舉前的準備階段遭到嚴重詆毀。翁山蘇姬包穆斯林頭巾的合成照在網路上大肆散播，而全國民主聯盟雖已刻意不挑起反穆斯林的情緒，卻仍被指控在維護普世人權上太過強硬。明明是「天選」的緬甸佛教徒，但全國民主聯盟的保護根本微不足道。種族宗教保護聯合會鼓勵選民向每一名候選人提出六個問題，包括他們是不是佛教徒、是否支持種族宗教四法、是否想修改一九八二年公民法。[5]全國民主聯盟在選戰階段一直被死纏爛打，只好駁回十多位穆斯林成員的候選資格，其他政黨也一樣。全國民主聯盟沒有說明原因，但大家都知道這是要安撫種族宗教保護聯合會和其大批支持者，因為全國民主聯盟想大力爭取極其重要的佛教選民支持。在民主轉型期積蓄實力的佛教民族主義運動，已讓宗教主題帶有劇毒，不僅改變了原本強調包容性的政黨定位與組成，也重新塑造緬甸更廣泛的政治面貌。而全國民主聯盟和其他政黨決定阻擋穆斯林成為候選人一事，弦外之音眾人皆心領神會。為了確保平民的力量能在選戰中打敗聯邦團結與發展黨、確保在民主治理的路上向前邁出一大步，緬甸兩百多萬獲承認為公民的穆斯林人口，將在國會沒有任何代表。

那段時間愈來愈明顯的是，民主運動的發展已開始反過來侵蝕民主。在二〇一二年暴力事件之前，翁山蘇姬和全國民主聯盟向來是一股神聖不可侵犯的力量，任何對它的批評感覺都居心叵測，就連報導緬甸的外國記者也是如此；該黨唯一明顯的勁敵向來只有軍方。但現在，一如企圖在二〇一二年弭平宗教分歧的民運人士，也開始遭到昔日盟友接連不斷的攻擊，曾是民主運動重要支柱的流亡媒體組織也很快變成目標。他們從境外傳射的短波廣播和電視訊號是軍政府統治時期唯一獨立、未經審查的資訊來源，但如今因報導若開邦佛教徒所犯的暴行，他們已被誹謗成「親孟加拉派」。看來，民族主義理念的重要性已超過民主理念，或者說得更精確些，民族主義者正推動一種特定形式的民主，他們按照民族身分大幅限制民主的權利。這對大部分西方政府所支持的轉型版本構成威脅，因為對「包容性」累積的敵意，恰好讓那些無意看到民主真正開花結果的反動勢力占盡便宜。種族宗教保護聯合會編造的宣傳，特別是將包容性塑造成與國家主權和穩定發展相對立——因此也與佛教對立——已劇烈撼動民主改革這個曾看似相當團結的運動。

拒絕穆斯林參選、屈服於種族宗教保護聯合會，全國民主聯盟的行為暗示著，緬甸國內有股政治勢力比即將領導政府的力量還要強大。我對溫騰說，若未受到挑戰，種族宗教保護聯合會的成功恫嚇，恐讓他們未來食髓知味，施加更大的壓力。我問他，穆斯林議題是否過度誇大了，或它真的威脅到全國民主聯盟的選民支持度？更別說讓緬甸境內數百萬穆斯林受到威脅？

「這個嘛……」他回答：「那是因為穆斯林的遊說團體不僅勢力龐大，且富有得多，所以這個議題才會傳遍全世界。」

二〇一三年底，翁山蘇姬就曾因為發表類似有爭議的言論而備受批評。當時，一名BBC記者問她暴力衝突的根本原因為何，她回答：「我想，你會同意這個看法——穆斯林的力量，全球穆斯林的力量，十分強大。」[6]這似乎只是拐個彎來表達她很擔心全球性事件正對緬甸產生影響，彷彿緬甸國內的暴力不是在地的事，而是正在國界外上演的廣大脈絡的一部分。這句話也讓翁山蘇姬本身對緬甸穆斯林的立場受到仔細檢視。她在同一場訪問的前半段說道：「緬甸有許多溫和的穆斯林，非常融入我們的社會。」這話暗示她也可能把穆斯林視為外人，唯有佛教徒才可主張自己為國家的原住民。這樣的主張就是衝突的首要根源。

我和溫騰談話期間，他曾提到「自我保護」是不批評僧侶的理由。在一場至少從外界看來主要是政治性辯論，而非個人或黨派層次的爭辯中，他的答覆看起來是個奇怪的解讀方式。「我們相信輪迴，」他解釋：「反對高僧，我們可能會有報應。他們或許沒有恪遵佛陀的教義，但那是他們的事情。我們不指責他們，是因為我們不希望來世變得低等。」

這回覆感覺不怎麼恰當，不是因為我看不起虔誠信徒對業力的恐懼，而是因為那顯得自我中心。他和他的同事若仗義執言，有可能失去支持。但對於入閣時曾宣誓捍衛公眾利益的他們來說，現在公眾利益瀕臨危機，難道比不上他們的恐懼嗎？我把那個想法告訴他。「不，」他回答：「那在我們心裡。」

討論似乎就停留在這兒了。翁山蘇姬和全國民主聯盟決定避免批評僧侶、不去呼籲人們保護穆斯林，也許真的為她的政府擋住更猛烈的砲火，但這樣做不僅道德薄弱，甚至短視近利。隨著這種偏執愈益根深柢固，它難道不會變得更具煽動性，侵蝕掉民選政府可能帶給國家的穩定嗎？

種族宗教保護聯合會已經能夠把偏見編纂成種族宗教四法，它的自信也與日俱增。儘管它的反穆斯林姿態占據了大部分的新聞報導，但它擄獲的民意實有比那更廣更深的根基。種族宗教保護聯合會深知如何嵌入既有的社會服務和網路中，以填補政府的空缺；他們在全國各地進行社區活動，為長期遭忽視的選民提供服務。其聲量較大的成員所擁護的排外民族主義品牌，或許吸引了本來就對佛教危險處境感同身受的追隨者，然而帶給它最大吸引力、使該運動儼然成為一部巨型排外機器的，卻是它在其他地方的成就——通常取代了虛弱的地方政府。

隨著支持基礎愈益茁壯、愈益忠誠，有數百萬人將種族宗教保護聯合會視為畢生所見最有效的國家管理人，然而這股自信卻常以獨裁的方式表現。二〇一五年中，當洪水淹沒緬甸北部廣大的地區時，種族宗教保護聯合會擅自決定驅趕考林鎮（Kawlin）當地的一個援助團體，因為他們不跟自己配合，接著再自己接掌援助受災者的責任，而鎮方官員不敢有意見。種族宗教保護聯合會分飾兩角，既是左右國會立法的全國性龐大利益團體，也承擔地方政府的責任。它的慈善工作為長期遭忽視的社區提供至關重要的服務，也藉此將它的觸手伸到全國各個角落。我前往拜會聯合會設在仰光北部的總部，詢問他們如何籌措顯然已大筆消耗掉的資金，例如讓刊物在全國各地傳播，購買存糧和藥物分發給災民和其他貧困佛教徒，還能預訂廣大的公共集會空間——可容納三萬人的仰光杜瓦納足球場——好在二〇一五年十月慶祝種族宗教法通過（當時場內座無虛席）。他們告訴我虔誠佛教徒會大量捐款給寺廟和佛寺。這些屬於「慈善與儀式」支出，緬甸人家會不吝重金投入，希望「積德」，讓下輩子好過些。種族宗教保護聯合會取得至關重要的佛教領導地位，能對信眾發揮影響力；許多人不僅將它視為能夠保衛佛教的團體，還認為它的作用足以取代他們所知道那些無視人民又濫用暴力的政府機關。

「我們有許多捐助人，」總部一位男士這麼解釋。「僧侶請民眾捐獻，他們會捐——不分貧富。」他舉起一手，指著手腕。「哪怕是窮人也可以捐一支手錶。」不久前，一家黃金公司捐了一塊市值將近七萬美元的黃金。「他們相信善有善報。」

種族宗教保護聯合會和九六九的迅速崛起，讓緬甸許多人措手不及，但那一點也不意外。此類在轉型期出現的民族主義運動，都是民主化的直接產物。那些運動試圖直接點出迅速變革的後果——動盪不安，傳統式微，實施不熟悉且危及社會凝聚力的規範、衝突和崩解——充分利用了民眾的不安。隨著獨裁統治逐漸停擺，而新資訊管道爆炸性發展——這對緬甸是一大關鍵，二〇一一年後網際網路迅速普及，社群媒體使用人口劇增——那些運動都可納為己用，散播恐懼。若「新獲公民權」的選民威脅到傳統的秩序與地位呢？他們說，緬甸有種延續性被英國人打破了，如今在翁山蘇姬和她的政黨暗助下，又要被伊斯蘭給瓦解。種族宗教保護聯合會僧侶明確闡述的和諧社會之願景，一種宗教或族群一致的願景，在支持者心目中不是倒退，而是回歸熟悉又安全、佛教至高無上的理想過往。在面臨巨變的時刻，聯合會正是因為牽制了趨向開放的動力，避免開放所招致的危險，因而愈來愈受歡迎。這種對過往的重新想像，有助於向民眾推銷一種深刻的保守主義，因為那把安全與排外綁在一起，並允諾一個像舊秩序那樣安定而純淨的秩序。九六九和聯合會僧侶從二〇一三年開始散播的大眾意識形態能夠生根與擴散，正是因為切中了民眾潛伏的焦慮。而要利用這股焦慮，沒有比民主化初期階段更好的時機了。緊張不安的政治菁英亟欲保住權力，導致跟草根民族主義的支持群眾趨於一致。這些運動把緬甸的命運和佛教銬在一起，不支持佛教的人——穆斯林也好，持異議的佛教徒也好——就是不支持民族大業，因此對緬甸和緬甸人民構成威脅。正因如此，那些挺身反對以上訊息的人，會發現自己已被佛教運動給鎖定，不僅被貶為佛教的敵人，甚至性命受到威脅。

苗（Myo）是其中一位。他是曼德勒穆斯林跨信仰運動的年輕成員，說話溫柔親切。他在二〇一五年七月底於曼德勒舉辦過研討會，邀集僧侶和比丘尼共商如何走上和諧的路。一年前，佛教徒與穆斯林之間的暴力衝突襲擊城市。但或許比兩年前衝突更甚的是，這一次顯然有更高層的組織力量在運作。又一次，引發衝突的是這則消息：一名佛教徒女孩被兩名穆斯林茶館老闆強暴。指控最早發布於緬甸語新聞彙整網站「Thit Htoo Lwin」，但威拉圖運用他當時已相當突出的社群媒體聲量推波助瀾，結果消息迅速傳開。這位住持在自己的Facebook上寫出茶館的名字，隔天暴民便在外頭集結。但有關單局後來指出，指控乃子虛烏有，有兩個在地男人付錢要女孩編造故事。

那兩個男人的身分、代表誰的利益，始終不見分明。翁山蘇姬原訂兩週後來鎮上爭取民眾支持她成為總統的憲法改革。或許，這是為了讓她的活動難以遂行。無論如何，那些謠言催化出一場為期四天的攻擊，造成兩人死亡：一位佛教徒、一位穆斯林。珊達爾，也就是一年前曾目睹米鐵拉慘案的記者，也見到那位佛教徒的臨終時刻。吞吞（U Tun Tun）在暴力的第二天，也就是二〇一四年七月二日午夜被殺，一群穆斯林赫然出現在可通抵曼德勒商業區清真寺的那條路上，手持刀棍，把他從摩托車上拉下來，打到斷氣。隔天，換成五十一歲的穆斯林梭民（U Soe Min）被一群佛教徒男人從自行車拉下來攻擊。和前一年米鐵拉的情況雷同，在這段期間攻擊穆斯林房屋的暴民，和在地居民素不相識。在目睹吞吞死去後，珊達爾前往威拉圖住持的摩梭因寺。當時是半夜，她卻見到一群僧侶和居士在外集結，手持棍棒，準備沿街出發。她開始攝影，而其中一位僧侶向她走來。「不准拍，」他告訴她：「再拍我就殺了妳。」她注意到他番紅花色的袈裟裡面，穿著牛仔褲。

事隔一年，苗在研討會中開始討論佛教「正語」的概念：要求信徒不妄語、不兩舌、不惡口、不綺語。這看似反映現實，因為種族宗教保護聯合會持續挑撥的辭令和穆斯林為惡的謠言，前一年已在曼德勒引發衝突。苗知道其中一位比丘尼是威拉圖的助理。研討會多數與會者都願意參加討論，但討論進行期間，那位比丘尼始終靜默不語，他不以為意。數天後，他手機開始收到一連串訊息。

「去你媽的卡拉。」第一則這麼寫，用了那個反覆拿來形容羅興亞人和其他穆斯林的貶義詞。「給我停止，」隔天另一則傳來：「你想死嗎？竟敢對我們的僧侶施壓？」苗兩則都沒有回覆，但不免焦慮起來。然後第三則來了。「你是什麼東西，可以教導我們的僧侶？不要臉的卡拉，你死定了。」收到第四則後，他匆忙逃離曼德勒躲起來。警告寫著：「我們明天見。」

不論那些訊息是誰發的，發訊者都相信苗的研討會是企圖讓僧侶和比丘尼反對種族宗教保護聯合會。在仰光躲藏時，他開始收到沒顯示號碼的電話。電話那頭的聲音不斷咒罵他，笑他逃跑。他常覺得自己是被令人聞之色變的軍事情報局便衣官員跟蹤。有不認識的男人尾隨他穿過大街小巷，或在辦公室外徘徊。「當種族宗教保護聯合會發現你做了對他們不利的事，就會告訴軍情局。」他說。他從來沒報警說自己受到威脅，因為他知道就算報警，警方也會告訴他，繼續從事跨信仰運動太危險，進而強迫他停止。所以他繼續單獨行動，相信種族宗教保護聯合會和緬甸的保安當局會以某種方式共同行動。

在苗受到簡訊威脅後幾個月，我跟他約在他曼德勒的辦公室碰面。我們談話時，有個年輕僧侶坐在他旁邊，當苗略述讓兩個社群言歸於好的嘗試已招致哪些危險時，該僧侶在旁靜靜等候。苗解釋，那位僧侶也投入跨信仰工作。緬甸的修道組織絕非一言堂，也有許多僧侶在暴力蔓延後開始對極端民族主義僧侶的張牙舞爪做出明確反應，援引苗曾試著闡明的「正語」概念。

接著我向年輕僧侶發問，他說到他的工作讓他怎麼被老朋友孤立，包括僧侶圈子外的朋友。他說，面臨如此劇烈的宗教分歧，任何呼籲和平的言論都被視為支持穆斯林的信號。那位年輕僧侶曾在二〇〇七年九月燃料成本暴增所掀起的一波反軍政府怒潮時，和數萬名僧侶一起遊行示威——人稱「番紅花革命」（Saffron Revolution）。但當時他就對許多僧侶的目標感到懷疑。

「那些僧侶對民主了解不多。他們關心的是汽油價格。」他說：「多數為民主奮鬥的人並不了解民主。他們認為那代表你可以更換政府，然後為所欲為。僧侶們不喜歡軍政府，但也沒有任何替代方案。」

事實或許真的如此。在緬甸，民主通常被描述為一種結束軍事統治和其衝突的手段，換句話說，讓全國民主聯盟獲選執政。除此之外還有什麼，又如何在調解不同民主版本的過程中往前走，似乎沒有人深思過。但那位年輕僧侶的話似乎太嚴厲了些。不少僧侶在抗爭後的鎮壓中喪命；那次抗爭能動員數萬名各種信仰的民眾，僧侶功不可沒。緬甸語的「杯葛、抵制」一詞是「*thabeik hmauk*」，意思是把托缽上下顛倒。在二〇〇七年九月幾場示威抗議的最前線，數排僧侶就做了這個舉動，把上了亮漆的缽倒過來，表明不接受將國家帶向毀滅的將領布施。他們反覆誦唸《慈經》（Metta Sutta），祈求佛陀之慈心渡眾生苦厄。他們為了促成改變，使用佛教各種象徵，結果遭到槍殺。

但確實，今天高聲量的僧侶正在宣揚完全相反的訊息，而那個訊息將侵蝕追求民主包容性的動力。苗不是唯一一個因批判種族宗教保護聯合會而被騷擾的人。在曼德勒，簡訊傳入苗的手機不久後，另一位穆斯林跨信仰運動人士開始被警方跟蹤。二〇一五年七月中旬某一天，昭昭拉（Zaw Zaw Latt）接到警察打來的電話，叫他前往曼德勒商業區的一間咖啡館，刑事調查局的官員找他。一到那邊，三十一歲的他便被訊問 Facebook 上一張他持步槍的照片。那是在二〇一三年拍的，他代表跨信仰運動前往克欽邦拜會因軍隊和克欽人叛軍衝突而流離失所的基督徒，但不知怎的，在兩年後被挖出來在網上傳播。他被控和非法團體克欽獨立軍「非法聯盟」（unlawful association）接觸及在同一年赴印緬邊界時非法出境而被警方拘留。他的同事威玉拉（Pwint Phyu Latt）也在代表團裡。她在隔週被捕。

但事實很快明朗，急著要逮捕他們的不只是警方。一個月前，同樣的照片已經印在《*Atu Mashi*》雜誌中，那是種族宗教保護聯合會的兩大刊物之一，留有相當大的專欄空間專門用來詆毀佛教的敵人。那篇由「摩梭因學者」（威拉圖擔任住持的佛寺）撰寫的文章，標題為〈相片證明佛教受到威脅〉。作者搜遍昭昭拉的臉書頁面，貼出十一張據稱能證明他有意傷害佛教的照片。其中一張照片是他穿著鞋坐在一間佛寺裡的椅子上，照片旁邊寫：「這是明顯的侵害之舉，使佛教文物蒙羞，傷害佛教徒的感情，並意圖煽動宗教暴動和反政府叛亂。」昭昭拉被捕後不久，他一個親戚跟我說，他每一次出庭應訊，都有聯合會成員到場。「他們會對威玉拉的母親施壓，還告訴親戚們，他們倆可能會坐七年大牢。」她回憶道。為期九個月的審判在二〇一六年四月落幕，兩人雙雙被判四年徒刑。

那不是種族宗教聯合會第一次如此有效地影響法律判決。二〇一四年十月，全國民主聯盟的資訊主任廷林烏（Htin Lin Oo）在演說中譴責激進民族主義與佛教合流。演說影片在社群媒體流傳，兩個月後他被逮捕，被控「傷害宗教感情」。他經歷七個月的審判，每一次他從牢裡被帶去面對法官時，法院大樓外都有僧侶要求從重量刑。這最終獲得實現。隔年六月，他被判兩年徒刑加勞役。聯合會的勢力似乎已強大到可以支配法官了。而在這些案件中，全國民主聯盟悄然無聲。聯合會似乎已對該黨造成強烈的寒蟬效應，廷林烏一被捕，全國民主聯盟就開除他的黨籍，放他自謀生路。

種族宗教聯合會能爬升至如此崇高的地位，不可能沒有政府的支持，但雙方到底存在什麼樣的連結，始終不明確。有政治人物和軍人捐獻大量金額給聯合會僧侶。二〇一五年中，一名陸軍上校捐了近八千美元給該組織的主席雅辛．提洛卡．比翁沙（Ashin Tiloka Bhivunsa）；[7]同年八月，聯邦團結與發展黨一名候選人捐了三萬一千美元給威拉圖，還把捐款的照片貼在Facebook上。[8]地方當局經常允許聯合會的集會，卻駁回其他民運團體的申請，包括訴求為宗教和諧的遊行。但以上皆不足以構成明確證據，好判定執政黨和種族宗教保護聯合會究竟在進行什麼樣的利益輸送。

由於欠缺事實，米鐵拉暴力後的類似事件開始引發揣測。一種論點是軍政菁英中的強硬派需要聯合會警告民眾：全國民主聯盟所領導的民主開放很危險。據知，已故的前工業部長，也是前軍政府領袖丹瑞的親信昂當（Aung Thaung），就曾在威拉圖於二〇一二年出獄後不久跟他會面。據傳二〇〇三年護送翁山蘇姬車隊行經德佩因鎮（Depayin）時遭受的攻擊，主謀正是昂當。那波攻擊共有七十名全國民主聯盟的支持者慘遭「武功大師」治安隊（Swan Arr Shin）所組成的暴民殺害——那些暴民多是年輕的貧民，支領酬勞或食物進行一日暴動。這支部隊據說是昂當的心血結晶。翁山蘇姬曾將他們比作「褐衫隊」（Braunhemden）——希特勒建立的準軍事單位，賦予保護納粹集會和攻擊反對黨的任務。[9]也許在米鐵拉、曼德勒等地突然出現的暴民也是「武功大師」，或更新的化身，為那些想要阻撓、或至少延緩民主轉型的人物效力。

緬甸政治有太多東西在黑暗中運作，只留給觀察者浮光掠影般的線索得以探知眾人爭奪的利益。究竟有哪些勢力驅動暴力，始終不見明朗，但種族宗教聯合會的政治影響力是如何在這麼短的時間內變得如此雄厚，確實有跡可循。除了得到聯邦團結與發展黨暗中支援來減損反對派獲得的支持，由於它的影響力遍及廣大人口，再加上批評佛僧內含風險，反對派總是拿它沒轍。這創造出一個不受侵擾的空間，讓它得以持續成長，政治光譜兩端的政黨都無法挑戰它。儘管在二〇一五年選舉前鼎力相助，聯合會卻沒有成功讓聯邦團結與發展黨繼續執政，全國民主聯盟贏得輝煌勝利。但在新領導人於二〇一六年初就任後，僧侶便開始全力施壓。該黨於二〇一五年堅定反對種族宗教四法，但次年執政後不久，便告知聯合國會議它無意尋求撤銷。在從反對黨轉變成領導者的某個時間點，它被迫翻轉立場。那四條法律穩如泰山。

雖然九六九運動無法持之以恆，種族宗教保護聯合會卻純熟地讓村莊、教室、媒體和國會都無法忽視它的存在。首先它在週日學校讓學生學習佛教的美德和保護種族及宗教的重要性。這些很快拓展成全方位的私立高中，期能培養緬甸年輕人成為虔誠的佛教徒。種族宗教保護聯合會看來已接手模範學校在邊境地區對基督徒進行的任務；他們薰陶年輕人，讓年輕人了解緬甸的民族大業。那些呼應了軍事統治時的學校課程：教科書開宗明義要莘莘學子發揚「愛國情操、團結精神，及維護獨立的志氣」。[10]其他約莫同時成立的極端民族主義團體更進一步實踐教育行動。緬甸民族網（Myanmar National Network）巡迴鄉村地區學校，在孩童面前解釋穆斯林在世界其他地方製造的恐懼。有人錄到這麼一場集會：一名老師舉起一頁報紙，上頭是敘利亞濺血的畫面，問說「這些暴力殺人事件是誰幹的？」孩子異口同聲大叫「伊斯蘭！」[11]

對種族宗教保護聯合會的訊息感到不滿的緬甸人，總是一再說到，該團體在教育程度最低的人口中支持度最高。緬甸全國讀寫能力的測量標準，未能說明他們觀察到的現象，因為有接近九成的緬甸人識字；重點是教給孩子什麼、怎麼教。我在仰光碰到一群十八、十九歲的學生，他們的求學階段都在公立學校度過。他們記得一種典型的授課方式：老師照本宣科唸了一頁又一頁，學生必須背誦，然後在考試時一字不差地照搬出來。問問題會被怒目以對，甚至被懲罰，所以他們不得不支付課後的學習費用，才能好好探問他們被教的是什麼東西。如果獨裁統治必須仰賴某種屈從手段，軍政府或許認為及早扼殺批判性思考有助於讓民眾安靜乖巧。結果往往證明是錯的。軍事統治期間，緬甸一再展現其豐富的反抗文化，還針對各種權力的運作方式進行批判性分析：在群眾抗爭中、地下運動和公民社會網的動員中、甚至是農民和農村居民默默的抵抗中。但似乎有上述以外的因素對種族宗教聯合會有利。我拜訪的那些學生，就展現了與學校課程南轅北轍的多元性。他們之中有欽人基督徒、撣人佛教徒、緬人佛教徒和緬人穆斯林，但那位緬人穆斯林說，她在仰光就讀的公立學校，每個孩子都必須參加佛教儀式。課程沒有分配多少時間讓學生理解宗教，只提到佛教在阿奴律陀統治期間於緬甸發展，但那確實複製了緬甸的族群階級。教科書通常將緬人呈現為從事貿易的生意人，其他明顯互異的少數族群則合併為一類，籠統地形容為農民和鄉下人。[12]除了意思一下，提到幾位參加獨立戰爭的少數族群英雄人物如何以緬人為中心協助建國，學生說他們對異族同胞事實上所知甚少，對其他宗教社群更是一無所悉。

「我們只覺得他們無足輕重，直到開始讀新聞。」其中一個女孩說到少數族群組成緬甸四〇％的人口，卻在課程裡顯得無足輕重，或許會被學生解讀為低人一等的象徵。

週日學校的成長似乎格外令人憂慮。在原已傾向認定緬人佛教徒高人一等的年輕人心中，再注入了滿是恐懼的宣傳，可為排外民族主義的進一步擴散奠定堅實的基礎。那些鼓吹分歧的僧侶地位崇高，對很多人而言他們的話就是金科玉律。溫騰就是明證，就連國家執政黨的高階政要都覺得批評僧侶存在高風險，擔心會有肉身和來世的報應。不論僧侶傳遞何種訊息，都不能隨便糾正，至少不能公開糾正。有了這個盾牌保護，種族宗教保護聯合會的強硬派便能持續拿緬甸的穆斯林開刀。

雖然我對衝突已有更廣泛的認識，但我依然不解的是，應該不能鼓勵暴力的僧侶，是怎麼將如此挑釁的辭令合理化。威拉圖在二〇一三年與我們碰面時表示，他從來沒有鼓吹對穆斯林施暴，他是用他的講道來「鞏固佛教」。但在他將穆斯林他者化——由聲望這麼高的僧侶進行這件事，影響勢必加倍——自馬提達推姦殺案發生這麼多年來，他與那些以捍衛佛教之名對穆斯林下手的暴民之間，真的沒有任何關聯嗎？

我問了帕摩迦（U Parmoukkha）這個問題。這位僧侶在緬甸中部一個「只住佛教徒、對其他宗教認識不多」的村落長大，已成為種族宗教保護聯合會最高權力圈子——中央委員會——裡的重要人物。他似乎已和權威機構建立密切關係，網路流傳著他和警方開會商討穆斯林被控傷害佛教徒案件的照片。[13] 每逢聯合會集會，他會上講台對數以千計的群眾致詞。但他也常批判聯合會與聯邦團結與發展黨過從甚密，這似乎為他們運動的特性提供平衡，使它不單是緬甸保守政治勢力遂行意志的工具。

跟很多人一樣，若開邦年輕女裁縫師遇害一事，讓他驚覺必須更密切審視伊斯蘭的教義。「直到那時，」他說：「我才開始了解伊斯蘭的歷史，以及許多佛教國家是怎麼轉變成伊斯蘭國家的。」

我是在一個炎炎夏日前往仰光北郊的馬圭教理佛院（Magwe Pariyatti Monastery）拜訪在那裡擔任住持的他。佛院占地遼闊，建築從筆直的道路旁退縮一段距離，路邊樹立的柵欄和門被用來做曬衣架，掛了數十件番紅花色的袈裟。帕摩迦是在二〇一二年六月的混亂後用功研究伊斯蘭的。從那些書籍中，他已經了解，伊斯蘭是東征的宗教。

> 且以印尼為例。佛教在二世紀抵達印尼，而從七世紀到十三世紀，那是佛教在亞洲的輝煌年代。但在那之後，伊斯蘭來了，佛教不到百年就衰退。同樣的事情也發生在若開邦布帝洞。

我問他怎麼看待兩百年前基督傳教士成功讓緬甸最北部和最東部的社區皈依。民族主義的怒火為什麼不會燒向那些人呢？他說他也擔心這個，但基督徒不具有穆斯林那種施暴的本領。他彷彿認為那是與生俱來的——要當穆斯林，就是要有侵略性。

「基督徒沒有想稱霸全世界，讓全世界都變成基督徒，但穆斯林從小就在清真寺接受這種極端思想的訓練。多數穆斯林都受這種影響。」

他從板凳底下抽出一疊海報。其中一張是一位年輕女性佛教徒鼻青臉腫還帶血漬的照片。帕摩迦認識她，她在不久前的一天晚上於仰光博德唐區（Botataung）遭到兩名穆斯林男子攻擊。她太窮，上不了法院，所以他協助她控告那兩名男子。我問他為什麼要給我看那張照片。「有人對她暴力相向。攻擊者和被攻擊者毫無瓜葛；無辜的女性遭到她根本不認識的人攻擊。」

這聽起來有點像隨機攻擊，但在那種充滿懷疑的氣氛下，不再有隨機這件事。究竟發生什麼事？捲入事件的雙方有何關係？一切都不清楚。對我來說，那也無關緊要。在我看來，更重要的是他怎麼解讀，因為那顯露了在緬甸民主轉型所引發的焦慮漩渦中，新的「事實」是如何代替「真相」，進而創造一種全新的模式來理解像這樣的事件。

帕摩迦身子前傾，說得慢條斯理，字字清晰：「那是激進主義。」我愣了一下。那佛教徒在街上攻擊其他佛教徒的事情又怎麼說？

> 佛教教義教導我們不可傷害其他人。所以製造傷害的人並未遵循佛教教義。沒有所謂激進佛教徒。我不知道那些自稱佛教徒而後攻擊別人的人是暫時信奉佛教，還是根本不信。

他這番話似乎意指佛教徒有某種開關，只要犯下違反信仰神聖性的行為，他們就可以踏出宗教的規範之外。這與他們對穆斯林施暴的說法呈現鮮明對比：穆斯林施暴是種天生、不變的邪惡；那是穆斯林的核心，因此無法根除。這可部分解釋那些宣揚「穆斯林是威脅」的人，為何不將穆斯林的個人行為與其族群脫鉤；對佛教徒來說，穆斯林的行為被認為是為了自己的族群效勞。馬提達推遇害一事，和之後流傳對該事件的詮釋，似乎都刻意凸顯了這樣的關聯性。

每當有不熟悉緬甸衝突的人開始深入了解這個議題，最困惑的莫過於佛教徒行兇的概念，因為那與佛教充滿理想、崇尚和平的說法背道而馳。正如伊斯蘭常和暴力連在一塊兒，佛教給人的刻板印象恰在另一個極端。所以乍聞僧侶這麼激烈的言詞與追隨者的種種行為，我們都不免震驚，甚至遠勝於聽聞穆斯林做出類似行為時所帶來的震驚。以上凸顯了一個我們自知有過的習慣：將遠方的信仰系統和文化精簡化，將人民歸入一個靜態的分析單位，賦予經挑選過的特性——包括好的壞的——以更容易解釋和理解異國風土。由於我們經常簡化民族文化與宗教信仰，這麼一來，便會失去其中所有的微妙之處和客觀性，這嚴重損害了我們對佛教徒行為（有時以佛教為名，有時不然）的理解。我們還會用一種不正確的基本論述來調和我們的驚訝：這些人已棄絕佛教教義，另闢蹊徑。但佛教歷史其實和其他所有宗教都一樣，也有浴血征服的過往，從昔日日本禪宗到今天緬甸的僧伽皆然。在當代斯里蘭卡，僧侶也唆使對穆斯林發動攻擊，其理由有著驚人的雷同之處：保護信仰。一如其他宗教，當佛教部署暴力時，它會自詡為正義之師，是為了確保永續生存而打的一場「正義」之戰。

但二〇一二年及之後的事件該歸屬「佛教暴力」，抑或是民族主義表現中一項基本要件呢？這很難說，因為那些試圖將「支持攻擊穆斯林」合理化的人，它們心目中的民族，已經和這種信念緊緊糾纏在一起了：你不能和他人不一樣。儘管如此，我仍想要問帕摩迦，一名佛教徒是否有可以施暴的正當理由；又或者，當一名佛教徒的行為與佛陀提倡的和平、行善相抵觸，自己對宗教的威脅會不會比伊斯蘭更大。住持對這個問題顯然覺得不自在。經典裡沒有任何說法可讓暴力合理化，他如此回答。但稍微遲疑片刻後，他繼續說：「當佛教來到滅絕邊緣，或許可以使用暴力。要是沒有佛教，就會有更多暴力，情況會比現在更糟。」

他說，佛教在緬甸尚未瀕臨滅絕，但已飽受威脅。他描繪了佛教淪亡後可能上演的末日劇本。「在佛教裡，所有搶劫、所有殺戮都被視為惡行。因此如果佛教不復存在，便可能出現這些行為並不邪惡的想法。到時就沒有人教導那些是不好的了。」若是如此，若是佛教教義蘊含的價值觀崩壞了，那些搶案、那些殺人案，便看似可以接受，於是社會將急遽惡化成無政府狀態。因此，當暴力可以防止更大的暴力——他解釋道——為了維護教義，某種意識形態的追隨者若脫離或公然違背了教義，是可以賦予他們正當性的。在緬甸，宗教認同與民族認同有共生關係，威脅一者就是威脅另一者，因此大大提高了急迫性，也讓人們有正當理由採取更激進的保衛方式。正是同樣的理由，在十九世紀驅使一群又一群僧侶攻擊英國軍隊。他們的訴求是讓佛教重回緬甸社會的核心地位，因為只要如此，便能重建緬甸社會最重要的和諧特質。

那似乎也是帕摩迦要傳達的訊息。但一如過去以保護主要宗教和族群之名逞凶為惡的暴民，這些僧侶似乎是在進行軍方數十年前即已開始的計畫：喬裝成團結的民族統一大計。歷史可能在緬甸如此脆弱的社會政治背景下重演——現在看來就在重演了——早在很久以前，種族宗教保護聯合會一再試圖詆毀的那號人物，就已經預言過了。

「心靈不革命，」翁山蘇姬曾在一九九〇年警告：「那些在舊秩序裡製造不公不義的勢力將繼續運作，持續對改革和革新的過程構成威脅。」[14]

從二〇一三年進入二〇一四年，種族宗教保護聯合會繼續壯大。但在曼德勒，在聯合會滿周歲後，某件事情開始轉變。暴民受到威拉圖等人煽動，於二〇一四年六月底晚上穿過城市，但不同於前一年米鐵拉等地的情況，他們沒獲得什麼當地人支持。於是他們前往摩光泰寺（Moe Kaung Taik Monastery）門外集結，呼籲僧侶出來加入他們。住持達瑪（U Dama）那天人在寺裡。他告訴我，不規則延伸的寺院院區是十九世紀一位穆斯林男士出資興建，他娶了佛教徒為妻，在敏東王（King Mindon）於阿瓦自立為王後，從那裡搬到曼德勒。敏東王宮裡有穆斯林，也賜地建清真寺。曼德拉從沒見過這樣的暴力，那裡也沒什麼引信可以點燃。換句話說，沒什麼族群仇恨的背景故事可用來動員在地人。

「他們大叫，有穆斯林在清真寺殺害僧侶，他們大聲呼救。」在外集結的那群人這麼喊。達瑪拒絕應和。那天稍早寺院曾有一些僧侶外出，在暴力一開始就看到一群人接近佛教徒和穆斯林，分別警告這場攻擊是由另一方策劃。僧侶回去後告訴達瑪，因此當那些男人來到門外之際，他已經起疑了。

> 大概有二、三十人，全都喝醉或嗑藥了。只有一個人講話，其他人垂著頭。他們告訴我穆斯林在殺害佛教僧侶，我說我不相信，因為你們全都醉醺醺的，而且不是本地人。

曼德勒暴力的斧鑿痕跡似乎太明顯了，使之無法在當地居民間生根發展。雙方的宗教領袖都要求迅速召開會議，防止暴力進一步擴散。而在此次攻擊事件後，警告穆斯林正在發動聖戰的威拉圖，後來承認自己未先查證年輕女佛教徒遭強暴的指控，就將消息在 Facebook 上傳播給數萬名追蹤者。

但在某種意義上，暴力背後的勢力確實贏得相當程度的成功。在曼德勒外面的村落，兩個宗教團體的成員都對彼此愈來愈焦慮，雙方也漸行漸遠。就算引發暴力的因素顯然是人為加工的，它喚醒的恐懼仍像漣漪般擴散到城市邊緣，影響那些比鄰而居、但未直接暴露於暴力的社區，在人群中注入之前未曾顯現的不信任。謠言開始傳播，那似曾相識的過程再次啟動：他處發生的暴力迫使個人退回自己的群體。在群體裡，他們可以在不確定的時刻尋得安定感，但如此一來，宗教差異再次擴大成分歧。二〇一四年七月在曼德勒暴力事件後不久，像苗那樣的跨信仰運動人士就是在這些村子開始試著修補分裂的歧見，這些村子也成了小型實驗室，測試不同的療癒方法來彌合社區內部。

第十章 種族隔離之邦

二〇一二年若開邦暴力的某種後續效應，起初埋沒在殺戮事件與實兌沿岸難民營的急速成長之下。若開邦北部地區，羅興亞人被逐出他們原本生活和工作的城鎮。位於實兌北方七十公里的皎道（Kyauktaw），當地市場原是兩個族群天天碰頭的地方，鎮上的醫院也醫治來自附近或周圍農村住家的病患。但在二〇一二年防衛界線重整以後，此景已然不再。進入皎道的道路都設了檢查站，成了羅興亞人行動的終點。他們逐漸被限制在自己的村落裡。現在，村子周圍架著一道看不見的圍籬。他們發現，任何試圖踰越之舉，都會被視為刑事犯罪。

在距離皎道兩公里的村子裡，住著一個名叫亞里夫（Aarif）的男人，他經營一家賣基本生活用品的小商店。[1]那年他有三個孩子，兩女一男，男孩子在二〇一一年——即第一波暴力前一年——出生。當還在媽媽肚子裡的孩子開始出現進入世界的渴望時，亞里夫便請來村裡的助產士照顧妻子。雖然僅受過初步的醫療訓練，助產士也感覺得到子宮的動靜，知道她臨盆在即。妻子坐上車，十分鐘後抵達皎道，在皎道的醫院生產。幾天後他們才回到村裡。

三年後，他的妻子懷了第四胎。那是二〇一四年，兩個族群相互隔離，周遭環境也大幅改變。她在年初懷孕，預產期是隔年一月。但她開始覺得不對勁，身體產生未曾經歷過的痛楚，而亞里夫再次請那名助產士來到村裡，在他們小木屋裡看顧妻子。子宮裡的胎兒還活著，但胎位不正。眼見妻子愈來愈痛苦，亞里夫通知村長，村長再打電話給皎道的衛生部門。於是，二〇一五年一月五日早上，讓亞里夫全然陌生、一場把妻子送去醫院的程序開始了。

二〇一二年的暴力衝突有多重的後續效應。將羅興亞人逐出皎道和若開邦的其他城鎮，意味著穆斯林在都會區的蹤跡被悄然抹去。他們被關在營區、村落和設了路障的少數民族區裡。亞里夫的鄰居再也上不了市場，不得不發展迂迴的貿易方式。他們找上個別若開人，讓對方以較低的價格跟他們買一籃子雞蛋或魚，再以正常價格在市場販售。給若開人賺取蠅頭小利，卻使羅興亞人原已微薄的收入蒙受損失。

但醫療方面所受的衝擊更具毀滅性。那天早上，衛生部門一接獲亞里夫妻子併發症的通知，便派員前往村子。衛生員在傍晚抵達——距離第一通電話已八小時過去了——證實了助產士擔心的事——胎位不正，需要動手術。衛生員離開，說會有人來協助。亞里夫夫妻等了一整夜，直到隔天下午一、兩點，救護車才在警方護送下姍姍來遲。夫妻倆爬上去，車子駛出村子進入幹道。數年前，兒子出生前夕，她在這個路口右轉，不用幾分鐘就抵達皎道的醫院。這一次，車子卻往左轉。

接下來的故事有好幾條支線，每一條都以自己的脈絡訴說著在幾波暴力衝突後，羅興亞人的情況變得有多嚴峻。救護車開了三小時，曲曲折折來到實兌——若開邦唯一一家設備充足且被准許收治羅興亞人的醫院。他們抵達時已近傍晚；從亞里夫打電話給村長到現在，一天半過去了。他記得和妻子手牽手從救護車走到醫院入口。她渾身顫抖但還站得住，接著兩人被帶進一樓某個房間。她還能向醫生說明她的問題，說完便躺在床上，讓醫生檢查。

「我們在下午五點抵達醫院。」亞里夫回想。醫生說她的情況非常緊急，問為什麼沒有早點把她送過來。當時三十一歲的亞里夫解釋自己如何經歷一場一拖再拖的過程，才終於把妻子送到醫院：首先他必須得到兩人旅行的許可；他呈報問題後，等了一天半，救護車才來，而車子並未右轉把他們送去皎道的醫院，卻往反方向再開三小時。但到達醫院五分鐘後，就在亞里夫坐在醫生診間的椅子上、而妻子躺在身邊時，醫生叫他離開。醫生已檢查過子宮，正退出床邊，告訴他來不及了。胎兒會死，他的妻子也會死。警方在診間外面等著把亞里夫帶走。兩名護士進來，把他的妻子扶起來站著，她神智依然清醒且還能行走，並在護士引導下走出診間，最後上了樓梯。警方命令亞里夫出院回到救護車上。車子開了三個鐘頭，載他回到村子。

不管醫病之間原本存在什麼權力關係，在那個房間，生病的婦人和有責任醫治她的男人間，特別的身分階級落差被徹底放大了。由於羅興亞人背負著特殊的包袱，亞里夫既不能質疑醫師，也不能質疑帶他出醫院的警察。他們無國籍的身分讓他們無法求助於法律行動，因為他們活在法律之外，不得享有法律賦予的一切權利。但那種被迫屈從的文化，已滲透羅興亞人與權威人士之間的日常互動，不論那是否和法律有關。這創造出一種慣例：羅興亞人不得表達任何意見，即便會深深影響自己。亞里夫始終不知道妻子在他離開後發生了什麼事，只知道她死了。不可逆的決定是別人做的，這種獨斷專橫，同樣反映出羅興亞人所面臨更大的問題。亞里夫回到村裡的隔天便接獲消息：妻子的屍體已被送去布梅，那是羅興亞人在實兌僅存的兩個社區之一。她將葬在那裡，與她的家人為鄰。他請村裡的警察允許他過去參加葬禮。警察拒絕，聲稱無法保障他的安全，他只得和三個孩子留在家中。他支付上救護車的費用——六十美元給車子、二十五美元給警察和警察的伙食、十五美元給司機——已耗盡他為寶寶存的積蓄。不過，已經沒有寶寶了。他的妻子則躺在他無法前往的城鎮泥土中。

二〇一二年六月之後，當實質的隔離切斷了若開邦佛教徒與穆斯林之間的互動，也同時加大了心理的分歧。我之前曾去帕達雷村的郭繆家中採訪，聽他訴說自己在實兌納錫區攻擊事件中扮演的角色，而幾個月後，我再去拜會帕達雷村的村長敏烏（Min Oo）。敏烏家離郭繆家不遠，他和妻兒同住在一幢架高的木屋裡。再次走過那個人口不到三千的村落蜿蜒的街道，我終於找到他的家。我們坐在架高的木頭露台上喝茶、交談。他和藹可親、表情生動，但照郭繆的說法，那時慫恿村民上巴士前往實兌商業區的人就是他。敏烏搖搖頭，否認那個指控。但他知道他的鄰居都去納錫了。「我算不出村裡有多少人去了實兌，」他說：「不只這個村子，附近村子的村民都搭巴士去了。那是令人提心吊膽的時代。全村都在擔心穆斯林會來。要是他們來了，不是我們殺掉他們，就是他們殺掉我們。」

雖然軍隊就駐紮在這條路一公里外的營區，但也不必妄想得到他們的保護。敏烏從暴力事件前兩年就擔任村長了。在二〇一二年六月之前，他處理過最棘手的問題是村民多達一百畝的農地被軍方徵收來拓展營區。他說，軍方恣意濫用權力，但他比較怕穆斯林。

我們聊了快一個鐘頭，他的兒子才回到家，上平台加入我們。他二十多歲，遺傳到父親寬闊的眼睛和咧嘴的笑靨。暴力衝突期間，他人在仰光一間佛寺。一如緬甸許多年輕佛教徒，他曾短暫出家，回家後才發現國家分裂了。他不再和穆斯林互動，對他們也沒什麼好話。「看到他們我會全身發燙。」他說，而他受不了身邊有他們存在。

他曾經有個羅興亞朋友，一個會來他們村子買米、偶爾會在村裡過夜的男孩。但他們的關係已被暴力瓦解。他只知道那個朋友跟其他數千人住在特喀平難民營，其他狀況一無所知。

我跟他做了兩年的朋友，現在想到他，我不會想跟他交朋友。他們很蠢。衝突之前他會來這裡過夜，什麼都沒問題。現在我們毫無瓜葛。他們的宗教很爛。二〇一二年以前我不會那麼想，二〇一二年以後我覺得他們很爛。

他知道他的朋友沒有涉入攻擊若開人的事件，但那無關緊要。在我們談話期間，昭然若揭的是他對他朋友的看法已因那些行動而徹底扭轉，雖然他的朋友除了隸屬羅興亞人外，沒有任何責任。「他身上流的血不一樣，」年輕人說：「我覺得他不壞，但就算他不壞，他的族群也很爛。那群人很爛。」

講到某一刻，敏烏身子向前傾並建議，如果我希望獲得解答，不妨前往梅宇河。過了梅宇河，便是若開邦北部，也就是穆斯林人數多於佛教徒、數十年前軍政府試圖用模範村扭轉局勢的地方。他的兒子鑽進屋裡，拿出一本書。書名叫《梅宇河在哭泣》（*Mayu River is Crying*），是前陣子在謬烏的一家店買的。書中詳述那個地區自二次大戰以來，聖戰者團體如何橫衝直撞，導致這數十年的變化，也列出一九六〇年代後每一個死於羅興亞人之手的若開人。「這本書是真的，」那個兒子說：「它描述穆斯林是怎麼入侵、摧毀整座村子、將之付之一炬。」

我沒有穩固的論據來質疑那本書。戰後暴力的紀錄洋洋灑灑，顯示出野蠻殘暴。以往我常因這種傾向而深感內疚：動輒同情在衝突中受創最深的一方，甚至會以懷疑的眼光看待另一方指控對方殘暴的主張。老是只有若開人被描述成行兇者，羅興亞人則被描述成被動的受害者。但沒有哪一起衝突是黑白分明的，受害者也可能是加害者。《梅宇河在哭泣》據說可以矯正那種敘事，但書中究竟哪些是事實，哪些是虛構，比起另一個引發的效應，就顯得次要了。像這樣的素材，提供了一系列滲透世代的回憶，讓年輕人據以理解當前的處境，例如村長兒子已判定他的朋友「流著不好的血」。曾經不是與生俱來的東西，現在成了天性。我不禁懷疑，如果村長兒子的行為，有一部分是被那本書和其他地方訴說的故事所觸發的，那麼這種想像中的邪惡，就被賦予了歷史尺度，讓二〇一二年的暴力衝突不再像是反常，而是某種常態的延續。

我坐在露台上聽那對父子說話，感覺兩個族群重修舊好的可能性愈來愈小了。二〇一二年之後，蔓延在若開邦各村鎮的分裂，取代了來自平日互動的資訊互補，所有潛伏的恐懼就此形成結晶。那創造出一種身體隔離助長心理隔離的惡性循環，久而久之，傷口癒合的可能性便蕩然無存。

「我不敢去穆斯林村落。」一提到距離帕達雷九公里外的羅興亞社區時，敏烏這麼說，而以往雙方的交流曾是尋常事。「如果我去，他們會殺了我。我不敢去。」

二〇一二年六月暴力衝突第一次爆發後，登盛總統派遣數營士兵到發生衝突的地區。儘管有人批評政府把若開邦軍事化，但軍隊似乎起了威嚇作用，因此很多羅興亞人歡迎他們，若開人也是。但他們不是那裡唯一的保安部隊。在二〇一二年後，若開平民也開始自組民兵維持秩序。從謬烏向南延伸的一條路上，有一連串羅興亞村落，居民已很少離開，因為他們不被允許進入城鎮，其命運與亞里夫及他皎道附近的鄰居如出一轍——要走同樣冗長的程序、花一樣多的費用才能前往實兌的醫院，而那對很多人來說根本不可能。直到二〇一五年初的一天晚上，謬烏南方的一個村落有人打架。有名男子被刺中左肩，刀傷深達兩吋。[2]他的家人叫了三輪車載他去更南邊羅興亞人仍被允許前往的一間小醫院。那裡的醫生沒辦法處理傷勢，男人仍血流如注，醫院只好報警處理，而警方決定用三輪車載他到謬烏的醫院。

這是罕見的判決，似乎反映了警方對羅興亞人相當程度的關照——平常根本聽不到他們在暴力事件裡有任何看法。但在車子接近城鎮入口時，一群拿著刀棍的若開人在路邊集結。似乎有人走漏風聲。他們圍住三輪車，警方命令他們解散，他們不從，所以警察打電話給謬烏鎮警局，鎮警長和其他數名官員都來到現場。他們和那群人溝通，那群人仍不願讓傷患通過。駕駛把三輪車掉頭，轉向回村的方向。當發動馬達時，那群人又擋住去路。警察勸了一個小時，那群人才放行，男人最後回到自己的村子，但傷口沒有處理。受傷很久以後，他的疼痛仍未消失，每當他去村子旁邊的田地工作一次，疼痛就愈劇烈。他不得不減少每天工作的時數，從九小時減為兩、三個小時，於是收入銳減。

以往，每當我聽聞警方以羅興亞人可能會被攻擊為由，拒絕他們進城時，我都不敢相信。我們很容易懷疑有更高層介入緬甸所發生的每一件事，畢竟軍政府是如此善於製造在表面上看似隨機發生的動亂。我常發現自己這樣想：或許根本沒有威脅，那些不允許羅興亞人自由行動的警察，正積極參與一個目的在限制羅興亞人生存的大計畫。但看到那些封住去路、不讓羅興亞人就醫的若開人，就知道事實不見得如此。若開人也是參與者，而雖然政府沒有要若開百姓一起行動，但雙方的工作事項似乎息息相關。這闡明了針對羅興亞人的力量，早在二〇一七年因種族清洗而徹底顯現之前，就已經結合在一起了。

若開人還以其他方式管理秩序。長久以來，國際援助團體的存在就是爭論的焦點。若開人相信，明明若開人自己也很貧困，援助卻不公平地集中給羅興亞人。二〇一二年後，隨著援助組織更常出現在難民營，全球目光又主要集中在羅興亞受害者身上，情勢變得更加緊張。若開人在二〇一二年前就已經覺得援助分配不均，而當難民營裡羅興亞人的基本資源供應逐漸被切斷時，又導致更多國際援助流向他們。診所只為營區居民設置；由於羅興亞人只能去實兌的醫院求診，在難民營設置診所是一種標準措施。但這又讓緊張加劇：羅興亞人和其他被封村的穆斯林，現在可以獲得國際提供的醫療——就算那相當有限——反而若開人沒那麼容易享用到。援助組織工作人員可安排救護車接運病患，若開人卻得自行前往。若透過帶著怨恨而看不到事實的雙眼來看，許多羅興亞人的境遇反倒因為暴力衝突而好轉了，獨留若開人繼續爭奪政府提供的破爛廢物。

二〇一四年三月，某個以實兌為基地的國際援助組織，有外國工作人員移除了插在辦公室門邊的一面佛教旗幟。幾小時後，若開暴民開始攻擊那間和鎮上其他辦公室，接下來幾天又搗毀有糧食和醫療援助的店面，以及運送援助品的車輛和船隻。他們從一地轉移到另一地，似乎事先得知非政府組織辦公室的地址。有三十幾處遭受攻擊，且愈來愈多人懷疑這是預謀的。在羅興亞人援助組織工作的若開人員工，其姓名在實兌附近傳開來，且被警告立刻停止活動；租屋租地給國際組織的地主，也被要求不得繼續。各組織只能開始撤出，工作人員撤至仰光。幾個月後，為羅興亞人提供援助的基礎建設，只剩下最原始的形式。

這個過程使實兌的地方公民社團得以對援助分配發揮影響力，而當國際組織重回若開邦時，援助供應鏈的面貌已迥然不同。租金上漲一倍，甚至兩倍，因為地主仍飽受不可把建物租給羅興亞救援組織的壓力。他們也有新的主管機關。緊急協調委員會（The Emergency Coordination Committee）由頗具聲望、在當地學校任教的若開長者丹吞（U Than Tun）主持。事實很快明朗：只要談到若開邦的穆斯林社群，他整個人就會激動起來。

> 首先要知道，這些穆斯林是非法的——至少有八成是。他們不是我們國家的人，他們來自孟加拉。他們自稱是羅興亞人，但歷史上沒有這種人。他們想要公民權，想成為族群團體。他們是騙子。以前根本沒有人見過、沒有人聽過羅興亞這個名字。

二〇一四年三月的攻擊事件是枚「定時炸彈，不是預謀」，他這麼說。若開人對援助分配不均愈來愈不滿，因此群起反制。但為國際非政府組織工作的若開人員工，早在二〇一三年底，鎮上再次爆發衝突前就受到威脅了。四處散播的傳單詳述這些援助組織的偏頗；若開當地的民族主義人士也找上組織工作人員，告誡他們該停止與國際組織合作。這些非政府組織來這裡沒有正當理由，那些人士說。許多員工因而離職。多年前，在若開邦運作的國際援助機構為得到當地更多協助，就曾建議設置類似緊急協調委員會的組織，但最終實現的版本和他們想像的南轅北轍。那不是由羅興亞人、若開人和國際代表共同組成的組織，丹吞的團體只有若開人。其他地方社團的聲量也愈來愈大，開始以自己獨特的方式安排援助分配，除了阻止援助送進營區，甚至幾度在救護車試圖載羅興亞人前往實兌就醫時封鎖營區門口。

幾波攻擊後的那段時間，援助分配都被政治化。那不再以需求為基礎，援助的對象不再是最需要的人，無法反映接受族群的弱勢，而是重新配置，刻意採五五分配，以安撫若開人。我向丹吞暗示，撇開一般人對羅興亞人的感覺不談，他們在擁擠營區裡的狀況——住在簡陋木屋和帳篷裡、一間廁所常有近四十人共用、居民大多仰賴外界援助等等[3]——確實表明他們需要的援助多於若開人。國際人道主義體系有個基本原則是：援助要提供給最需要的人。

「你這個西方記者來這裡教訓我：『人道主義、人道主義！』但不管在哪個國家，國家安全都比人道援助來得重要。」他回答。

他說，給予羅興亞人的援助已威脅到國家安全，因為那為「孟加拉人」創造了進入緬甸的引力。他們會受到援助事業提供的較好醫療和其他一切所吸引，進而越過國界。他認為，國際非政府組織也會給羅興亞人洗腦。「他們給孟加拉人一種政治心態。『你是羅興亞人，不是孟加拉人。這裡不是若開人的土地，是你們羅興亞人的土地。』」

當然，他們不是公民。他問我：我的國家英國，是否會給非法移民和完全公民一樣的權利*。我回答，一般來說——移民——不管是不是非法，都有獲得醫療的權利。他們固然不具有許多權利，但就醫的權利不會像二〇一二年後的羅興亞人那樣，受到全面性的縮減。皎道附近村落的當地人表示，即將分娩是警方唯一允許他們去實兌醫院的理由。其他疾病都在村裡治療，通常由訓練不足的衛生員以最初級的設備處置。丹吞搖搖手。孟加拉人的醫療狀況「沒有那麼嚴峻，」他說：「他們的醫療已經升級了，他們沒什麼需要擔心的啦。」

暴力衝突還有更多效應慢慢浮現。昔日達覺上校的指令清單特別針對的是羅興亞人，但二〇一二年的暴力卻像拖網一般，將若開邦所有的穆斯林社區一網打盡，將他們歸併為同一類，使卡曼人也開始遭受前所未有的特別待遇。暴力創造了自己一套非正式的規範：誰可以去哪裡、誰可以享有什麼權利，而那也抹去了不同穆斯林群體間的差異，讓身為緬甸公民、

* 譯註：當時緬甸法律將緬甸公民分級為「完全公民」（full citizen）、「準公民」（associate citizen）和「歸化公民」（naturalized citizen）。

若開人明知道在緬甸已有數百年歷史的卡曼人，也被納入不受歡迎的行列。

在實兌往北的一條路上，有個名叫廷加（Thinganet）的村子，與一座廣大的軍營為鄰，該軍營曾往西占據原為帕達雷村農民所擁有的土地。廷加跟緬甸這地區的許多村落並無二致。房屋的牆壁是用格子木板組成，不知怎地就是耐得住每年滂沱的雨季，居民每天天一亮就聚集在一條狹窄街道旁的小市場，魚啊、蔬菜啊、肉啊，五彩繽紛地擺在被烘烤過的鋪墊上。這是卡曼人的村子，以往農民常把貨物帶到實兌的市場賣，價錢比在村子賣好。這件事情溫（Ma Win）已做三十年了，她天天都在村外搭乘巴士或三輪車去鎮上，下午帶回當天撫養一家人的所得。

「市場裡所有族群和宗教團體都混在一起工作。」她這麼說二〇一二年暴力發生前的情況。「一切正常，我們會交際。我們是姊妹，我們會分享點心。」

實兌出事後那兩星期，廷加村民停止進城。溫在暴力衝突的第一天有去，馬上被一群武裝若開人警告，要她立刻離開，因此明白到鎮上有危險。但不去市場，她就失去收入。到了二〇一二年六月底，她身無分文了。一天早上，在被武裝男子勒令離開鎮上三星期後，她於六點左右離開村子。其他村民也需要生活補給品，他們給她六十美元和一張採購單。

我沒有任何收入，養不活我的孩子，所以我從菜園摘了些蔬菜去賓兌賣。當天市場非常忙碌，但我沒看到半個卡曼人或羅興亞人。那時還很早，只有若開人在那裡。

她一擺好攤子，就有一群女人靠過來，過去三十年，她們都跟她一起做生意。

她們在我賣菜的時候過來，問我為什麼在這裡賣菜。她們是從市場裡面、我們以前賣東西的地方出來的。我說因為我賺不到錢，沒有收入。她們說：「妳是卡拉，你是卡曼人！」然後抓住我。兩個女人抓住我的手，三、四個人拿棍子打我。足足打了一個小時。我連路都沒辦法走了。我跌在地上，警察過來把我載去警察局。他們偵訊我偵訊了半個小時，然後把我送回村裡。我的眼睛、我的臉、我的背——我需要藥物治療二十天。

她說原本附近有人試著阻止。是溫認識的女士。但當她試著介入時，那些女人大叫：「妳為什麼要干涉？也想被打嗎？妳是不是卡曼人？」

事隔數年，溫的肩膀和頭部都還會痛。現在她被迫工作得更久，從早上六點做到晚上九點，摘菜到附近村子的市場賣。她一天賺不到兩美元，她的兒子也去磚廠工作貼補家用。她覺得又害怕又沮喪。攻擊的回憶仍糾纏不放，而去實兌看醫生更是不可能的事。現在村裡只有一個人可進鎮上買東西：一個二十出頭，可佯裝成若開人的女孩；她膚色較白，不會被懷疑是卡拉。卡拉是溫被毆打時收到的侮辱性詞彙，皮膚較黑的人會被貼上這個「外人」的標籤。從這個例子和其他事態發展來看，二〇一二年暴力的本質顯然不限於族群，也包括宗教和種族，因為不一樣的外表意味著不一樣的血統，也意味不一樣的本性。

隨著暴力持續，這些類別——宗教、族群、種族——似乎已不再能清楚界定目標。反倒是一種更廣大的「他者」（otherness）逐漸形成，與愈來愈純淨的「若開」對立。就是依據這種觀念，卡曼人被併入羅興亞人那一類。他們也被限制居住在自己的村子，進不了城，無法謀生。他們原本也是公民，和若開人站在同樣的法律立足點，但一套新的規則儼然成形，剝去了公民擁有的諸多權力。

暴力衝突後，若開邦諸多小型佛教族群——丹耶人（Dainget）、穆人（Mro）、卡米人（Khami）組成聯盟，排斥卡曼人。那或許是出於自保，因為和任一個被遺棄的社群結盟風險很高，但如此一來，卡曼人又被進一步推向邊緣。丹吞說卡曼人變成目標是因為若開人

「不認同他們是我們的民族。我們接受他們是公民，但不接受他們是我們的族群」。若開人知道卡曼人是公民，但讓他們成為公民的法律是政府制定的，不是若開人。帕達雷村長的兒子也流露出對卡曼人的輕蔑。「他們就像兩頭都尖的棍棒。」他用這個比喻來闡明卡曼人會「同時和穆斯林及若開人交朋友」。顯然靠不住。

但比起卡曼人，羅興亞人的問題之所以更獨樹一幟，或許不只是他們完全被社會所隔離。重點在於他們跟旨在保護特定族群的法律制度之間，產生了鴻溝，而那更加以編纂成法律且常規化了。羅興亞人沒有法律權利也沒有政治權利，這也說明了為何「無國籍」這件事是如此殘酷的懲罰：你必須以「人」的身分活著才有可能「無國籍」；然而「無國籍」又會導致人的每一種生存權利都被否定。他們一再被政府當成工具。為爭取羅興亞人支持，政府曾在二〇一〇年選舉前向他們大獻殷勤。但暴力事件後，就連那種為了政治利益的拉攏都戛然而止。隨二〇一五年選舉逼近，數千名若開人夥同僧侶在實兌遊行示威，要求不得授予羅興亞人投票權。接著政府便沒收了五年前那張形同入場券、准許他們進投票所的「白卡」，讓他們再也沒有任何政治發言權。或許當時與軍方結盟的執政黨聯邦團結與發展黨知道，這一次有全國民主聯盟和其他幾個穆斯林小黨參選了，羅興亞人的票不會投給他們。二〇一〇年授予羅興亞人的權利顯然只是暫時的權利，為的是交換選票，用完就丟。到了二〇一五年選舉，羅興亞人已無望在國會取得代表席次，甚至連參與投票這種最基本的民主行動都不可能。他們擠在實兌和若開邦北部城鎮外圍的難民營，但實質上跟隱形人一樣。

二〇一四年，人口調查員在緬甸這塊分裂的土地上進行三十多年來第一次的人口普查。此次由聯合國贊助，團隊散至緬甸各地蒐集全國人口資料，統計出宗教、族群和其他表列的問題。人口普查從一開始就感覺很危險，因為這兩種鑑別因素本來就是緬甸內部高度緊張的源頭。不過兩年前，關於歸屬的爭論——人口普查的目的就是正式確立歸屬——才如此狂暴地上演。

但還有其他顧慮。表單上有一欄名為「其他」。緬甸政府原本向聯合國保證，羅興亞人可自由填寫他們選擇的身分。但種族宗教保護聯合會和幾個若開人的政黨強力運作要推翻這個選項。在最後關頭，政府食言了。人們不得登記為羅興亞人，政府改口說，那一欄是給其他住在緬甸、但未列入國家民族的團體填的，如印度人、華人、廓爾喀人（Gurkha）等等。羅興亞人必須填「孟加拉人」，沒有其他選項。統計人員在二〇一四年三月挨家挨戶走遍若開邦的村鎮。一聽到居民說自己是羅興亞人，他們立刻轉身離開。人口統計的潰敗徒然助長大眾對羅興亞人的抗拒，把他們推得更遠，並重申他們無國籍的事實。

翻山越嶺進入緬甸中部，暴力也對各族群組成產生長期效應。當被迫離開的穆斯林回到米鐵拉被夷平的明格拉札萬社區時——伊斯蘭學校被毀、堆疊的屍體被放火燒掉——才知道他們不准在自己曾經居住的土地上重建家園。那場暴力近三年後，當我二度造訪米鐵拉之際，城鎮外緣的足球場旁邊還有一個營區住了一百多位穆斯林，其中大部分是明格拉札萬的居民。政府曾告訴那些居民，他們在二〇一四年底前就可移住新居，但承諾沒有兌現。在二〇一五年底我拜訪營區居民的幾個月後，一些人試著回到原來的社區，但種族宗教保護聯合會的支持者請求地方權責單位加以阻止。權責單位告訴那些穆斯林，如果他們再試著去那裡重建家園，將無法保障他們的安全，所以他們又回到外緣的簡陋木屋了。

第二次拜訪米鐵拉期間，我決定回明格拉札萬看看，知道那裡之前只剩瓦礫堆和燒焦的財產。二〇一五年十一月某天剛過中午，我跟我的翻譯把腳踏車停在社區邊緣，走路進去。曾遍布那個地區的破瓦殘礫已經被清走，但數間房屋的斷垣殘壁依然屹立。我們走向一名正在住家外的男子，一個佛教徒，我問暴力衝突前當地居民的關係怎麼樣？「我們就像兄弟姊妹，」他說：「像家人，沒有衝突。」他指向附近幾塊有模糊長方形輪廓線的地，都是曾建有穆斯林房屋的地方。其中一間是他的鄰居——已經被殺了。另外一間則是一個十三歲男孩的家，他也死在暴民手裡。

我們繼續在社區裡繞來繞去。我拍了幾張照，然後爬上西緣的堤岸，走到兩年半前群眾聚集、指揮下方暴民殺人的那個地點。我們待了幾分鐘便下來，橫越社區往我們停腳踏車的方向走去。一個男人迅速從後面追上，跟我的翻譯嘀咕幾句，還塞了張紙條到她手裡。翻譯激動起來，跟我說我們得趕快離開。我們向腳踏車走去，她匆忙轉述那個男人警告她，我們被跟蹤了。他說他是一個穆斯林社區的領袖，還把他的電話號碼給她。

我們牽起腳踏車，騎回鎮上，正當我們繞過幾年前珊達爾見到屍體焚燒的那個圓環時，我注意到有個穿白色馬球衫的男人跟我們平行騎車，目光不時朝我們的方向射過來。他很快消失在車陣中。後來我們找到一家茶館，點了些食物。幾分鐘後，那個男人進來，在附近一張桌子坐下。食物送來，就在我們吃東西時，他開始拿手機拍我們的照片。我猜他是警察情報特別支隊的人，他們常跟監記者的行動。

我們吃完東西、付了錢、騎車離開，一致認為那天繼續工作實屬不智。我原本安排採訪一個我前一天遇到的男人，他的養子在伊斯蘭學校屠殺事件中遇害，但讓跟蹤者見到他的風險似乎太高了。所以我們騎車離開城鎮到一個寺院，把車停好，思考接下來要做什麼。那時是下午三、四點，寺院裡空空蕩蕩。我們走向院區裡的一座佛塔，在底下的台階上坐下來，躲在頂篷的陰影下遮陽，就這樣過了幾分鐘。然後，在我們右手邊，佛塔的轉角，那個男人出現了。他面露微笑，比了比翻譯旁邊的台階。我示意要他坐下。他聲音輕柔、斯文有禮，請我的翻譯說明我是誰。我們知道他是警察，但還是反問他是誰。他確實是特別支隊的人，在明格拉札萬就看到我們了。我們一邊談話，他則一邊記下我們的護照和身分證細節——緬甸外國記者司空見慣的程序——並詢問我們為什麼要拜訪這個地區。再一個星期就是二〇一五年大選了，我說，而我們一直在和當地人談談他們對選舉本身跟之後的期望。他看來和藹可親，所以我問他為什麼覺得有必要跟蹤我們。他說，因為我們被人看到在那個被破壞的地區出沒，那是個敏感的地點，那裡發生的事仍是棘手的議題，警方不希望記者四處窺探。顯然他們想要封鎖新的消息流出去。

後來我始終沒再見到那位養子遇害的父親。當時那個男孩十五歲，二〇一三年三月二十一日上午，他也在那群被警方帶出學校的學生之列，卻在快要獲得安全之前被挑出來。他的養父認為警察原本有意保護那些學生，但無法遏制愈來愈多暴民。這位在二〇〇五年生父死後搬到米鐵拉的男孩，在警察率隊離開社區之際，被留在草叢裡。

許多在伊斯蘭學校攻擊事件倖存的學生，後來都搬去泰國，提拉明格拉住家被毀的居民，則重新被安置在北方九十公里外的皎施。比起遍及若開邦各地的種族隔離制度，緬甸中部暴力事件的連鎖反應沒那麼明顯。但那仍是極其敏感的話題，不僅對當地人如此，對警察顯然也是——二〇一三年三月那場屠殺，實在有太多疑點令人費解了。在該鎮表面恢復正常（除了仍流離失所的穆斯林）很久之後，似乎仍有人意欲控制那些事件的集體回憶。

二〇一三年緬甸中部的暴力已促成九六九和種族宗教保護聯合會等團體崛起，他們既能左右全國有關穆斯林的對話，也能在政治領域施加壓力，但亦有更微妙的日常衝擊。我在仰光碰到的那個哀嘆自己身為穆斯林，在校卻得參加佛教儀式的年輕學生說，那場暴力讓她更感到孤零零的。她是校內少數的穆斯林之一，從那時開始，事件影響了她和同學的關係；沒有那麼明顯，而是輕描淡寫的。

「一個朋友在米鐵拉事件後過來跟我說：『你是穆斯林對吧？你聽說發生什麼事了嗎？』」她知道朋友沒有惡意，但她開始覺得自己好似以一種前所未有的方式惹人注目了。

羅興亞人常形容他們二〇一二年後的生活像在獄中度日，一舉一動都被監視，並被詳細檢查其行為是否合法。不只至關重要的服務受到限制，連提供服務的人——走過一村又一村為不得進醫院的民眾提供醫療的人——也被當成罪犯對待了。阿哈邁德等數百人在二〇一七年八月午後士兵來襲時逃離的秋巴因村，就是一個典型的例子。二〇一二年的秋巴因村沒有發生任何暴力衝突，卻仍強烈感覺到龐大的壓力。村子的醫務員羅山・阿里（Roshan Ali）告訴我，在二〇一二年開始分裂以前，村子東北端的若開人常到他家求醫。但到了二〇一五年，他受到當地軍警嚴密監視，有一天他被逮捕，並被帶往附近的載迪平軍事基地。軍隊訊問他治療羅興亞人的事，並警告，這種行為應停止到他們拿到公民身分驗證卡為止。他們揚言去他家中搜索藥物或設備。他的腿被木鉗夾住，士兵拳如雨下，他被迫付了四百美元的罰款，簽署不再提供醫療的聲明書。

回到村裡，他開始祕密行醫。他一個月會去三趟秋巴因北方數公里的一個小鎮，穿越森林避開偵查，好帶藥物回來。如果他得去秋巴因的人家，甚至其他村落，他會把藥物和用具分成好幾份，託幾個人分別帶去。在羅興亞人去他家的時候，他會請人在外面「把風」。彷彿最日常的行為都變成非法了——現在，就連讓羅興亞人活命，都被視為犯罪行為了。

在若開邦海岸特喀平營區的住家外，二〇一二年六月在暴民襲擊時逃離實兌納錫區的年輕老師穆罕默德．伊斯邁爾，提到這些留下來的人。雖然大部分的鄰居都逃到難民營，還有少數搬去更靠近鎮中心的昂敏加拉爾社區投靠親戚，但由於離開社區的自由受到嚴格限制，昂敏加拉爾籠罩著一股抑鬱，任何來訪的人都感覺得出來——從門口向外望的眼眸帶著灰，身體被憂鬱拖著走。「住在昂敏加拉爾的人，心理都不正常，」穆罕默德．伊斯邁爾說：「他們擔心更多暴力到來。」

二〇一二年的兩波攻擊，官方公布的死亡人數合計不到三百人。這種來自緬甸政府的數據向來引人疑竇，人們懷疑它亟欲隱藏動盪事件的真實數字，以免顯示政府的無能。但無論如何，就集體暴力這麼大的事情而言，特別是跟二〇一七年的情況相較，這人數顯得相當少。事實上，有數百人、或許數千人死於海上。他們擠上停泊在實兌岸外淺水區的木船，航向泰國、馬來西亞和更遠的地方，卻因超載而溺斃。

但死亡人數卻未能闡明二〇一二年那些事件真正的成本。設在昂敏加拉爾周圍的路障，就像若開邦各處檢查哨所劃定的羅興亞人行動區一般，也成了心理障礙。檢查哨外面，在他們不能再出入的土地上，一切種種都成了可怖謠言的素材。亞里夫從實兌醫院回到皎道附近的村子後，想必會訴說妻子是怎麼被該救她的人帶走。醫院實際發生的事情不得而知，但那樣的事例便成了醫生殺害羅興亞人的「證據」，因此上醫院成了一個人命運的終點。實兌醫院裡面發生的事情令人害怕，而這種恐懼一再得到呼應，使得羅興亞人開始拒絕治療危及生命的疾病。醫療受限所直接導致的健康危機，是可以預期的，但我完全沒料到二〇一二年後實行的隔離制度，竟會如此深刻地影響當地羅興亞人的心理狀態。

欽貝古姆（Khine Begum）住在亞里夫家附近的小屋裡。[4]她四十多歲，腹部長了腫塊，村裡的衛生員判斷是惡性腫瘤，就長在肚臍下方，約手掌大小、凸出一公分。衛生員沒受過這類訓練，因此無法證明診斷是否真確。因為是羅興亞人，她被禁止去皎道的醫院掃描，巡迴衛生員則不能帶設備進來。那她有要求前往實兌的醫院嗎？「我不敢去實兌，」她告訴我：「去實兌的人都死在醫院裡，而且遺體回不了村子。」

這成了實施隔離措施後，羅興亞人常掛在嘴邊的一句話。欽貝古姆說有四個她認識的人死在醫院。

其中一個是我的朋友，她出發前我才跟她說話。她沒辦法在村子裡生產，只能去醫院——那是一年半前的事了。有四個人死在那兒，我想是醫生毒死他們的。

這些故事產生滾雪球般的效應。除了現在去一趟醫院可能要耗上兩天，人們也對醫院深感恐懼，非到最後關頭，疾病惡化到有喪命之虞前都不會去。每一次有羅興亞人進入醫院而未活著離開，醫生殺害穆斯林病人的謠言就更確鑿，讓更多人不肯在藥石罔效之前過去，惡性循環於焉開啟——難民營和村子裡有更多人談論可疑的死亡案件，就更有理由不去尋求治療。

離開醫院的遺體並未列入第一波暴力導致死亡的人數統計裡，但他們顯然是暴力的受害者。二〇一二年後各種事態的轉變，讓暴力事件稍微有別於屠殺，但毀滅性不遑多讓。能否行使最基本的權利，完全取決於身分。這些限制在二〇一二年前就生效了，但程度沒那麼嚴重，且主要局限在最北部。然而之後它們就成了全若開邦隔離制度的最大要素，連卡曼人都涵蓋在內。

這是一種暴力，但不是上頭版的那種。這是結構性的暴力；沒那麼駭人、較難以察覺，但同樣悲慘。穆斯林不會橫死街頭，不會被開山刀砍。他們會慢慢地、靜靜地死在家中或難民營的簡陋營房裡。政府可以用「那些是保護他們不會遭受若開人攻擊的必要限制」之藉口躲在後面，即便這句話確有幾分真實。但這項政府強制實行的措施——讓超過百萬人口只能去一家設備完善的醫院、強迫羅興亞人支付他們付不起的費用、無止境的拖延和數不清的拒絕——卻扮演至關重要的角色，一點一滴削弱羅興亞人，將他們劃分為連勉強維生都不配的人。

緊縮限制、廣設檢查哨及穆斯林禁入區，這些都擴展了若開邦已謀劃數十年的「非人化」過程，也造就更多若開人加入民兵。當若開人天天看到穆斯林在檢查哨被盤查，知道他們因安全理由被軟禁在營區或村莊裡，就更加深了他們極具威脅性的概念。不只羅興亞人在二〇一二年也攻擊若開人，在那之前和之後的每一件事，都可以充當羅興亞人天生狠毒、必須全體加以遏制的證據。因此，若開人擅自決定維護邦裡的秩序，扮演起政府和軍隊原來的角色，讓政府和軍隊退居幕後，轉移掉大部分的責難。

從我和若開人的對話來看，對於這群本來就將穆斯林視為威脅的人，隔離產生的心理效應十分深刻。因為少數人的行動被描述成代表多數人，所以必須斷然採取措施，並擴及每一個人。就算是朋友，也在這種狀況下迅速變成敵人。隨著族群分裂得愈來愈厲害，已沒有什麼辦法可矯正這種思考模式，而這便形成一種循環效應：安全措施可解讀為穆斯林被允許自由漫遊太久了，他們一直極具威脅，而政府終於採取行動來去除威脅。這將暴力穆斯林的敘事延伸到暴力發生之前，也進一步賦予若開人正當性，以支援對穆斯林所施加愈來愈嚴厲的管制。帕達雷村長的兒子認為他的羅興亞朋友「流著不好的血」。他或許不暴力，但他的團體暴力，他的血統暴力，那個朋友就容易受到影響，所以需要跟所有羅興亞人一樣，被關在營區裡。

二〇一二年暴力衝突過了很久以後，仍不時有若開人在羅興亞人社區附近集結，或出營區的羅興亞人離奇失蹤的事例出現。但已經有好多年沒有重演大屠殺。在政府眼中，緬甸西部沿海地區似乎已恢復常態。

但一頭新的野獸，卻在這種違反常情的狀況下誕生。隨著若開邦類似種族隔離的情況愈演愈烈，中央政府對羅興亞人持續微弱的反應——就算不是完全漠視——也愈來愈遲鈍，羅興亞人開始擔心會有軍事行動。若開羅興亞救世軍當然可以援引很多因素來解釋武裝動員的必要：羅興亞人沒有公開施展權力的管道、無法抗議愈來愈緊縮的發言權、政治轉型似乎徒然使他們更快步入厄運。該組織在二〇一三年朝全面動員邁出第一步，而在那之後，簡單地說，若開羅興亞救世軍的領導階層擁有一切所需能量來團結受委屈的羅興亞人，而那些能量，正是如此擔心羅興亞人被賦予權利的那個權威當局所拱手奉上。

二〇一二年暴力衝突所催生的形勢——難民營和少數民族區、拒絕提供醫療給垂危病人的複雜管制結構——或許比當年及其之後幾場極可怕的流血事件，更強有力地凸顯了羅興亞人的苦難與犧牲。某種程度上，這些管制措施聽來也更令人難受。那些披著族群外衣的暴力，或許有更高權力介入，但更高權力的手卻被成群結隊施暴的平民給遮住，於是人們可以把暴力解釋成一群極端民眾的集體作為。但暴力究竟怎麼形成模式，並沒有那麼明確；受害者究竟面對著多大的敵意，也未獲得真正的解讀。暴力或許反覆出現，但在隔離政策下，暴力看似與更廣大的權力結構脫鉤；而餵養它的仇恨，似乎也僅限於地方層級。

但隨著若開邦的樣貌重整，輪廓變得更鮮明之後，這個假象被戳破了。二〇一四年三月，破壞基本援助設施的暴民，就更清楚彰顯了暴力在全邦各地默默運作的過程。救命醫療的使用權遭掌控，且主要取決於族群或宗教身分，這等於是一種刻意且縝密設計過的種族化醫療制度，而且還非常極端，因為這制度得透過強制命令來執行——必須由村長打電話給衛生官員、再由衛生官員帶警察來決定個人的命運——政府的操作顯而易見。事實上是政府，而非若開人，來決定醫療如何在人口間分配。這個種族化醫療制度，以及不可或缺的管制方式，顯然是經過算計的，目的是讓羅興亞人的生活愈不堪愈好。

這似乎是最殘酷的懲罰。某人被延誤或拒絕醫治，不是因為他為非作歹，而是因為他屬於一個被認定是邪惡的群體。這或許就是那些故事令人如此傷心的原因。透過這樣的稜鏡，年輕的跟年長的一樣有罪；而該保護百姓的政府，看法卻跟民間協助執行隔離的極端分子一致。皎道、謬烏附近和其他羅興亞村落的故事，雖然聽起來不像屠殺現場那麼聳動，也沒上過頭版，然而它們卻是暴力作戰的無聲延續，早在二〇一二年以前就在大眾視線之外開始，二〇一二年以後仍持續，穩定地削弱羅興亞人的生命力，並為後續發生的一切奠定基礎。

第十一章 偽裝的身分

那些預告種族滅絕的辭令，看得出不同族群之間擁有無法化解的差異。共同的臍帶被切斷了，不再有個體存在。現在需要對付的是「他者」。隨著二〇一二年後若開邦的管制措施更加嚴酷，大眾對羅興亞人的言論愈來愈慷慨激昂，那些辭令也更變得更直截了當。羅興亞人「像吳郭魚那樣」生孩子，威拉圖曾這樣說，這一百萬人宛如癌細胞惡性轉移，對所有共享緬甸西部山地和海岸平原的人口構成威脅。如果民主轉型後，這種晦暗的信念真的籠罩了緬甸的核心——族群差異代表的是威脅，給人的感受是如此深刻，讓消滅一個族群變得情有可原——那萬一有例子可以證明此信念是錯的呢？倘若有某個人出生自最受憎惡的族群，卻透過一番手腳，不但讓自己被接納為緬甸共同體的一員，甚至爬到權威機構裡聲望最高的位置呢？

儘管身分認同的爭議已讓緬甸死傷慘重，我卻聽過這麼一個事例，足以闡明軍政府據以判定誰是、誰不是一分子的那些要素有多荒謬。毛芒梭（U Maung Soe）或許只是一個人，可他人生的每個階段都很獨特。一如我看見的其他事，他走過的路似乎反映了緬甸既神祕又不合理的權力運作方式。

第一次遇見這位五十歲的大哥時，我人在仰光的商業區裡。一個朋友告訴我，有個羅興亞男人曾在軍中服役。來自一個備受嘲弄團體的人，竟能進入那樣的機構，是難得一見的事，我很好奇他是怎麼辦到的，又為什麼要這麼做。自獨立後就以緬甸種族宗教同質化為首要任務的軍隊，竟然允許羅興亞人入伍，實在很奇怪。更奇怪的是，他一開始還想參與那樣的同化計畫。

毛芒梭一九六六年在布帝洞出生，未滿一歲就跟著雙親搬到仰光。他的父系和母系家族已世居若開邦北部好幾代了，曾祖父母都生在那裡，以務農為生。母親的家族來自布帝洞北方鄉間，父親則來自布帝洞南邊。他從小就知道雙親家族都是羅興亞人，但直到一九八〇年代中期，軍政府才要求人民在身分證上註記族群。對官方來說，他們之前為人所知的只有出生地：「BTH」（布帝洞）。

在奈溫掌權四年後才出生的他，童年生活並未被族群身分牽累。但當他年滿十二歲、必須申請第一張身分證時，問題就來了。那年是一九七八年，羅興亞人被迫持有外國人登記證，而軍方嚴厲的查驗工作第一次轉變成針對羅興亞人的集體屠殺，迫使二十多萬人逃到孟加拉。但他沒有維持他的羅興亞身分，為了避免當年的屠殺與掃蕩，他和爸媽一起捏造族群出身。他「變成」若開人穆斯林——當時獲承認的一類——就像拉拉搬去仰光時為了取信移民官員，從孟人變成緬人那樣。如此一來，他就能取得公民身分，不像其他同族同胞那樣必須蒙受無國籍的苦難。對毛芒梭及其家人來說，這是簡單盤算後的必然結果：不管跟中央政府的親疏程度為何，只要被接納為國家的一分子，就能享受該有的權利；若繼續當官員眼中的羅興亞人，就會失去所有。

二十出頭時，毛芒梭已在仰光念完大學，加入奈溫的緬甸社會主義綱領黨，在北部郊區擔任職員。當時緬甸是一黨專政國家，而他決定入黨的原因也很簡單：他知道跟隨政府，職涯就有保障。父母決定變更族群時所顯現的務實傾向，似乎傳給了他。他了解到，若在政府任職，人生際遇會比較順遂。但他沒有在那裡待太久。一九八八年的暴動，推翻了奈溫和他的政黨，所以毛芒梭失業了。幾個月後，二十二歲的他開始幫民族團結黨——表面是平民政黨，背地為接手奈溫政府的軍事領導階層——打雜。一九八九年二月，他決定從軍。

「我不認為軍隊是什麼好地方，」他說：「我只是想學習技藝。我的家族當中該有人熟悉軍事技能。那是我父親的抱負，他說入伍從軍是好事。」

毛芒梭的父親在他的時代曾與軍中其他羅興亞人並肩作戰。當時，即緬甸獨立後那十年，軍隊沒有那麼嚴重的宗教和族群差別待遇。軍隊淨化是後來的事。

「他加入軍隊來保護族人的土地，為族人贏得尊嚴。其他擔任教師、醫生、公務員和警察等公職的羅興亞人，也秉持同樣的精神。」毛芒梭這麼說。

但從父親入伍到毛芒梭子承父志的那四十年間，緬甸發生了許多變化。毛芒梭或許改變了身分，以免遭受和其他羅興亞人一樣的命運，但穆斯林仍被禁止從軍。他在一九八九年初前往仰光的徵集中心，他的佛教徒朋友在那裡工作，答應在申請表上把毛芒梭登記為若開佛教徒，開啟他第二次的身分轉變——至少在書面作業上如此。這類官民之間的欺詐絕非前所未聞，啟用親戚、貪汙和各式各樣的賄賂在緬甸司空見慣。在滿二十三歲不久前，毛芒梭順利入伍，被派往克倫邦。當一九九〇年實施新的國民登記證政策，而移民官員來到他的營區之際，他已經能提供「證據」了：在軍隊表格上，他是佛教徒了。他很快就拿到新的身分證，而那也讓「若開佛教徒」這個新身分成為「現實」。

一旦入伍，部隊的任務便沒有選擇的餘裕——上級叫他們去哪裡，就得去哪裡。毛芒梭在克倫邦待了兩年，與克倫民族解放軍的士兵交戰，接著橫越國土來到若開邦的皎道——他出生地附近，也是二〇一二年後羅興亞人全體不得進入的城鎮。抵達後不久，他那一營就被賦予協助邊境安全部隊的任務。這個新成立的邊境安全部隊由軍、警、移民官員所組成，戍守孟加拉邊界，並針對羅興亞人實施管控措施。他們會恣意對羅興亞人施暴，因此令羅興亞人深感畏懼。在回憶這段的往事時，毛芒梭有點避重就輕。他是羅興亞人，支援以鎮壓羅興亞人為首要任務的安全部隊。該部隊曾協助策劃第二波對羅興亞人的集體屠殺，直到一九九二年三月，已有二十五萬人逃往孟加拉。毛芒梭說他主要駐紮在皎道的營區，但有時會為安全部隊提供額外的保護措施。他的單位會比移民官員早一步進入羅興亞人的居住區，而移民官員會對羅興亞人進行定期盤查、完全封鎖地區、阻止任何活動。一九九二年，有九個年輕羅興亞人在未經許可、也未被有關當局發現下離開布帝洞的家，打算前往仰光。他們穿過皎道一路去到謬烏，最後在那裡被逮。透過無線電，毛芒梭聽到謬烏的指揮官命令他的士兵先替那九個人挖坑，把他們活活打死在裡頭。「西司令部的師長下令把他們統統殺掉。我們可以從通訊裝置中聽到。」

我問他是否曾對這樣的事件感到內疚，但他沒有上鉤。「我確實覺得難過。不只難過——還有悲痛。」但也就這樣了，他未曾動過離開軍隊的念頭。他說他想要學習軍隊教給他的所有技能。他對羅興亞人有某種一體感，但同時，他也很高興能派駐若開邦。那裡離家很近，讓他不時可以回布帝洞探望父親。他知道一直有士兵對羅興亞人施暴，他也未曾參與，但他會給羅興亞人家藥物和其他物資，那多少減輕一點不好的感覺。

多年下來，在軍中同袍眼中是佛教徒的毛芒梭步步高升。二〇〇六年離開軍隊時，他官拜上尉。他以自己能夠晉階為傲，還把他仍帶在身上的軍人身分證拿給我看。照片裡的他綻放笑容，身穿軍服，肩章上釘著三顆星星。

但在離開軍隊後，他的人生轉了個看似更不可能的彎。「我命該如此，」他說：「四十歲的時候，我被調走了。」

軍官轉任政府閣員是常見的慣例，因為在緬甸，軍事和政治生涯之間的界線已經模糊很久了。二〇〇六年退役後，他被派往宗教事務部。當時，該部分成兩大司，宗教事務司表面上負責處理緬甸四大宗教的事務，但實質上是專屬佛教的行政部門，負責印文本、辦理僧侶考試、管理學校及僧院。另一司則較專心致志，名為教義推廣宣傳司，然而其首要功能是強力宣揚佛教，特別針對的是盛行基督教的多山邊境地區。

毛芒梭就被派往這個部門，於二〇〇六年赴撣邦南部山區的景楝（Kengtung）任職。一百多年前，浸信會（Baptist）傳教士曾在當地讓拉祜（Lahu）、阿卡（Akha）和其他族群改宗。教義推廣宣傳司派遣僧侶、軍政府的「反傳教士」到那些村子，捐贈從巴利語（許多早期佛教文本所使用的語言）翻譯的經典給山區佛教學校。毛芒梭負責歡迎這些遠道而來的聖僧，將他們安頓在景棟附近村落新建的佛寺裡。

但他隨即了解該司還有一項功能，他們會在那些小村子為基督徒和萬物有靈信仰者舉辦大規模的改宗儀式。人們會在田裡、用竹子搭成的舞台前整隊排好，面對坐在舞台上的高僧宣誓自己篤信佛教，接著就會收到一張國民登記證做為回禮。仍自認是羅興亞人和虔誠穆斯林的毛芒梭，就是要在這樣的場面負責組織工作。

「在改宗儀式中，我得擔任司儀。」他告訴我。「皈依的人會獲贈好幾袋米、鹽和料理油，最後還會拿到國民登記證，上面寫著『佛教徒』。」

在儀式預備階段，教義推廣宣傳司派到村子裡的僧侶會舉行佛教講道，並和鎮公所及像毛芒梭這樣的宗教事務官員一起向村民解釋皈依可以獲得哪些獎勵。「他們會勸什麼也沒有的窮人和沒有國民登記證的民眾改宗。」

但這其中還有更世俗的成分。僧侶會先誦經，而後細述改宗的獎勵。順利吸引基督徒的注意力後，鎮公所便會安排儀式。這些事情由鎮長掌管，但就毛芒梭的了解，鎮方做這些事情的主要動機是博取軍政府的信任。如果鎮長能向丹瑞上將報告他讓多少人改信佛教，他會獲得稱讚，甚至升官——他希望他的努力可以贏得肯定。

毛芒梭了解這一切有多諷刺。他自己就曾為了能在社會與人平起平坐而經歷過類似的轉換程序，此刻卻得站在舞台旁監督其他數千人被迫做同樣的事。改宗的人固然沒被拿槍指著，但宗教賤民若不屈從，他們未來的選擇將嚴重受限，就這層意義上來看，他們並非自願。沒對佛教宣誓效忠，這些人就拿不到國民登記證，會永遠被軍政府打上「外人」的烙印。

「看到那些事情讓我很不開心，」毛芒梭說：「一個人應該能自由自在地過日子。一名公民，基於公民權利，應該能無拘無束地生活，也該享有宗教自由。」

拉祜和阿卡人被剝奪公民權的狀態跟羅興亞人不大一樣。一如許多人數較少的族群，他們是被承認的國家民族。然而，毛芒梭解釋，許多人對國民登記證的法律權利一無所知。他們的社區領導人通常不了解相關程序，甚至有沒有資格申請都不知道，因此很容易被追名逐利的官員所利用。毛芒梭認為這是一種互惠的安排：他們獲得法律地位，軍政府則虜獲一批新的忠誠佛教信徒。

一如緬甸所有轉換族群或宗教身分的民眾，他們只是做做表面的成分非常強烈。對那些村民來說，一切似乎純屬形式。毛芒梭說，他們頭一、兩個月會勤上佛寺，接著熱忱就慢慢消退。僧侶會轉往其他村子，鎮公所則失去資源，甚至沒有意願檢查改宗者上佛寺的狀況。相反地，一切似乎只是統計數字的問題。地方官員只是想說服高層，他們殫精竭力，讓國家一體化的營造計畫開花結果。但他們提供的交易——只要入教就給國民登記證——是種勒索。反正村民知道遊戲該怎麼玩，他們只要聚集在舞台前，對佛教宣誓忠貞不二的信仰，就可以拿到那張珍貴的卡片、歸屬的象徵。那張卡片永久保值，就算持有者已悄悄回復基督教的生活，也不失效力。

這闡明了緬甸的國家營造有多麼荒謬：發展一個有凝聚力、長治久安政治單位的首要目標，需要各族群忠於計畫，但族群的忠誠度不過是一場短暫的屈從演出。

這場作假大戲也是種反諷。對緬甸成千上萬的人來說，若在族群和宗教的分裂狀態下選錯邊，就得付出送命的代價。如果村民像毛芒梭那樣，可以在軍政府的監視下，透過貼上新的標籤成為國家民族的一分子，而且日後也不用再親身實踐那套標籤，這很大程度上證明了軍政府並不重視標籤的實質內涵。以上都只是要達成配額，以強化緬甸在軍方領導下邁向統一、和諧的國家幻覺。這將使焦點更清晰地集中在拒絕加入的少數族群身上，因為正是他們——就算民主轉型已展開一段時間——證明一支依舊強大的軍隊仍具有實質作用。

在景棟待了一年後，毛芒梭又被調去奈比多，擔任宗教事務副部長昂哥（Thura U Aung Ko，後來在全國民主聯盟執政時升任部長）的助理。不久後，他轉任仰光巴利佛教大學（State Pariyatti Sāsana University）的行政官員，協助安排僧侶赴邊境的基督教地區建立僧院、勸人改宗。二〇一三年，他永遠離開了宗教事務部。他改走一條截然不同的路線：成立一家建設公司。我就是在該公司位於仰光商業區的總部聆聽他的故事。

在緬甸過去半個世紀攸關生死的身分政治中，毛芒梭的從軍無疑讓他成為局外人，而且是個特例。他來自一個深知軍隊有多狂暴的族群，但最後竟想入伍，可以說是非常奇怪。他顯然繼承了父親對戰爭技能的熱情，許多童年時光不僅在軍營裡與各種宗教信徒共度，後來在仰光社區也與不同族群的人士為伍。他熟知佛教的文本和歷史，這大大有助於讓同事相信他是佛教徒。不過他們似乎也沒有太深入探查就是了。只有佛教徒可以從軍，所以他們當然認定他是佛教徒。

但他又是怎麼跟這個現狀和解的呢？他協助軍方近乎執迷地追求種族一致，並特別針對羅興亞人，讓他們不可能成為國家的一分子。

「對我來說，最重要的是我熱愛我的國家，熱愛我出生的地方，」他解釋：「那就是我從軍的原因。我服役保衛國家。我不在乎自己在種族和宗教上是如何被定義、被看待的。我需要驕傲地展現我是緬甸公民。」

對緬甸的獨裁政府而言，要證明自己百分之百效忠國家，最好的方式莫過於服從或加入那個負責保衛國家的機構。但身為羅興亞人穆斯林，同時為宗教和族群賤民的毛芒梭，不僅能進入軍隊，做出與佛教徒同袍同等的貢獻，還官拜上尉。他有此成就，或許是為了證明他可以跟任何人一樣，成為民族共同體的一分子，也或許是想追隨父親的腳步。甚至，他的決定可能是投機的產物，其強烈到願意為了大好前途而助紂為虐，對自己的族群逞凶。我們很難研判他到底是哪一種動機，正當我試著觀察他對於自己所做的決定，是否有任何道德不安時，他總是含糊其辭。「那是職責所在。」他常這麼說。

但在營造緬甸國族的背景下，有個看起來比他從軍理由更重要的事：即使大環境對穆斯林、特別是對羅興亞人深具敵意，毛芒梭仍被軍方接納，之後還步步高升。他不必為此改變任何內在的東西，只要在一張表格上造假，就溜進去了。

「在民主制度下，」他告訴我：「各形各色的人都可以互相合作。我就親自證明了。」他能從緬甸社會的最邊陲直入中心，就推翻了以下假設：因為族群和宗教不同，只要隸屬不同團體的個人，其核心性格就有深刻且無法化解的差異。就是這個謊言，導致一個人在緬甸是如此極端地被判定，要不是被國家所接受，就是被殘暴地攆出國外。雖然只是一個人，毛芒梭卻看似那則謊言的普遍明證。

第十二章　脆弱的聯繫斷了

雖然只是浮光掠影，但我在若開邦的一些遭遇仍凸顯這個事實：並非每一個人——不論佛教徒或穆斯林——都認為二〇一二年後被撬開的裂縫嚴重到攸關生死。

自從第一波暴力後，每當我再一次造訪這個地區，都會對當地族群的互動模式有更新、更不安的認識，也讓我愈發強烈感覺到，西部沿海地區是怎麼被二〇一二年六月初的事件給徹底改變了。但偶爾也有稍微不一樣的光輝射到這片土地上。那些造訪實兌附近難民營和少數民族社區的新聞記者，常把那裡視為一片廣大人種地理學下的縮影來報導，但即便在數波攻擊之後，若開邦仍有一些地區，裡頭的羅興亞人和若開人還連在一起——即使僅存一條細線相繫。不管僧侶怎麼大聲疾呼，要把協助羅興亞人的叛國若開人給揪出來，但並非人人聽從。對某些人來說，生活幾乎一如往常。二〇一二年暴力事件過了一年多後，實兌外圍村子的兩群人，又開始慢慢、謹慎地聚在一起了。再往北走到布帝洞，雙方本來就沒有像首府和其他地區那樣有如此深的裂隙。布帝洞仍大抵是原本的樣子——兩個族群繼續在茶館、學校和市場內互動，若開人繼續僱用羅興亞人，跟以前一樣。鎮上固然有獨特的緊張狀況發生，但在其他地方出現的對立，布帝洞則沒有那麼強勁。假如你能把時鐘撥回早期暴力和二〇一七年大屠殺的中間點，「一切都無可避免」、「控制不住」和「什麼也減緩不了」的感覺，或許沒有那麼決絕。

在翁山蘇姬執政前，我最後幾次的緬甸西部之行包括二〇一五年十一月的旅程，當時離大選還剩幾星期，而不到一年後，若開羅興亞救世軍就發動了首次攻擊。行程有幾天晚上，我住在布帝洞的賓館，從賓館的門口，我可以越過馬路看到對面的突堤碼頭，那裡直到三年前，都是羅興亞人乘船去實兌上大學的地方。現在只有若開人在那裡排隊；順流而下三個鐘頭，在首府下船後，他們會穿過一個穆斯林曾欣欣向榮、如今人事已非的社區。

但布帝洞不一樣。一天晚上我離開賓館，和一個若開朋友前往當地戲院。那是少數營業到午夜的場所——因為每到十一點半，鎮上電力就會被切斷，黑暗籠罩全鎮。當時英格蘭足球超級聯賽剛開季，兵工廠（Arsenal）要迎戰曼聯（Manchester United）。我們知道那個地方會很熱鬧，因為足球在緬甸極為風行，對歐洲聯盟更是熱衷。當我們轉入那條街，往小屋走去時，前面已有好幾群人正陸續鑽過它狹窄的入口。門外，在燈泡照明下，一個男人在攤子賣罐裝啤酒。我們買夠喝的量，便進到屋子裡。屋內已擺好一排排板凳和椅子，大部分都有人坐，而一部龐大笨重的老舊投影機，正把球賽的準備過程照映在前方牆上。這棟破舊的建築散發著霉味，如我想像的一樣，是個維多利亞時代風格的老式劇院，天花板挑高、牆壁剝落、座位排列雜亂而鬆散。隨著人潮湧入，喧鬧聲愈來愈大，比賽開始了。

那是二〇一二年暴力過後，少數幾個我還能看到羅興亞人和若開人齊聚一堂的地方——不是買賣物品或一起勞動，而是做為同儕進行社交。他們肩並肩坐在板凳上，隨著賽況更趨白熱化而嘶吼著。這棟屋子不具備傳統市場裡的運作原則——這裡是純粹自願互動的地點，宗教或族群身分看似毫無關係。我注意到屋裡有種同志情誼，這在他處會有非常明顯的分界線，然而在這裡卻沒那麼顯眼，令我很吃驚。比賽結束後，眾人站起來湧上一片漆黑的街道。他們暫時混在一起，不一會兒便用手機的手電筒走路回家。

隔日近午，我去年輕羅興亞人阿布杜（Abdul）的家中拜訪，他是我朋友的熟人。你可以從房屋前門上方的拱形遮蔽物來判斷布帝洞哪些房子住著羅興亞人，那就像個迷你屋頂，可保護木材對抗日曬雨淋。他家那條街上有些房屋有這個建築形式，但其他沒有；沒有的就是若開人的家。阿布杜已邀請來自兩個族群的一群人共進午餐，我們就坐在樓上陰涼的房間裡，由他的姊妹在廚房準備食物。當時這樣的午餐——羅興亞人邀請若開人到家中，若開人吃羅興亞人的料理——在實兌已難以想像。

那天有兩個若開人跟我們坐在一起，其中一個名叫翁敦（Aung Tun），他做賣竹子的生意，也幫總務司工作——一個無遠弗屆、管理緬甸各地村鎮的地方級政府機構。他生長在布帝洞外圍一個羅興亞人占多數的村落。他說，在那裡可以實踐他的宗教自由。他開始做生意後，也會找便宜的勞工。羅興亞人要求的日薪通常比若開人少，所以他的員工大多是羅興亞人。

布帝洞位於梅宇河北岸，軍方和許多若開人警告，那個地區是穆斯林的大本營，只差一步就脫離緬甸了。但在二〇一二年暴力後，當地的人口差異似乎產生逆效應，穆斯林不再多於佛教徒，至少在城鎮是如此。可即便在布帝洞，兩者的融合程度仍比若開邦其他許多地方來得高。若像若開邦南部那樣，羅興亞人都被趕進難民營，或者對佛教徒和穆斯林的來往有強烈的汙名，翁敦的生意就會陷入掙扎。他仰賴羅興亞的人脈及所有隨之而來的事物——可靠的勞動力和兩個族群的買主。

針對這些有利害關係或受影響的人，沒有任何理論可以充分解釋種族或宗教的衝突何以發生，或相反來說，某些人何以能在敵對的狀態下繼續合作。在布帝洞，也有些若開人和羅興亞人互相瞧不起，就跟若開邦其他地方一樣。但這種輕蔑，並沒有造成社會組織的全面重組，不像二〇一二年後的實兌那樣。相反地，這兩個族群仍保持聯繫，而持續互動也維繫住信任，使雙方沒有那麼畏懼彼此。翁敦說他不太敢去鎮外偏遠的穆斯林村落，那裡有更多未知的事物；一旦離你熟悉的地方愈遠，就愈是膽戰心驚。這種情況，在若開羅興亞救世軍崛起後變得更劇烈，因為該組織會監視村落，主要也想從北部農村地區吸收成員。但在布帝洞鎮上及其附近，一如其他居民，他仍和羅興亞人來往。他們接觸頻繁，使那種在若開邦他處發酵、令人不安的傳聞，較難在這裡造成強烈衝擊。所以他們繼續混雜在一起——不只在市場，也在茶館和那間舊戲院裡。

實兌或許在二〇一二年後徹底實行種族隔離，粉碎了原有的互信，但後來城外的村子又重新聚在一起了。有次採訪，我找了一天前往東棟賓村（East Tonbyin），當時我仍在尋找曾加入暴民行列攻擊納錫社區等地的人，而東棟賓村就位於數年前巴士載著武裝若開人進入實兌的同一條路上。

我們尋找參與者的策略有點粗魯。我們先找出村長的住處，敲敲門，若他接受訪問，就進去坐下來，開始較籠統地聊聊若開邦的政治情勢和那個地區的事態，這為若開人對羅興亞人及中央政府的不滿找出脈絡。接著，我們或許能話鋒一轉，聊起二〇一二年的暴力事件——這個村子受到什麼樣的影響、又有誰被捲進事件之中？

去東棟賓那天，村長不在家，所以我們在村裡遊蕩，遇到一個正在為兩層樓房屋豎立木造骨架的男人。他的院子後面是片田地，田的另一邊，約兩百公尺外，坐落著居民大多是羅興亞人的南棟賓村。溫紹（Win Zaw）是賓兌的珠寶商，每日所得約六美金，他的妻子沒有去外面工作，負責照顧家裡和院子，在我們來訪時人已在院子後面。二〇一五年的選舉已過了三個月，他們當時都投給若開民族黨——由若開民族發展黨和若開民主聯盟（Arakan League for Democracy）合併而成。他說，之前的聯邦團結與發展黨政府已經帶給這區域一點進步——現在他兩個孩子的教科書都不用錢了。但聯邦團結與發展黨仍是軍方在撐腰，而且其統治也鞭長莫及。它不僅對若開邦的地方事務沒有貢獻，對若開邦的勞動人口也沒有幫助。

二〇一二年六月暴力衝突的第三天，大批羅興亞人聚集在東棟賓村外，還拿著棍棒和開山刀。溫紹有看到他們，但沒認出誰是田地另一邊的村民。他認為那群人大多來自特喀平村，也就是後來設置羅興亞人難民營之處。雙方短暫對峙，直到附近一個單位的士兵介入，部署在兩群人之間，不久羅興亞暴民就解散了。

那是村子唯一一次受到威脅。在那天前，東棟賓和南棟賓兩村的關係向來不錯。這個村子的若開人會越過田地去南棟賓的茶館坐，羅興亞人也會來這裡賣魚賣菜。但就算暴民不是來自南棟賓村，雙方在那場暴力後便不再來往，分隔兩村的田地成了兩個社區之間的無主之地。

溫紹說他們不再信任隔壁村的鄰居，也不再去他們的茶館。東棟賓前一年有三部腳踏車和兩頭母牛不見，他懷疑是羅興亞人幹的。在我們對話一開始，溫紹就說他不信任穆斯林，以我曾在其他地方聽過的某種奇妙數據對我明確指出：百分之七十的羅興亞人不誠實。在我們說話的同時，他的妻子慢慢晃過來。米雅（Mya）比較有同情心。二〇一三年底，羅興亞人開始回到這個村子賣魚賣菜，當路上遇到他們時，米雅會跟他們打招呼。不過她仍避免去南棟賓，就算老朋友邀她去。她不是害怕村民，而是難民營的穆斯林可能會去南棟賓，那會讓若開人覺得困擾。這裡再次出現某種未知的危險：陌生的臉孔令人畏懼。

她說話的同時，一個二十出頭歲的年輕人來到院子門口。他挑了兩桶魚來，分別用繩子吊在肩上木板的兩端。他是羅興亞人，那天早上從南棟賓家中來到這裡，逐一拜訪他知道可以卸貨的人家。他賣魚給溫紹和米雅好幾年了。我們請他進到院子，他慢慢進來，坐在米雅旁邊。他滿身大汗。天氣很熱沒錯，但那看起來像在發燒，而且他目光呆滯、眼皮沉重。他認為是瘧疾。「我見到你的時候老是在生病。」米雅跟他說。三人開始閒話家常，感覺彼此很熟。那個年輕人已經不舒服好幾天了，吃藥沒有效。「那是吃胃病的，不是吃熱病的啦！」溫紹說。發燒跟胃痛不一樣。他們知道他不能去實兌的醫院，因為瘧疾不被認為是危急到可以讓穆斯林去那裡接受治療的大病。我問附近有沒有他可以去的診所，「Ya-deh, ya-deh!」（沒問題、沒問題），兩人齊說。米雅會跟附近若開村的一位醫生聯絡，看能不能讓他過去。

後來，在我和我的翻譯回去牽腳踏車的路上，他告訴我他前一年就碰過那家人。當時溫紹對穆斯林的態度，遠比我今天碰到的還不屑。時間似乎沖淡了他的輕蔑。現在他比較溫和了，雖然明顯不輕信穆斯林，但他對那個羅興亞病人所展現的關注，令我的翻譯大吃一驚。我不禁好奇，假如我們是在暴力過後的那一年、兩村完全斷絕往來時進行採訪，不知這場對話會如何發展。看見羅興亞人企圖攻擊所造成的心理創傷，或許還血淋淋的，附近村子傳來的暴力事蹟也依然鮮明。由於他們的焦慮無法與焦慮投射的對象進行任何接觸，因而變本加厲。

第一波暴力發生一年後，當羅興亞人開始回東棟賓村時，緊張的情緒才開始紓解。人類身上有些行為特徵，常被解讀為根深柢固的偏見，不過這是否可能為一種對周遭緊張狀態所產生的暫時本能反應？如果緊張感消退了，仇恨是否就跟著改變？那些被民族主義領導者拿來創造「社區步兵」、支撐偏見的情緒——對假想敵的恐懼和怨恨——如果被抑制的話，不論是積極營造更密切的互動，或允許族群自然地修復關係、而非加以隔離，那麼在那段期間萌生的恐懼，是否有可能被抵銷？如此一來，民族主義者的「募兵」工作就會更困難，因為挑起憤怒所不可或缺的情緒資源，沒那麼容易取得了。

溫紹一直擔心暴力將捲土重來，那意味著他沒辦法放輕鬆。他也很氣腳踏車和母牛被偷的事。儘管如此，在那個特別的時間點，在那片看似永遠充斥敵意的土地上，東棟賓是相對平靜的地區。東、南棟賓兩村的居民小心翼翼地恢復以往的互動方式，或許是那個村組（village tract，緬甸的行政單位）獨有的動能，因為兩村的居民已經了解：儘管還是有限制，但共存並不代表末日。我不得不反思，要是宗教、政治領袖並未持續在若開邦實行種族隔離，要是羅興亞人武裝團體的崛起不致構成決定性的證據、證明二〇一二年後萌生的一切恐懼其來有自，那麼其他地方最終會不會也像這兩個村子一樣重修舊好呢？

在我和溫紹及米雅的對話快要結束之際，另一個羅興亞男人提著菜籃經過門口。他停在門外，探問似地向裡面望，米雅叫他進來坐下。穆罕默德・拉菲克（Mohammed Rafique）也是從南棟賓來的，他還記得近三十年前這個姊妹村在田裡新建的往事。他認識這戶人家也差不多那麼久了。但在暴力衝突後，他跟南棟賓村其他人一樣，整整一年沒來這裡。他們怕這個村子，這個村子也怕他們。但那一天他就坐在那裡，坐在那對若開夫婦旁邊，而且看來頗為自在——除了一個外國記者對他有問不完的問題外。

曾於民主轉型數年後遭暴力襲擊的緬甸中部城鎮，佛教徒和穆斯林來往的汙名沒有像二〇一二年後的若開邦那麼強烈與普遍，但仍存在著。曼德勒殺人事件一年後，年輕的穆斯林跨信仰運動人士苗，繼續在該城市邊緣的村落工作，那些村落與城市中央向南延伸、個個都呈棋盤狀的郊區幾乎無法分辨。二〇一五年中他為僧侶和比丘尼舉行研討會後，有死亡威脅傳至他的手機，提醒他必須改弦易轍，從此他不再直接處理緬甸中部的宗教緊張關係，改選較世俗的方法。他結合一支由民運及教育人士所組成的小團隊，開始調查康瓦村（Kan Ywar）的居民——那個村子建於兩百多年前，當年把馬哈木尼佛陀塑像從若開邦帶到曼德勒、得國王寵愛的卡曼穆斯林，原本就是住在那裡。康瓦村的穆斯林知道他們是卡曼人的後裔，但現在大多自認為緬人。緬人佛教徒在建村後很快就遷入了，此後大家比鄰而居。

曼德勒商業區暴力衝突的某一天，一群人帶著石塊進入那個村子。他們在街上閒逛了一會兒，勘察環境，被附近居民發現，居民跑出來正面迎擊，那群人迅速解散，從此沒有再回來。那是康瓦村唯一一次差點發生暴力衝突，但當時那個村子已陷入不穩定的狀態。自二〇一二年若開邦屠殺事件過後，神祕的謠言已在佛教徒和穆斯林之間流傳著，警告一方會遭另一方攻擊。沒有人知道謠言打哪兒來——彷彿是被風吹過來，一路竄進大街小巷，讓兩個族群焦慮到縮回自己的圈子裡。全村如履薄冰，穆斯林加倍小心不要造成任何可能傷害佛教徒的意外——例如前一年奧甘鎮那個女孩騎腳踏車撞到一名新進僧侶而引發的攻擊。佛教徒則在行經穆斯林住家集中的街道時更加小心謹慎，不跟人打交道。那樣的疑慮令人牽腸掛肚，雖不明確，卻隨著謠言不斷傳入而累積，慢慢地，一堵不信任的牆開始悄悄蔓延整個村落。

一個下午，我和苗一起前往康瓦。他於曼德勒發生暴力事件一年後首度來此，邀集雙方族群的領導人。他們討論村子裡發生了什麼問題——不是宗教，而是日常事務——太多廢棄物、綠化不夠。那些議題能團結備受挫折的社區，進而彌合因城市暴力擴散的不安所造成的分裂。

我拜訪當天，苗正在當地的伊斯蘭學校舉行研討會，隔週將換到僧院進行；此後兩地輪流辦理。與會者共有二十個人，包括穆斯林和佛教徒，其中大多在社區、圖書館、殯葬服務和捐血醫護站工作。這些是軍人集團容許的公民組織，卻能讓緬甸人民跨越界線，建立合作意識。事實證明，面對軍人集團退出權力核心後所爆發的那種暴力，這些既已存在的連結對社區重建工作來說，至關重要。

那天在伊斯蘭學校的討論，聚焦在民主政府的形式與功能上，例如行政與司法權分立，以及基本公民權利等等。螢幕播放幻燈片，而一位從仰光遠道而來的佛教講師問出席者問題。這群參與者其實已來到計畫的後半階段。他們已探討過村裡的無效管理政策該如何解決，而隨著時間過去，主題也逐漸轉往社群的權利。苗說這整項計畫有兩大目標：一是透過共同利益促使兩群人和解，二是協助他們參與緬甸政治。他們通常會避免談論宗教，但偶爾還是會起爭執。兩個月前他們曾討論LGBT權利。緬甸在性別議題上仍相當保守，於是全班吵了起來。還有一次，苗為全體成員安排參訪各自的宗教建築，結果氣氛相當緊張。

研討會有中場休息時間。我和苗找了一位三十出頭的穆斯林男子談話。他熟知這個村子的歷史。在定名康瓦之前，它被稱作「卡曼村」。早期兩個族群的混居程度遠比現在來得高。舉辦研討會的這間清真寺，對面就有佛教徒居住。後來他們都退到類似飛地的地方居住。不過在二〇一四年以前，他還是會去住佛教徒朋友的家，佛教徒朋友也會來住他家，這一切要到曼德勒暴力事件過後才中止。那時加深的不信任感，在紛亂謠言的推波助瀾下開始滲入彼此的關係之中。

那位男士說，研討會已達成數項目標。光是齊聚一堂的舉動，就能讓與會者重新認識彼此——不只是個人與個人的認識，也有助於去除另一方身分的汙名。這催生出一種守望相助的倡議：每當有緊張的徵兆浮現，雙方領導人就會碰面向對方保證不會出手攻擊。

「我們知道謠言是從外面來的，」那位男士說：「這個社區非常封閉，從外面來的資訊不多，而這些謠言製造了恐懼。」那時，當流言傳來傳去，警察只叫居民待在家裡，所以沒有任何建立信任的作為。研討會已填補那個缺憾——族群修復的重要機制，可以從這裡開始運作。

集體暴力的一大矛盾，在於暴力的關鍵驅動因素往往是錯位的憤怒，而那種憤怒又是政治領導階層剝奪其中一群人、乃至雙方的公民權所致。在軍事統治期間，緬甸所有族群都不被允許透過管道抒發、討論不滿，他們被徹底隔離。對一些族群，比如在獨立後數十年接連興起的少數民族團體來說，向軍人團體動武，似乎是唯一可行的替代之道。但如果軍方領導階層將憤怒的目標從自己轉移到另一群人身上——在人民追求稀少政治經濟資本的同時，把彼此塑造成競爭對手——那麼暴力就會上演。仇恨將從軍政府轉向眼前更直接的威脅：你的鄰居。

那位穆斯林男士接著表示，地方權威當局持續騷擾康瓦的居民：不只是穆斯林，還有佛教徒。在統治方面，當地人沒什麼差別待遇。但透過研討會，他和其他與會者已明白自己的法律權利，也可以對其族群傳達這些概念。透過這樣的過程，溝通管道打開了。康瓦的居民已經具備能力和膽識直接處理政府忽視或濫權的問題，不會任由挫折感化膿潰爛，進而在村裡挑起激烈紛爭。「我們已變得團結，現在也可以自己選村長了。」他這麼說。這樣的賦權行動迅速結出果實。村裡有個年輕人在數星期前因遭人誣告而被捕——該名穆斯林男士並未確切說明是什麼樣的誣陷——他去了警局跟警察談話，沒多久年輕人便獲釋。

有幾位參與研討會的詩人仍對苗為ＬＧＢＴ權利開設的課程耿耿於懷。然而從那場爭執至今已過數月，這些詩人已開始在一本ＬＧＢＴ刊物上發表文章。「這裡贏一點點，那裡贏一點點。」苗說。這個過程的第一步——看似微小但關鍵——就能帶他們進入共享的空間，給他們發言的機會。「首先，我們需要讓他們進入一個能夠合作的環境，」他這麼說村民：「接下來就可以努力凝聚向心力。」這個過程需要一直按部就班、勞心勞力，還得面臨重重懷疑，而那些懷疑又因政府和宗教巨頭的宣傳變本加厲。苗希望康瓦村佛教徒和穆斯林在研討會上重新接起的聯繫，也能延續到場外的互動，逐漸緩解前幾年日積月累的緊張關係。既然對本身法律權利有更深的認識，這些族群將多多少少掌控自己的命運——長久以來被拒絕給予的權利——緩解不堪一擊的感覺，進而平息那種與脆弱息息相關、當地佛教徒與穆斯林對彼此懷抱的恐懼。

隨著時間過去，緬甸中部族群的緊張關係逐漸緩和，種族宗教保護聯合會等組織也慢慢淡出視線。國家僧侶監察委員會未來會查禁這個團體，就算它改變名稱，在「佛法慈善基金會」（Buddha Dhamma Charity Foundation）這個新旗幟下重新組織，那些好煽動的僧侶也變得沉默了。難道他們沒有利用價值了嗎？這些鼓動者仍扮演吃重的角色嗎？

民族主義巨頭所鼓吹的「淨化社會秩序」計畫，若能影響多數人民的看法，就算達到目的了。只要人民對羅興亞人的怨恨，表現得跟那些民族主義利益團體一致，這就表示，隨著若開羅興亞救世軍在若開邦北部崛起，共同敵人也成形了。若開羅興亞救世軍在二〇一六年九月上午發動第一次攻擊，將數十年來受到種種摧殘的緬甸西隅，推入更黑暗的深淵。該地區的動能轉變得如此深刻，為羅興亞人量身打造的限制措施，讓他們被困在村裡飽受折磨，都使得實兌或布帝洞以外的邊際空間，就算出現過一絲樂觀的跡象，也被全新、更驚人的現實所壓垮。

結果，二〇一六年底軍方開始大舉部署，毫不留情地掃蕩若開北部村落。這不僅暗示羅興亞人將步入新的危險階段，也凸顯西方國家對民選政府大獻殷勤有多麼失算。在全國民主聯盟執政七個月以來，種種跡象皆顯示，平民政府在羅興亞人議題上，將以軍方馬首是瞻。

第十三章 靜默的民主與失能的聯合國

二○一六年十一月初，一批駐仰光的外交官和聯合國官員收到一封由七名在緬甸援助及人權部門工作的職員聯名寫的信。[1]七人分屬不同組織，但有一個共通點：七年前他們人在斯里蘭卡，當時正值該國政府與坦米爾伊蘭猛虎解放組織（Liberation Tigers of Tamil Eelam）的戰爭步入最後階段。

那場戰爭在二○○九年五月結束前的幾個星期，斯里蘭卡軍隊殺害數千平民的確切證據浮出檯面，他們又驚又恐地看著聯合國如何手忙腳亂，無法組織出強而有力的回應。同時，他們早就知道政府軍在數個月前全面攻擊交戰區平民，許多平民因而被坦米爾叛軍當成人肉盾牌；災難迫在眉睫、一目了然，卻不知怎麼地未被公開評論。二○○八年底，斯里蘭卡政府就曾宣布，部隊已挺進斯里蘭卡北部，到時將無法保障援助人員、新聞記者及監護員的安全，迫使上述國際觀察員在軍方增派數千部隊進駐戰區的同時急忙撤離。政府和軍方的論調也夾帶前所未有的終結感。反觀聯合國面對當地迅速惡化的情勢時，其擬定的行動計畫，卻不知怎麼地未將上述種種納入考量。相反地，聯合國顯然屬意「寧靜外交」，不僅不願直接面對斯里蘭卡政府，甚至不願警告會員國，讓受困平民的援助計畫持續受阻，獨立觀察員更被驅逐。後來許多人都主張，聯合國的推諉——不論是出於戰略，或是無法回應大規模暴行的系統性失能——等於給斯里蘭卡政府開了綠燈，放任戰況更加殘暴，讓結局往最可怕的方向去。七位聯名上書者，眼見風暴即將來襲卻無可奈何，他們認為這種情緒已造成長遠的影響。對於若開邦正逐步演變、且注入全新動能的事態，他們也有強烈的預感。

若開羅興亞救世軍在二〇一六年十月九日清晨，對邊防警察哨發動攻擊，這是個還在胚胎期、資源不足的團體之作為。它的領導人阿塔烏拉（Ata Ullah）是巴基斯坦出生、沙烏地阿拉伯長大的羅興亞流亡者，事發前幾個月曾往來沙烏地阿拉伯和孟加拉之間，協調攻擊行動，並徵募更多羅興亞人參與。儘管該組織的開場秀毫不成熟，卻是自二〇一二年動亂以來，首次有羅興亞人組織暴力抵抗，並大大侵蝕了許多若開人原已脆弱的安全感。

數千名若開人在襲擊後逃離自己的村子，害怕還有後續。雖然十一月初又發生兩次較小規模的攻擊，但若開羅興亞救世軍似乎就銷聲匿跡了。然而，羅興亞人是反抗者的認知——自二〇一二年後逐漸定型的印象——終於在該團體出現後定型了。隔天，軍人夥同邊防警察，在數百個羅興亞村落展開所謂的「肅清行動」。這很快得到若開邦及緬甸各地高聲量的平民支持。比照他們在國家東部和北部用來掃蕩少數民族叛軍的手法，士兵摧毀了羅興亞人的存糧，聲稱那些可能用來支援救世軍，還燒毀村落、封鎖地區，阻擋給數萬羅興亞人的援助分配。到了十二月，超過六萬五千名難民越界進入孟加拉。

在此同時，士兵也加強攻擊克欽邦和撣邦北部的叛亂團體，對他們先前在幾次停火談判時所要求的更大自主權一概不理。就像若開邦的情況，東北部的暴力影響深遠，數千村民流離失所，在戰亂地區建立避難所的援助計畫盡遭封鎖。軍官堅稱他們在邊境的作戰都有鎖定好精確目標，但七位連署人的想法卻不一樣。「我們看到、聽到的，」他們警告：「熟悉得令人渾身不自在。」

至二〇一六年底，有兩個持續滾動的事態，雖然各走各的，卻逐漸相輔相成。一是軍隊在若開邦施暴的範圍愈來愈廣，特別在十月九日過後的幾個星期內，針對羅興亞平民進行無差別作戰的特徵開始出現。超過一千五百棟房屋被燒毀，許多社區被連根拔起，居民被迫逃難，不確定未來能否回到緬甸。但更令連署人掛心的第二件事——他們全都擔任過不同國際非政府組織駐斯里蘭卡的主管——是聯合國及其他駐緬甸外交單位對衝突區的暴力所抱持的態度。在信寄出幾週後，一群外交官與聯合國駐緬最高官員（駐地協調員）齊聚仰光，和連署人一同討論那封信。雙方一碰面，連署人便宣讀一份聲明，更確切、詳盡地吐露他們擔心的理由。[2]

「首先，恕我們直言，大規模暴行真的很可能會發生。」他們告訴官員：「我們相信，若說服自己那不會發生是很危險的，誠如各位或許已非常了解的，一旦真的發生，會有人指控我們是幫兇。」

這份聲明本質上是在警告未來可能發生的事。但那也是一首輓歌，哀嘆一件現已來不及補救的事。「我們必須提醒自己，這些嚴峻且無法想像的事件確實會發生，因為我們在斯里蘭卡的時候，並不相信會有這樣的事情。」

斯里蘭卡政府宣布戰勝坦米爾組織、造成約四萬平民喪生的三年後，一份探討聯合國失敗的內部報告出爐。報告強調許多面向，其中包括聯合國內部——不論斯里蘭卡境內或紐約總部——對於該由誰負責回應那些不斷加劇的違反行為並不明確。報告中也認為斯里蘭卡當局阻撓外界協助身陷戰區的平民，而聯合國卻拒絕譴責，可能變相鼓勵政府軍變本加厲。「由於預期聯合國不會在此議題上與之對抗，或許影響了該國政府的行動。」報告這麼說。[3]

另外，聯合國的行動受到一種普遍觀念的強烈影響：任何對政府直言不諱的譴責，都會讓聯合國難以繼續在該國派駐人員和執行任務，這就是那份聯合國報告所稱：「機構性取捨文化」。

如果總是從左右為難的角度來決定真正的作為，會蒙蔽聯合國必須負起的現實責任。其實，以聯合國被授與的任務及專業領域的多樣性，他們絕對有能力一邊努力提供人道援助，一邊堅定譴責殺害平民的真兇。

但這種取捨文化也跟著聯合國來到緬甸了嗎？當若開邦佛教徒和穆斯林之間的隔離政策，在二〇一二年暴力後的那幾年愈演愈烈，援助組織被迫權衡一個難題：他們該繼續提供援助給實兌鎮上以及周圍的難民營嗎？即便這麼做形同支持種族隔離制度？還是該抽身退出，藉此清楚向政府傳遞「監禁羅興亞人是公然冒犯人道原則」的訊息？事實上，緬甸當局並非公然阻撓羅興亞人取得重要服務，反而轉個說法，認為羅興亞人因害怕遭若開人攻擊，所以不敢前往特定的城鎮和醫院。因此，保安人員能監視他們的地點有限，這無可避免地限制了羅興亞人能獲得的服務。難民營也適用同樣的論點——這些是暫時居所，而警方阻擋羅興亞人離開也是為了保護他們免受暴力。「別無他法。」他們說。

供應營區需求的國際非政府組織當然看穿了這個謊言。政府或安全部隊根本沒有出力阻止若開暴民動員封鎖往醫院的路線，更何況醫療受限只是政府當局精心策劃、強制執行、旨在限制羅興亞人行動與福祉的眾多措施之一。營區不是暫時居所，根本是長期拘留營，更是廣大隔離制度的關鍵要素。唯一的逃脫路線是往海上。以上作為，政府聲稱是最符合若開人和羅興亞人雙方利益的，但其他人卻看到邪惡的陰謀。這樣的結果確實值得關注：政府顯然有意限制羅興亞人的救命治療，代表他們可以任意掌控和收回目的在保護羅興亞人生命的設施和基礎建設。不提供援助給那些宛如監獄的營區和村子，就是將羅興亞人的命運交由政府擺布，而這個政府背後的動機叫人不寒而慄。

面對這樣的兩難，很明顯地，援助應該繼續。但同樣昭然若揭的是，不管是聯合國的駐緬單位，或那些大聲嚷嚷支持民主轉型的西方政府，都認為這是一場零和的賽局；倘若他們對難民營採取公開、強勢、堅定的立場，那他們的援助任務與跟緬甸政府逐步建立的關係，都可能受到威脅。同樣面臨危險的是那些跟民主轉型有利害關係的人，他們對緬甸抱持願景：希望國家永續經營，協助引導軍隊與少數民族反抗勢力之間進行和平談判；對西方政府來說，特別重要的是穩定政治關係，並能收穫隨之而來的經濟好處。以上都需要與平民領導階層維持良好的關係。但面對一個本身立場愈來愈搖擺的政府，你若想透過讓步——這個例子是拒絕公開批評政府及軍方——來換取繼續援助弱勢社群和維繫長久的關係，這就造就了「低頭文化」。斯里蘭卡就是因為發生這樣的問題，引起聯合國祕書長在二〇〇九年九月——內戰結束幾個月後——的關切。

「我正面臨這些難題：針對流離失所者被剝奪行動自由後所做的支援，聯合國該介入到何種程度。」該月，當內戰生還者被趕進一個不得離開的難民營後，潘基文寫信給斯里蘭卡總統拉賈帕克薩（Mahinda Rajapaksa）。「我們不能支持你們建立或維持一個更封閉的營區，那會害流離失所的人陷入中長期拘留。」[4]

同樣的劇本，也開始在緬甸上演，而政府完全沒有要關閉難民營的跡象。二〇一二年六月過後，聯合國駐地協調員辦公室（The Office of the Resident Coordinator）曾數度發表聲明，譴責種族隔離的加劇及持續針對羅興亞人的暴力。「族群之間的緊張讓恐懼及怨恨火上加油。」該單位在二〇一三年六月警告。「若擱著不解決，將進一步撕裂族群。」

然而漸漸地，該辦公室對若開邦人權情勢的態度愈來愈沉默。在斯里蘭卡，潘基文的信，加上美國決定撤回對難民營的支援，並對斯里蘭卡政府施加更大的外交壓力，最終使拉賈帕克薩關閉營區，允許難民回到自己的家園。在緬甸，聯合國說他們正致力安頓被拘留的羅興亞人；在二〇一二年後流離失所的十四萬人中，確實有六分之一在數年後回到自己的村落，但絕大多數人仍滯留營區，幾無離開的跡象。正當若開邦的情況開始出現與內戰後斯里蘭卡有明顯的雷同之處，聯合國的形象卻變得愈來愈被動、愈來愈遲鈍。幾年前的聯合國內部報告就曾警告不作為的代價。若是聯合國已然忘卻斯里蘭卡難民營的教訓，它是否也會對緬甸西部逐漸形成的災難與指標——可說是非常明顯——視而不見呢？

儘管二〇一四年三月實兌非政府組織辦公室遭攻擊一事，已暴露緬甸西部的援助基礎設施有多脆弱，卻是在那兩個月前所發生的一件事，讓聯合國與緬甸政府原已脆弱的關係更趨惡化，也讓緬甸當局更加堅信，這個世界性組織是偏袒羅興亞人的。

一月的時候，消息自若開邦北部傳出，貌奪附近的杜其亞丹村（Du Chee Yar Tan）有羅興亞人遭士兵屠殺了。村民表示，一名警察在視察該村落時失蹤，士兵隨即進入村子開槍射殺四十八人。一項以訪問生還者和目擊證人為主的聯合國調查，證實了大規模殺戮的消息，《紐約時報》更以〈偏執增長，助燃緬甸國內屠殺〉為題加以報導。聯合國官員及外交官要求緬甸政府採取行動，但政府否認有此事。漸漸地，幾個星期、幾個月過去，到底有沒有像傳聞那樣有屠殺發生，已變得不清不楚。一位外交官員告訴我，村民傳給調查人員的照片被拿去鑑定，結果發現有許多是在前幾波暴力期間所拍攝的，而一位被列在死亡名單上的村民，後來還接受調查人員的電話訪問。杜其亞丹村確實出過事——無國界醫生治療過倖存者，包括數名被強暴的女性——但大規模殺戮的主張，卻因缺乏可支持的證據而喪失公信力，政府也指責村民言過其實，以吸引國際的關注。

雙方都沒有決定性的證據，但當無國界醫生的援助行動於下個月遭禁時，就顯然是政府在採取報復行動了。不久後，位於實兌的非政府組織辦公處遭到攻擊，也凸顯大膽直言的國際組織，地位如今變得有多微妙。要明確討論人權，勢必得討論誰的權利被誰侵犯，而要探討羅興亞人被監禁在營區之事，焦點便難免落在執行者身上。一旦聯合國大張旗鼓地公然施壓，便可能步入無國界醫生的後塵。

於是聯合國放棄直接對抗，改而追求「寧靜外交」政策，搭配一種在公開場合口吻較中立的危機處理方式。這種方式強調國家需要經濟發展來裨益所有族群。翁山蘇姬領導的政府一上台，就承接了這個理想：改善基礎建設、提高謀生機會，以緩和各族群間激烈的經濟競爭。在政府眼中，經濟競爭正是暴力衝突的首要驅動因素。

這種處理方式有個很明顯的問題，結果不管是聯合國內部或駐緬外交人員，似乎都沒有人公開提出：經濟發展要怎麼造福那十四萬仍被關在難民營裡的人呢？更別說其他數十萬不能離開自己村子的人？如果關鍵的利害關係人毫無發言權可言，要如何展開真正的參與式決策，討論發展基金該花在哪些地方呢？還有，最顯而易見的一點：政府領導的作為。要從哪裡去抵銷民間對羅興亞人尖刻的敵意呢？這可是政府實施的隔離政策所徒然加劇的啊！

聯合國強調，在他們的工作中，人權和經濟發展總是攜手合作，以促進社會的包容及凝聚力。但要如何在那麼多羅興亞人已遭暴力排除的時候做到這點，他們始終沒有一貫的解釋。到了二〇一四年，難民營已顯然變成拘留營，而非只是暫時收容所。這個事實直到翁山蘇姬二〇一六年上台時仍未改變。翁山蘇姬曾委託一個由前聯合國祕書長安南（Kofi Annan）領導的專家小組，提出一連串建議來緩和若開邦的緊張情勢，並以重新納入羅興亞人為最終目標。儘管如此，她的政府所採取的立場——不強烈譴責難民營、未致力於鬆綁對羅興亞人愈來愈嚴厲的安全措施——暗示在其優先順序上，先安撫的是若開民族主義，羅興亞人的行動自由則在之後，而且他們不會干涉軍方「不可侵犯」的維安職權。因此，現狀將維持到羅興亞人能重回二〇一二年以前的生活為止，但現狀要維持多久並不知道。究竟需要哪些互動過程——遠遠超出經濟發展所能觸及——才能達成，則未加說明。

長久以來，聯合國被視為一個獨一無二、解決世上諸多危機的仲裁者。然而聯合國在斯里蘭卡的經驗，不僅衝擊到外界的觀感，也衝擊到內部和許多與它共事的援助及人權組織，促使世人開始深思聯合國的宗旨。當初創立聯合國、希望它進行的任務，現在是否依然適任？它在服務誰的利益？在斯里蘭卡，聯合國的無能已展露無遺。在該國內戰的最後幾個月，聯合國會員國沒有針對斯里蘭卡開過任何一場會議。反之，該有的討論被降級為「非正式對談」且沒有產生任何正式的結果。「在對談前，祕書處資深官員發表預先準備的聲明，內容主要聚焦在人道形勢。」那份聯合國內部檢討報告指出。但他們並未討論斯里蘭卡如何封鎖人道援助，也未提及傷亡者大多是被政府攻擊的受害者。問題的核心——報告指出——出在聯合國官員把人道主義的呼籲定義成「政治問題」，例如誰殺害了平民、有多少人被殺、危機的根源為何？「議題被界定為政治問題，顯然不是因為該議題有政治面向，而是因為聯合國解決議題的行動會招致該國政府的批評。」[5]

戰爭結束四年後，仍由潘基文掌舵的聯合國終於對那場人禍有所回應。面對自己的無能為力，「人權前線倡議」（Human Rights Up Front）以稀稀落落的細節勾勒聯合國要以何種程序處理大規模暴行的警訊。[6]倡議內容指出，當初在斯里蘭卡工作的同仁，既缺乏對局勢的普遍理解，也未負起聯合國的責任，因此並未對人權監察員所發出的警訊作出反應。聯合國應進行作業上的變革，對早期警訊採取行動，並發展更好的架構讓會員國進行政治參與，加強他們對預防性行動的支持。另外，聯合國也要追求文化上的變革，鼓勵員工「做出有道德勇氣的行動」；聯合國總部則是「不論在最嚴峻的情況下，或在早期的預防工作中，持續支持節操高尚的工作人員」。這項倡議表示，到了二〇一五年，所有聯合國資深官員都要依據能否克盡潘基文所託付的職責來進行評估。

二〇一五年，若開邦的難民營已設置約三年，而路障仍擋在實兌昂敏加拉爾少數民族區的入口。同年三月，羅興亞人被剝奪投票權；八月，也就是選前三個月，國會唯二的羅興亞議員——瑞貌（U Shwe Maung）和翁紹溫（Aung Zaw Win）——雙雙被國會除名。聯邦團結與發展黨政府及日益茁壯的全國民主聯盟都無意撤銷羅興亞人所受的行動限制和被剝奪的公民權。在緬甸西部工作的代理機構，很害怕再次成為若開人投射憤怒的焦點。這並非空穴來風，因為在若開人心目中，愈來愈多援助工作者進入該邦，代表的是一種新的殖民主義在迅速發展。

當國際新聞將注意力轉向大選前的緬甸，結果看到該國外圍地區正承受著嚴重的問題，那種眼看就要改變的興奮感，頓時涼了半截。「翁山蘇姬有可能讓長年的衝突畫下句點嗎？」評論員問：「她有辦法解決若開邦的危機嗎？現狀還會維持下去嗎？」

如果維持現狀暗示著事情毫無進展，那對這些羅興亞人或其他住在邊境的少數族群來說，停滯不前的感受又會更強烈。緬甸有個平行現實：中央谷地的快速發展與周圍地區的深陷危機形成鮮明對比。但試圖著力更深的西方世界行動者卻未能充分領會因民主轉型所加劇的政治利益競爭。在東北部衝突區，已有數百萬美元的捐款投入支援休戰協議，聯合國和擴編的西方外交部隊都被賦予前所未見、與緬甸政府和其談判團隊接觸的權利。但對於停火協議該提供什麼實質內容，眾人意見分歧。軍政府內的強硬派認為和平進程是讓其權力及商業利益更深入邊境的途徑。停火協議本是一種懷柔，或謂買通武裝叛亂團體的工具，而聯合國資助的農民信貸計畫或學校經費將與之配合。結果，被資助的學校並沒有教授少數民族語言——這明明是跟武裝團體交易的要素。停火協議除了進一步侵蝕少數族群獲得更大自主權的希望，也直接損害和平統一的可能性。武裝團體陷入分裂——有些團體簽署了，其他團體則認為整個過程根本是場騙局。於是，當政府談判人員和西方特使向族群領袖施加更大的壓力、要他們同意協議時，各團體開始將槍口對準彼此，因此讓原本就夠複雜的衝突更趨惡化。

翁山蘇姬在野時就曾看過這齣劇碼；她也將落實停火做為全國民主聯盟競選時的政見重點。執政後，她隨即宣布將修正先前政府的策略，提出替代誘因讓武裝團體及其利益關係人願意簽署協議。

然而，令人大惑不解的是，該黨壓倒性的勝選、令國內外支持者瘋狂慶祝的勝利，卻揭開了少數族群陷入更危急階段的序幕。除了武裝戰鬥惡化，援助工作者也發現他們更難接觸到緬甸許多衝突區的平民了。他們必須先寄信給政府辦公室——有時要提早六個星期——申請旅行授權。信中需要詳述那些看似多餘的資訊，且需要逐週更新：援助分配的村落或營區人口有多少，有幾棟建物？訪問人員姓啥名啥？打算待多久？誰開車載他們過去？不論援助團體是要分配營區避難所的建築材料、糧食，或重要的醫療協助，所有參與者都要負連帶責任。不同援助機構必須和不同部會打交道，因而關於他們可以去哪裡、能做些什麼，往往得到相互矛盾的細節。我訪問過的援助工作者都不知道為什麼會這樣。或許，在選前私下進行的交易中，軍方向全國民主聯盟表明它要繼續掌理邊境地區。軍方意欲擊潰拒絕停火協議的武裝團體，但出兵益發困難；如果無法靠武力終結叛亂，或許可以靠切斷重要補給來削弱武裝團體的支持基礎。

但不論是援助緊縮，或戰鬥不減反增，似乎都未能轉移國際對政治開放的興致。「緬甸政府現在更民主、更負責，也比過去六十年更不受軍方影響了。」英國亞洲和太平洋政務次長阿洛克．夏爾馬（Alok Sharma）在選後一年左右這麼說。他肯定緬甸「從獨裁邁向民主的非凡旅程」，儘管「曾犯下諸多惡行」，軍方仍應參與。「我們應承認它在民主轉型所扮演的角色，是它讓改革得以實現。」[7]

來到若開邦，二〇一六年已過了好幾個月，援助分配依然受限；十月若開羅興亞救世軍攻擊的餘波又帶來前所未見的效應。攻擊十天後，隨著軍隊大肆行動，世界糧食計畫署發出第一次警告：它原先計畫給若開邦北部八萬名受困種族清洗熱點的羅興亞人之糧食，全部遭到封鎖。[8]工作人員力勸政府官員撤銷封鎖，卻反被告知，只要軍事作戰持續進行，就不會放人進入。若開邦北部城鎮和實兌、仰光援助機構辦公室之間原有的通訊，也遭斷絕。作物要到十一月才會收成，而十月向來是脆弱不堪的若開邦北部糧食匱乏的時節。營養不良是羅興亞孩童普遍的問題，而援助糧食不僅補充了既有的存糧，更往往成為糧食主力。除了援助工作者遭到阻擋，新聞記者也被封鎖。十月過後的幾個月間，隨著越界進入孟加拉的羅興亞人攀升到數十萬，本就閃爍不定的火光熄滅了。緬甸偏僻的角落，再次陷入黑暗之中。

二〇一二年底，同年稍早獲任命為一九九〇年以來美國首位駐緬甸大使的米德偉（Derek Mitchell），在英國及澳洲外交官的陪同下，從仰光飛了兩小時到實兌。他來訪前不久，第二波暴力浪潮剛襲擊若開邦，而這支代表團希望找到更明確的衡量標準，來判斷當地不斷加劇的情況有多嚴重。

「我在十月第二波攻擊過後過，前去傾聽當地若開民眾的意見，但對他們非人化的敘事非常擔心——羅興亞人尾隨我們的女人啦！想奪走我們的土地啦！」他告訴我。一離開若開邦，他便向紐約提出非正式的簡報以表達憂慮。

我想我們在歷史上都聽過這種辭令，而那令人深感憂慮。種族清洗的疑慮已浮現，不是因為有證據顯示政府或軍方的行動一觸即發、或蠢蠢欲動，而是因為若開當地民眾懷抱深切的敵意，以及國內更廣大的人口顯然對羅興亞人深惡痛絕。

話說回來，即便在那個時候，最終那等規模行動出現的可能性仍難以想像。我們很清楚，要是若開邦對羅興亞人的暴力持續，遑論失控，民主政府整體的改革方案、乃至它愈來愈正面的國際形象，都會被嚴重傷害。

在和米德偉會談時，登盛政府官員不斷提到，他們相信在二〇一二年暴力事件後，羅興亞團結組織又開始活動。美國大使告訴他們，對於非政府武裝團體的風吹草動，美國的直覺或許比全球任何政府都來得靈敏，但迄今未見他們捲土重來的跡象，但奈比多政府仍不死心。「他們認為羅興亞人擁有恐怖分子細胞，永遠都在培植勢力。」

仍在野時，翁山蘇姬經常斥責登盛政府不打算關閉難民營，展開重新融合的工作，把問題以及可能發生的武裝行動，留給下一任政府。「我們長談過這件事，她考慮周詳，非常了解情況。」米德偉告訴我。「從她身上我沒有感受到像軍方那樣的敵對態度。」

但一執政，她的辭令也開始轉變。米德偉在二〇一六年三月離開職位，但繼續訪問緬甸，和翁山蘇姬碰面。

她一再把國內發生的問題推給國外，說有外國人在搗亂滋事。她告訴我他們可能企圖建立「羅興亞斯坦」（Rohingyastan），地點想必是在若開邦北部。我想她身邊一定有人告訴她這些事情。

翁山蘇姬政府似乎和許多若開人看法雷同：羅興亞人有分離意圖。宛如「科索沃戰略」，他們認為西方人「要切掉一塊緬甸，或協助建立由羅興亞人治理的新主權獨立實體」。二〇一二年以後的敘事皆聚焦於這個信念：羅興亞人是為了更宏大的穆斯林計畫效勞，而米德偉在與緬甸政府的關門會議中，表達了對若開邦情勢惡化及其所用辭令愈來愈苛刻的關切。但我問他為什麼在他首度提及種族清洗的警訊時，美國並未更坦率地表達自己的憂慮——二〇一二年的暴力可能預示著遠比那更嚴重的事情。

「若開人覺得自己犧牲受害了。」他回答。

我人在緬甸的時候，若開人和其他族群團體都在問：「你們為什麼永遠只關注羅興亞人？」若開人還抱怨：「聯合國為什麼只進羅興亞營區幫助他們？我們是聯邦裡發展最落後的一邦啊！我們需要物資，但沒有人討論我們是怎麼被緬人犧牲的，或羅興亞人一直以來都想奪取我們領土、攻擊我們的人民。」我們了解到，若愈是一再強調羅興亞人的需求，不去理解若開人的觀點，並賦予某種發言權，就會把鴻溝愈挖愈深，而無法建立必要的信任來解開愈來愈危險、愈來愈絕望的僵局。我們或許不同意若開人的觀點，但我們覺得展現理解的誠意，是尋找建設性解決方案的第一步，而過度的公開評論可能適得其反。

米德偉繼續說：

在二〇一二年羅興亞人情勢嚴重惡化、初現種族清洗徵兆的同時，我在想，軍人集團大可在他們執政的任何時候清洗羅興亞人，為什麼要選一個顯然在尋求與西方建立良好關係、開放國門進行發展的時刻做這種事呢？因此，我們試著利用該國政府顯然亟欲改革的渴望做為槓桿，要他們積極、果斷、正向地處理若開議題。

緬甸政府若不有所作為，他說：「這個議題就是繼續滴答倒數的定時炸彈。」

結果，炸彈在米德偉於緬甸任期結束的七個月後爆炸了。十二月，因軍事行動持續不歇，仰光的外交官終於不得不公開承認情勢急轉直下，十四位大使更在聯合聲明中呼籲政府重開管道讓援助機構進入。但當時幾乎沒有人以更宏觀的方式，將軍方於二〇一六年十月後那幾個月的行為，置於緬甸西部長久以來的脈絡下觀察。眾人發狂般聚焦在眼前的危機，一致認為以「肅清行動」報復若開羅興亞救世軍的攻擊完全不符比例原則。但沒有人把鏡頭拉遠、放大視野，也沒有人公開承認那些關起門來翻攪的憂慮：現在發生的事情不是若開邦發展——雖然境遇惡劣但仍似穩定前進——路上的一個窟窿，更可能是墜入一個益發嚴重局面的開端。當然，他們無法確切預知二〇一六年底的可能結局。沒有人可以。若開邦有漫長的暴力史，有軍隊主導的暴力，也有武裝團體或平民施暴的傑作。這一次，該有截然不同的解讀法嗎？

斯里蘭卡那封信的簽署人，呼籲要拉長時間軸來看。他們希望收信人明白，早在大規模暴力爆發前，遍地早已是較小的火花，點燃、又被掐熄了，在表面上彼此似乎毫無關聯。他們認為，二〇一六年底的暴力必須置於二〇一二年衝突後的背景下來看，甚至可回溯數十年前就開始、較不顯眼的政府操弄。「討論中的族群都有暴力的過往，包括武裝衝突和各種看似毫無關聯的傷害、違反人權之情事。」他們在十一月的會議中，這麼告訴聯合國的官員和各國大使。那些情事星羅棋布在一片「表面上一切都在進步、大致穩定」的暫時景觀上。大規模的暴行並非不可避免；施暴也可能只是路上的一個窟窿。但他們警告，別被那道希望曙光刺瞎了眼，而看不到正遍地蔓延的陰影。

「我們探討大規模暴行有可能如何展開，以及為什麼需要未雨綢繆。」其中一位與會者後來告訴我。

我記得去開過那場會議，指出大規模暴行非常可能會爆發，若以為這種事情不會發生實在很危險。但當我們這麼說時，眾人嗤之以鼻。他們還是覺得緬甸正處於轉型期，而民主的璀璨未來是值得我們投資的理想。大家都將他們的希望、心力、財力、信念寄託於此，這種否認的文化深植人心。

這場危機錯綜複雜，加上國內外對於誰才是首要受害者的詮釋嚴重分歧，致使任何公開的回應，不論是來自政府或國際組織，都令人提心吊膽。若開羅興亞救世軍發動第一波攻擊時，翁山蘇姬已執政七個月，不但建立起迴避議題的名聲，防禦心甚至強到表現出敵意的地步。「告訴我世上有哪個國家沒有人權問題的？」她在十月暴力開始三天後的一場記者會上表示。「每個國家都有損害人權的情況。」[9]

時任潘基文緬甸特別顧問的南威哲勸翁山蘇姬「聽聽自己心裡的聲音」，但他其實並不知道——恐怕也只有她那個小圈子裡面的人才知道——那個聲音究竟告訴她什麼。它默不作聲了嗎？因為政治評論員老是說她對這個議題「保持沉默」。然而她的辦公室可不沉默，還斷斷續續在當地媒體和 Facebook 上發表高見。我們不知道那些意見是出自她本人，或來自那些口無遮攔的黨內同志，但指控「強暴是假的」、用「國家安全」做為軍隊鎮壓的合理藉口，顯見她的政府與軍方口徑一致。其他時候，在不同聚光燈下，翁山蘇姬似乎退了一大步，申明這場愈來愈深的危機不該歸咎於任何一方。外國媒體始終無法接受這個事實：一位公眾形象建立在反抗軍隊的諾貝爾和平獎得主，過去曾身為反對派民運人士，勇於對抗獨裁，如今卻無法挺身質疑同一支軍隊所犯下的與當初一樣令人髮指的惡行。

她和全國民主聯盟都知道自己的地位並不穩固，也明白雖已執政，但政治上分裂加劇，平衡國內外輿論的微妙作為將困難重重。簡單來說，政權維持不易，他們對軍方的影響力就算有也微乎其微。許多人呼應南威哲的說法，請翁山蘇姬重拾曾頂住軍方炮轟近三十年的強大道德良知，引領她將要採取的務實策略。她有可能無視自己的支持者基礎——有一大部分認為軍方的攻擊具正當性——而直言不諱地說「軍方的行動其實是對平民的全面攻擊」嗎？

如果她真的動輒得咎，是否乾脆辭去職務比較好？

但就算西方官員看似團結一致，懇求她起碼採取更堅定的立場——不管是什麼樣的立場——在緬甸境內也難以形成共識。隨著民主轉型持續進行，顯而易見的是，轉型期的諸多西方利益關係人——聯合國機構、歐美外交使節、國際非政府組織——正對日益惡化的衝突採取分歧的策略。兩大陣營悄然形成：一方覺得該更大力公開傳播現正發生的事，另一方則擔心這樣的宣傳會使他們難以在緬甸繼續進行任務。聯合國難民署（UN High Commissioner for Refugees）就屬後面那個陣營，它是前進若開邦北部的援助機構中規模最大的。它顯然覺得情勢危急到一碰就碎，甚至不肯在報告中直稱逃離的難民是羅興亞人，只提到「流離失所的人」，或「自我認同為『羅興亞人』的穆斯林。」

聯合國駐地協調員辦公室也是這般模稜兩可。它在暴力開始三天後發表聲明，譴責若開羅興亞救世軍襲警，並對「正在演變的情勢」表示憂慮，但一直要到十二月，即事發兩個月、已有五萬多人逃難後，才發表第二份聲明，呼籲調查普遍可見的暴行及相關指控。在這段期間，剛好遇到十月二十四日「聯合國日」（UN Day），全球聯合國人員停工一天以表紀念，而駐地協調員羅黛琳（Renata Lok-Dessallien）在仰光發表演說。不過在內行人耳裡，她的演講就像一種委婉的回擊，回應那些愈來愈壯盛的批判大軍。這樣的機構難免會

「捲入那些只會批評、毫無情感的人與愛護有加、絕不批評的人之間的交火。」她說。「有人選擇著眼於我們的缺點，那當然有很多。但他們常忘記我們本來就是設計成有那麼多缺點，才不會干預我們會員國的主權。」[10]

我向聯合國申請了書面採訪好幾個星期，才終於獲准訪問羅黛琳。她的任期從二〇一四年一月——杜其亞丹事件的那個月——到二〇一七年底，那段期間聯合國的沉默外交策略飽受批評，但顯而易見地，即便斯里蘭卡衝突讓聯合國國家工作隊（Country Team）對危急事件的反應能力慢半拍，但過了這麼些年，聯合國內部深刻的結構性問題也依然如故。她提到國家工作隊，缺少必要的支援，來處理緬甸在轉型期萌生且惡化的多重危機，那太巨大、太複雜了。「在類似這種工作強度下，聯合國通常會有一個獲安理會授權、規模較大、資源較充裕的特派團。但在緬甸，沒有聯合國特派團，於是駐地協調員和國家工作隊得用有限的資源來執行複雜的工作。」

那封在二〇一六年底寄給多國大使和非政府組織領導人的信就已警告，聯合國之所以無法對日積月累的暴行做出有力的回應，最後讓暴行演變成斯里蘭卡內戰，主因就是內部組織的紊亂和不團結：沒有一貫的指揮結構、沒有人管理公眾訊息；誰該負責處理可能出現的「政治性」議題，也就是那些可能觸怒政府的議題，指示亦不明確。在緬甸，這些事情本應由聯合國人權事務高級專員辦事處（Office of the High Commissioner）和祕書長特使負責。但緬甸已拒絕該辦事處在國內設置正式分支機構，使緬甸境內沒有哪個聯合國系統的人有明確的職責來與政府和軍方就不斷加劇的暴行談判。結果那項任務就丟給駐地協調員處理，而她仍須與眾多權威當局維持良好關係，以利人道與相關發展持續進行。

信件連署人開始感覺到那股縈繞不去的似曾相識。早在若開羅興亞救世軍攻擊前兩年，就有專家報告向聯合國指出羅興亞人正在經歷「人權與生計的緊急狀態」且「居住環境和謀生機會繼續惡化」。羅黛琳告訴我，聯合國在若開邦進行的任何活動向來以人權為核心原則，然而即便二〇一六年十月暴力過了很久，聯合國內部仍把若開邦中部形勢稱作「人權危機所導致的人道主義問題」。但那究竟是什麼意思？人權危機仍然是人權危機，比起一般的人道主義，它需要更多的協助——包括援助及發展——才能因應。數萬羅興亞人民被拘禁在難民營裡，違反其意願、被規定不得離開；其餘人則被關在村子裡，需要特別許可方能行動。到了二〇一五年，沒有投票權、國會裡也沒有代表席次的羅興亞人，政治權力被徹底剝奪了。反觀二〇一四年後的聯合國國家工作隊，幾乎沒有針對若開邦發表過任何聲明，顯示這場危機明顯的「政治」根源沒有被公開處理，也沒在更廣大的西方外交圈中被凸顯出來。沒有人想公開正視這個事實：真正驅動這場危機的是軍方，而非貧窮和欠缺發展。「族群暴力」的說法仍被用來解釋二〇一二年所發生的事，而究竟有哪些陰暗勢力組織暴民、散播流言來協助動員若開平民，則未詳加檢視。

用來形容一場危機的語彙，對於人們之後怎麼回應有莫大的影響。在緬甸，儘管連全國民主聯盟也不願正視難民營和少數民族區之續存，這場危機仍只被當成人道主義問題。就結構論，人道主義問題與人權危機截然不同。若強調的是人權的語彙，與施暴者——保安部隊也好、若開政治人物和相關運動人士也好——之間的關係勢必多了對抗和質疑，但聯合國追求的運作模式不允許這種事情發生。公開譴責難道就真的有辱聯合國對會員國主權的尊重嗎？不論當時或未來，這是否都限制了聯合國的影響力？同樣的權衡早在幾年前就發生過，所釀成的災難已讓潘基文不得不承認，這種方式行不通。如果「人權前線倡議」所提倡的那種早期預警系統可在某種情境下加以測試，緬甸一定是最適合的。因此，如果緬甸要成為測試案例，那聯合國的國內工作團隊，以及其他許多相關的利益關係人——不只是打專線與政府對話的歐美外交官——都必須直接對人權危機及其成因做出回應，而非轉移焦點，只用人道主義的語言包裝。

「沒辦法大膽地、真正地看清這些情勢，釐清大規模暴行背後的過程。」十一月會議的參與者告訴我：「他們只擔心聯合國或外交官一旦發表任何重大聲明，就會導致政府或軍方讓他們吃閉門羹。在觀察事情時，只著眼短期效益，是他們一直以來的一貫做法。」

人權前線倡議已明確要求「文化變革」，要讓員工覺得有權力發出警訊，就算這麼做會觸怒政府。羅黛琳告訴我，緬甸境內近兩千名聯合國人員都受過人權前線倡議的策略訓練，而在二〇一六年十月攻擊後，聯合國擴充了它的早期預警系統，盼能和總部密切磋商。透過系統監控，它能偵測出潛在的地方衝突因子，接著便會以偵測出的資訊做為向政府提出倡議的基礎。羅黛琳表示，那已在若開邦緩和不少次在羅興亞救世軍攻擊後死灰復燃且愈趨激烈的地區性緊張。

但軍方的攻擊持續到十二月，而一直到那個月，羅黛琳才發表聲明強調聯合國已「再三譴責攻擊」。人不在緬甸的官員確實譴責了，但十二月的聲明才是駐地協調員辦公室兩個多月以來發表的第一份聲明。除了定期更新人道主義形勢，聯合國國家工作隊大抵不願發布任何公開訊息來正確反映緬甸西部日益加劇的危機與嚴重性。與羅黛琳的聲明相反，一份在二〇一七年四月送交潘基文繼任者安東尼歐．古特瑞斯（Antonio Guterres）的內部備忘錄警告：「聯合國駐緬甸國內工作團隊仍持續失能。」[11]其中指出這樣做造成的衝擊是：「在引導和定義國際社群如何來解決緬甸面臨的挑戰上，聯合國愈來愈無關緊要了。」

或許聯合國內部的結構性問題，比潘基文考慮到的還嚴重。或許要除去那些陳年舊習，需要的不只是名稱大膽的倡議。國際援助組織一直想方設法與不友善的政府共事；聯合國自一九九〇年代起，就在軍政府統治的若開邦設點。當地已有行之有年的合作架構，在那些年，它一直在架構範圍內工作，可以的時候就往外拓展，情況不妙的時候就縮回去。他們理所當然認為，一旦翁山蘇姬取代軍方執政，那個架構就會改變，因為……她的政黨基礎性質不同，是比軍方更進步、更團結的國家管理者。聯合國及大多數觀察緬甸的人士，並沒有準備好接受這個事實：在關鍵領域，民主轉型期不但沒有改變事態的跡象，反而因循守舊，甚至雪上加霜；尤其在羅興亞議題上，全國民主聯盟竟屈從於主張種族清洗的軍方。

「需要劃出紅線，需要採取立場，也需要有接受新思維的渴望。」那位與會者說。「但要改變與政府合作的習慣和行為，冒著雙方關係可能破裂的想法，這太令人難以招架了，所以『否認』的心理就接管了。」

若要恰當執行，「人權前線倡議」的架構需要被聯合國承認，並體悟到與政府的關係有時可能變得針鋒相對。聯合國等機構不可對累積的警訊視而不見，必須盡其所能來阻撓趨向大規模暴行的動能。但聯合國——一如西方各國政府——已運用其影響力大力支持民主轉型，因此擔心公然採取這樣的立場，可能會把政府進一步推向軍方。英國——號稱緬甸在聯合國安理會的「代筆」——過去一直領導安理會對緬甸危機作出回應。但身為政治轉型的首要支持者，英國的立場同樣造成損害。

英國要到很久以後才承認這點。二〇一七年十二月，第二波軍事作戰開始四個月後，英國外交委員會一篇報告指控英國政府太聚焦在「支持『民主轉型』，而未投入足夠心力預防暴行；針對羅興亞議題，缺乏向緬甸政府傳遞強硬、不歡迎的訊息」。報告譴責，緩和若開邦情勢的國際行動不夠充分，而英國「要為此負一些責任」。[12]

是深謀遠慮也好，是國際衝突專家無可避免的職業歷程也罷，曾撰寫報告批評聯合國在斯里蘭卡失能的查爾斯．皮特里（Charles Petrie），發現自己的注意力在二〇一二年實兌爆發第一波暴力時就轉移到緬甸了。他曾在二〇〇三到二〇〇七年代表聯合國負責緬甸事務，因此對那個國家知之甚詳。但在九年多前的一九九四年四月，皮特里曾被派往盧安達。一支聯合國部隊已於前一年底派駐當地協助胡圖族（Hutu）政府和圖西族（Tutsi）叛軍進行維和任務，結果他們突然成為國際爭論的對象：對於在皮特里到達數週前爆發且急遽發展的種族滅絕，聯合國部隊該干預到何種地步。皮特里的任務，就是支援聯合國部隊指揮官羅密歐．達萊爾（Romeo Dallaire）將軍的行動，但最後，聯合國部隊未能阻止胡圖族暴民及民兵部隊的暴行。皮特里看到類似的結構性失能——聯合國針對盧安達制定的交戰規則太過含糊，紐約高級幕僚對暴力本質和該機構的保護任務普遍缺乏了解——在斯里蘭卡重演，而他隨後發表的那篇報告，根據聯合國政治事務部在二〇〇八年初——即戰爭結束前那年——所寫的一份紀錄，呼籲「採取更堅定的行動，以免危機惡化成像盧安達那麼巨大的人禍」。[13]後來在緬甸，他不只看到斯里蘭卡情勢的翻版，也看到當年驅動盧安達種族滅絕的那種政治謀劃。他回到仰光擔任該國民主雛形期和平進程的特別顧問，但那一年先於西部上演、後於中部爆發的佛教徒－穆斯林暴力，喚起了舊日回憶。

> 那真的令我訝異，因為隨著政治空間開放、公共意見開展，你當然會見到有趣、積極的動能，但也會見到另一面，也就是民眾、特別是政治領袖，有能力操弄既有的恐懼來培養支持者。我在盧安達就看過這種情況。而緬甸真正令我擔心的，就是那種系統性。有外部元素進入社區，強化或煽動某件事，引起公憤，造就強大的地方性參與。

緬甸中部，特別是米鐵拉的事件就凸顯出——或許比若開邦更鮮明——政治菁英可以怎麼利用宗教社群的裂痕為己牟利。這造就何種結果尚不明確，但皮特里已在別的地方見過這種性質的暴力以一種初步的策略被使用了。

盧安達的種族滅絕不是從一九九四年四月六日開始；而是始於一九九二年，就是那些測試性、針對圖西族的人民動員，以及外人觸發的挑釁事件。所以你讓一群人做好準備、尋找星火，讓外部元素幫助你把星火轉變成烈焰。

對皮特里來說，同樣明顯的是，緬甸軍政府非常善於利用聯合國內部的失能，就連全國民主聯盟執政後也一樣。翁山蘇姬政府敏銳精明，而它可能利用這個事實：當國外譴責政府和軍隊施暴時，國內的工作團隊並不去呼應。有些人認為第一波若開羅興亞救世軍的攻擊和軍方的反擊是危機的轉捩點，勢必會大幅改變工作團隊與政府的關係。其他人則覺得那只是零星狀況，不足掛齒，並持續附和翁山蘇姬「發展優先」的說法；他們可能會被政府及想將強硬派完全阻於門外的人士大獻殷勤。

「緬甸政府意在挑起聯合國兩派的不合，」皮特里解釋：「當一方針對人權議題採取某項措施時，緬甸政府大可置之不理，因為他們知道聯合國的另一派會來攪局。」

但聯合國的失能不僅如此。「在緬甸，聯合國只是重蹈它在斯里蘭卡的覆轍。整個聯合國組織裡沒有任何責任層級制訂出全系統的方法來處理緬甸問題。」

於是，針對二〇一二年後若開邦不斷加劇的危機，聯合國各部擬定的策略皆各自為政，幾乎沒有共存的空間。羅黛琳表示，儘管有人批評聯合國與主政者以發展為首要療法而不處理濫權的政策，但聯合國在若開邦推行的任何計畫或倡議，仍持續與羅興亞人商量。但「商量」的品質為何？聯合國確實經常評估羅興亞人的需求，但聯合國會更進一步針對他們每況愈下的情勢、納入羅興亞人的觀點，以討論更廣泛的策略嗎？聯合國避免公開批評以換取進駐管道的決定，真的反映了羅興亞人的希望嗎？就算真的有深入的對話，皮特里指出，到目前為止，各種危機的處理方式卻嚴重分歧。不管怎麼看，都是互相競爭、互相排斥。

另外還有這個錯誤的看法：國家工作隊是整體策略的中心，每一個人都得幫助他們，這完全是謬誤，因為國家工作隊和駐地協調員並不負責督導聯合國的政治和人權要素。

在聯合國各單位嫌隙日深的情況下，儘管駐地協調員聲稱嚴格遵守「人權前線倡議」的原則，但那項倡議實已石沉大海。如盧安達、斯里蘭卡和現在的緬甸所示，儘管有人認為設置國際架構以監視大規模暴行能大大預防一國最惡劣的行徑，但那碰上了一個更強硬的政治現實，也就是主權。顯然，主權原則之神聖不可侵犯性，不僅為有過的一方提供護盾，也順勢阻擋了外國的干預。除了少數著名的例外，外國政府鮮少認為踏進遙遠國度的政治險境，能為自己帶來充分利益。國際主義有其局限，而在緬甸，問題又因某些國家積極干涉政治轉型導致投資太多而更趨複雜。緬甸能脫離軍事統治，或許已造就一篇頭條報導來闡揚西方的影響力，更別說新生的投資標的驚人的吸引力。一旦介入拯救一個少數族群，這一切便可能化為泡影。值得冒這個險嗎？或者西方政府寄望的是情況在不久之後就會安然平息，翁山蘇姬還是那個翁山蘇姬，她會出手收拾殘局。

「就我感覺，英國人尤其對她有求必應，沒去認知到質疑她也有其必要性。」皮特里告訴我：「他們完完全全接受她，還有專人配合她。他們該看看她的專制作風，該看看她為執政所做的準備有多不充分。英國太被動了，他們明明握有最強大的影響力，卻從來沒有善加運用。」

在民主轉型期間出現的脆弱行動力是以這個觀念為前提：對軍方讓步，在國際揭露它的濫權時盡可能輕描淡寫，以鞏固聯合國過去力助軍方改革時所獲得的地位。但這道方程式似乎遺漏了什麼：雖然聯合國跟緬甸軍方打過很久的交道，軍方將領仍可能將那種軟弱的立場視為可以繼續掌控暴力的許可證。藉由鼓勵聯合國及外交官不要捨棄「民主化過程正在前進」這個不斷失去公信力的路線，軍方可以左右哪些資訊要傳給相關政府、日內瓦或紐約的國際監察員，進而擾亂國際對若開邦形勢有多嚴重的認識。

假如來自西方的工作者更留意大眾對第一波羅興亞救世軍攻擊的反應，或許他們會發現，大聲發出警報就是最好的選擇。緬甸國內有一種廣受歡迎的看法，認為那場暴動不僅是羅興亞人內部特定派系的行動，更代表著整個族群的共同利益。所以，所有的羅興亞人都該滾。

這段期間，歐美等其他支持民主轉型的國家，也很明顯未能理解到，民主對不同族群產生的意義，在緬甸內部有愈來愈大的差異。群起支持軍方行動的民族主義遊說團體，似乎不把肅清羅興亞人視為民主轉型的脫序，反而是往理想的民主國家更進一步。在現代化過程中瀕臨危機的顯然不只有佛教；那些自認權利長期被剝奪、如今可合法抗爭的若開人，其政治地位也受到威脅。若民主轉型帶來的是真正公平的賽場，不僅給予羅興亞人公民權，還反轉緬甸西部由來已久的階級制度，那其他族群、特別是若開人的地位就會相對被削弱了。羅興亞人爭取公民權的聲量，在轉型期間愈來愈大。但羅興亞人爭取的公民權，不被認為是一種與其他族群平起平坐的訴求，反而是打壓其他族群的手段。因此，暴力是一種預防措施，是為真正配得上的人——無論若開人、緬人或其他公民——鞏固民主權利的方式。這種解釋意味著軍方在打擊羅興亞人時，可獲得它在其他方面從未得到的民意支持——不只是當時，在未來很可能依然如此。

如果國內輿情已使軍方行事更加大膽，那麼自認仍對軍方有若干影響力的聯合國國內工作隊和外交人員所採取靜默、謹慎的立場，或許也造成同樣的效果。但這似乎忽略了一個事實：軍方在若開邦的策略正在質變，從難民營和少數民族隔離區所實施的結構性暴力，轉變成更「人身」的表現，包括屠殺、集體強暴與夷平村落。

三年前，聯合國內部針對斯里蘭卡的報告中，已提出一個問題：面對不斷加劇的攻擊，聯合國採取的非對抗立場，是否有可能鼓勵軍方逐步提升暴力的等級。毫無意外，同樣的問題也在二〇一六年十月攻擊後出現在緬甸，但後來大家都不再問了，因為這已成事實：不管聯合國是否對軍方有過任何影響力，到那時都已消失。另一方面，來自西方的參與者因不願危及自身在轉型期的利益而保持緘默，是否讓軍方看到綠燈：萬一未來有某個事件賦予它行動的正當性，對應的作法是否可以變本加厲？

二〇一六年十一月底，也就是暴力開始一個多月後，《緬甸新光報》刊出一篇標題為〈一隻跳蚤不會揚起塵土，但……〉（A Flea Cannot Make A Whirl Of Dust, But...）的社論。那時，審查委員會已廢止三年，管理媒體的資訊部已歸平民政府掌控。新聞記者正刊出軍方在撣邦發動攻勢的前線報導，從二〇一二年伊洛瓦底文學節萌芽的開放文化——儘管出現過幾次重要警報，特別是若開羅興亞救世軍第一波攻擊後在若開邦北部實施的燈火管制——仍持續綻放花朵。但緬甸媒體愈趨邪惡的那一面也跟著蓬勃發展。

那篇文章是這樣開始的：「就人性而言，我們全都想過著和平、穩定的生活。然而，有些人就是希望別人過得不一樣。這些人讓我們的環境不穩定，陷入混亂。」

作者欽貌烏（Khin Maung Oo）是個博學之士，他撰文的焦點從酒駕的危險到教師在年輕人之中扮演的角色，應有盡有。他有寫出言簡意賅開場白的天分，如：「儘管時代進步，我們仍懷念年少的日子」或「人人熱愛自己的生命，這是天性」。

其他時候，他會陷入哲學思考。在二〇一六年十一月那篇文章中，他先哀悼資訊時代的發展——那相當晚近才在緬甸生根。「我有一個幼稚的念頭常常浮現腦海：假如永遠不會見到任何壞消息，對我們來說是不是比較好。但怎麼可能？我們的星球不是烏托邦，那種想像的地方只存在心裡。」

他一直記得以前一篇課文闡述了這個問題：假如世界各地的氣候全都一樣，是否代表所有花卉樹木都會長得一樣，人也會一樣？「那會是多麼乏味的世界啊！幸好現實不是如此。

因為地球的氣候會變，人也會變。他們的習慣會變，生活方式也有所不同。」他繼續說：「噢，說得真對！我們崇尚自然，住在宜居的地方，有豐富的食物、蔬果及無盡的天然資源可以享用。所以我們的自然世界是個討喜的地方，讓所有生物都能和平共處。」但事實上，萬物沒有那麼和諧。在清爽健康的世界裡，有爛蘋果。「同時，自然也給我們不好的人，他們道德敗壞，意欲製造麻煩或傷害——都是壞蛋。」

在欽貌烏的文章刊出的兩天前，聯合國難民署駐孟加拉的主管告訴記者，軍隊掃蕩若開邦北部——當時已夷平羅興亞村落上千棟的房屋——其「終極目標」是種族清洗。[14]聯合國人權事務高級專員扎伊德．胡笙親王（Prince Zeid al-Hussein）指出羅興亞人正遭逢「毀滅性的殘酷行為」，並問：「這是哪門子『肅清行動』？這樣的行動有可能達到什麼樣的國家安全目標？」[15]

但已在緬甸國內形成的反敘事也逐漸增強，並以這個信念為主軸：主要的挑釁者不是軍方，是羅興亞人。

「我們可以把極端主義者、恐怖分子、極端投機分子和侵略的罪犯比作跳蚤，我們非常討厭牠們散發的惡臭，憎惡牠們吸我們的血，」欽貌烏的文章繼續說：「我們的國家正面臨一種人形跳蚤的威脅。一隻跳蚤不會揚起塵土，但牠們會試著集結在一起，聚積實力。

「這些寄生蟲的首要目標是透過人身攻擊、散播謠言、暗中顛覆來破壞國家的統一及力量——逃走的羅興亞人會泣訴他們的經歷，發動宣傳戰，而國際社會則屏住呼吸，全盤接受。「我們不可低估這個敵人。在國家正邁向聯邦民主的時候，破壞分子於四周環伺，我們需要時時提防那些可憎的危險。」

如果軍方在若開邦北部的報復性作戰，讓更多人注意到它對少數族群恣意施展的暴力，那麼緬甸平民的論點並未引起政府禁絕，或許暗示著更深的仇恨早已常態化了。緬甸備受敬重的高僧西塔谷（Sitagu Sayadaw）後來在克倫邦一場講道中，勉勵士兵不應讓自己的良知受到國家西部事件的擾亂。他講述古代一位斯里蘭卡國王的故事，他因為自己的軍隊在與塔米爾統治者交戰時屠殺了印度人而深陷痛苦，因此佛教僧侶向他提出忠告：「王，別擔心，那只有一點點罪過。就算你殺了數百萬人，他們算起來也不到兩個真正的人類。」

如果大規模的暴力作戰，必須先越過某個門檻才能獲得民意支持，那麼二〇一六年十月就是個關鍵時刻，在那之後，軍方開始一連串更肆無忌憚的行動攻擊羅興亞人。二〇一六年十月的暴力，包括羅興亞救世軍的挑釁和軍方的反擊，是進一步將道德量表往「暴力具正當性」的方向轉移。固然有人對「逃走的羅興亞人謊話連篇」等論述抱持不同看法，例如克倫婦女組織（Karen Women's Organisation）就這麼寫道：「多年來我們屢屢見到違法的軍隊大肆蹂躪我們的人民，這活脫脫是我們噩夢的翻版，必須立刻阻止。」[16]但這些聲音微不足道，還威脅到國家的發展，抵擋不了主流輿論的巨大洪流。

沒有人知道這種「受害－侵犯」動能一經翻轉，會走到怎樣的結局，但幾個月過去後，關於這一切可能預示著什麼的討論，出現了新的急迫性。二〇一七年四月，一篇寫給聯合國、對它在若開邦軟弱無力的角色提出忠告的內部報告警告，未來六個月內，極可能會有另一波羅興亞救世軍的攻擊，而那毫無疑問會引發激烈的報復。[17]前一年的反攻已為軍方帶來正面的成效，不僅當地人對作戰計畫普遍支持，國際團體理當呼籲軍隊摒棄根深柢固的免責濫權，此時也悶不吭聲。軍方獲得的回響，讓它更膽大妄為。二〇一二年羅興亞人和若開人暴民之間的衝突，或許預示著羅興亞人的人身安全進入新的階段，但在那之後，隨著羅興亞救世軍崛起、政治評論家厚顏無恥地把羅興亞人「非人化」，再加上高僧賦予了暴力正當性，羅興亞人被推入了更危險的深淵。

在第一波羅興亞救世軍攻擊的十個月後，二〇一七年八月的一天早上，載迪平村赫然被鐵絲網封鎖了。約莫同時，設置路障的傳聞開始流傳，也有報導指出，已有數營新的部隊進駐貌奪和附近城鎮了。若開邦北部的森林和山區愈來愈常發現若開人或其他佛教少數民族成員——穆族或丹耶族——的屍體。據警方表示，他們是被羅興亞救世軍所射殺的。那時，該團體已被多次指控射殺線民，包括印度人、甚至羅興亞人。軍方表示，在林中發現新的受害者和新的訓練營，意味著需要增援部隊。於是，軍事運輸機降落在實兌機場，卸下軍事裝備和直屬奈比多中央司令部的精銳戰鬥部隊；船艦逆流而上，運送士兵到北部城鎮。在二〇一四年接替托馬斯．奧赫亞．昆塔納擔任聯合國緬甸特別報告員的成均館大學教授暨人權專家李亮喜，寫了一篇報告反應她對增兵的憂慮，認為前一年的攻擊事件將捲土重來。[18]

若開邦秋巴因地區的駐警所有足夠的空間讓十多位士兵駐紮，但八月中旬時，村民「馬吉」阿哈邁德注意到有身穿軍服的陌生男子住進附近的僧院。前一年實施的宵禁，意味著羅興亞人不能在天黑以後走出社區，結果士兵卻開始拆除住家四周的竹籬。士兵告訴居民，他們需要監視村裡羅興亞區所發生的一切。傳統羅興亞人住家的洗手間設在屋外，但在實施新令、不能再設圍籬保障隱私後，晚上他們就只能在住家裡頭解決大小便。隔壁若開區內令人不安的狀況，讓他們整晚警戒，幾乎徹夜未眠。燈光都被關掉，所以村民被迫在日落前煮飯和進食，吃完飯便得放低交談音量，保持警覺，留意外面街上的風吹草動。

八月二十二日那場於小學召開的會議後，更多士兵開始來來去去。他們極具侵略性，阿哈邁德回想。如果他們看到羅興亞人在街上或附近的田地行走，就會使勁毆打，次數跟放縱的程度都是前所未見。

阿哈邁德自己也遭襲擊。一群士兵找上一個正在村子旁邊田野照顧牛的男孩。男孩逃跑，士兵就把牛隻趕到一起。另一個村民請阿哈邁德去跟他們理論。他去了，結果士兵把他拖到附近一棵樹下，將他撂倒，開始踹他，讓他鼻青臉腫、腹部瘀傷。他隔天忍痛下床履行職責，但中午才過沒多久，便看到田野另一邊的濃煙從載迪平竄起。

那天早上，當羅興亞救世軍發動攻擊的消息傳到仰光，各團體立刻召開緊急會議。安南主持的委員會前一天才發表報告，而隨著羅興亞救世軍於清晨展開行動，軍隊也迅速反擊，該委員會的努力似乎徒勞無功。駐地協調員發表聲明譴責攻擊行動，並呼籲保安部隊節制。那是她最後一次針對這件事發表評論，同年十月底，她的任期在愈來愈洶湧的批評聲浪中屆滿了。

當年那場緊急會議的與會者告訴我，攻擊消息一傳來那刻的情況。

> 我們非常擔心，在八月二十五日早上，以及之後好幾天，都有某種心理麻痺。那天早上我跟很多人說話，但真的很怪——他們並未領略這些事件有可能釋放那些隨後展開的事情。

日子一天天過去，從若開邦北部非政府組織傳出的消息愈來愈少，彷彿那個地區蒙上了一層面紗，難以窺探範圍擴大的肅清區裡到底發生了什麼事。「傳出來的資訊非常有限，但感覺起來一切如常。他們就是沒徹底想清楚。我們早在幾個月前就進入緊急關頭，卻沒有針對該做的事情真正擬定計畫。」

熟悉的深切不安感回來了。

唯恐暴力蔓延，當務之急是安全並從若開邦北部撤出國際人員。人們說這不會是另一場海嘯，但我認為是，因為事情現在不但無法反轉，還可能繼續惡化。我以前在斯里蘭卡經歷過這種事，此刻覺得毛骨悚然。

第十四章　殺戮之後

孟加拉東南部被八月季風的雨水給浸透，從這裡看得到對岸緬甸第一排被毀村落的山坡，樹木在難民潮爆發後迅速被砍倒，進度快到彷彿有什麼害蟲把這塊漣漪狀的地貌吃乾抹淨。建造數萬間新避難所需要大量竹子，這代表遠在北方吉大港山區種竹子的農民，正以前所未見的速度砍倒他們的作物、放上卡車、運往庫圖帕朗。孟加拉漁民也從這場危機看到經濟利益，有時向要搭船渡納夫河的羅興亞人索價一百美元，如果逃亡的男女手上沒錢，就拿珠寶做抵押，或要他們發重誓承諾還錢。當難民人數超過七十萬之際，營區從南到北已綿延超過七公里，當快要吞沒原地小村莊時才中止。一條兩線道、永遠塞滿人力車、汽車和卡車的馬路，連接營區和北方二十公里外的科克斯巴扎爾鎮。你可以走好幾個小時穿過縱橫交錯、沒有盡頭、起起伏伏的小徑和土路越過山丘，除了千篇一律的帆布避難屋和其正面烙著人道主義團體的標誌外，你會以為自己置身一個以一層樓為主的城市。

難民潮所引發的救濟行動一開始塑造了許多反差極大的場景。各國際機構工作人員乘坐荒原路華（Landrover）和休旅車從科克斯巴扎爾出發，聯合國和紅十字會載運救助物資的卡車司機，則在營區有專用休息站。在那旁邊，地區性作業正在進行。有人站在堆滿捐贈衣物的貨車頂上，將一捆捆衣物往泥濘的地上丟，由地面人員整理堆放；載糧食的貨車則從鎮上結隊出發，沿路分發一袋袋米飯。群眾追趕、爭搶補給品，甚至大打出手，最後很多饑民空手而回。八月二十五日後那一週，那條南北向的路散落著破爛衣物，有的堆在路邊的泥水坑裡，有的像毯子一樣平鋪在柏油路上。

難民危機可為接受難民的政府當局提供充分的政治機會，對某些人來說應該是種期待。沒多久，那條通往庫圖帕朗的路上就出現許多英文旗幟——好讓所有來訪的記者及顯要看到——宣揚孟加拉總理謝赫．哈西娜（Sheikh Hasina）上帝一般的博愛。旗幟上寫著：執政八年，孟加拉的「人道之母」。儘管她的幕僚大肆吹捧執政黨孟加拉國人民聯盟（Awami League）無與倫比的善行，但政府最終為羅興亞人敞開大門的決定（在若開羅興亞救世軍攻擊後那幾天，孟加拉原想封閉邊界），卻是大膽之舉。這個與緬甸相鄰、孟加拉灣之間的手指形土地，人口密度或許低於孟加拉其他地區，但仍有數千個孟加拉人社區坐落於此，已經和早年到達的羅興亞難民共享此地數十年了。二〇一六年十月暴力衝突之後，「還不算多」

的六萬五千名難民越界而來，代格納夫和其他鄰近難民營城鎮的糧食價格開始飆漲。我在次年九月，也就是第二波暴力兩星期後去過那裡，我看到我們過境途中常停留的那間餐廳，價格漲了兩倍有餘，我的在地翻譯難掩挫折。

哈西娜政府很快便澄清，這些不是永久居住地，難民也不會是永久居民。磚牆不被允許，只可以使用木材和帆布，以方便拆卸。羅興亞人很快會回緬甸，樹木很快就會布滿山坡。但在國界另一邊，糧食短缺更嚴重，暴力威脅也未曾減輕。由若開村民組成的民兵，接受維安人員訓練，無非是用行動向羅興亞人表明，翁山蘇姬政府願意把維持社區治安之事，委託給已被暴力激化、可協助未來發動軍事作戰的平民。因此在二〇一七年八月後的一年多時間，羅興亞人繼續前往庫圖帕朗。

在往營區最北端（有座高聳的電波塔為地標）的路上，有個地勢較高的地方，這塊地熙來攘往，四處蔓延的群眾盡收眼底。來此構成這批新人口的七十萬人，是從貌奪附近越界而來，那裡已有兩百多個羅興亞村落遭受攻擊，村內被掃蕩一空。當難民潮還發生不到一個月，而軍隊仍拿著汽油和發射器走過一村又一村時，緬甸的「社會福利、救濟與安置部」部長在實兌一場會議中提及，政府將接管那些村落被夷平後的土地。一條行之有年的緬甸法律規定，任何被焚毀的土地將自動收歸國有，這也意味著那些村子附近將熟的稻田，現在要由地方權威當局收割。那數十個人去樓空的村落，推土機已被運來完成烈焰尚未完成的工作，把所有剩餘建築剷平。也許那是準備重建，又也許是為了湮滅軍方犯罪的證據；對未來世代而言，羅興亞人曾住過那些地方的證據都消失了。

隨著政府迅速奪取那些土地，讓二〇一七年八月漫長餘波中的激烈辯論火上加油。這次作戰的動機究竟為何？是種族主義意識形態所驅使？還是為了將羅興亞人掃出國家，因而謀劃數十年、每一階段都仔細設計的清洗策略終於來到高潮了？或者，迅速占用數千公頃的土地，並在攻擊的兩天後旋即宣布貌奪新經濟特區計畫，代表商業利益也是背後的重要因素？抑或肅清過後的重新開發，本身就是一種資源豐沛、與過去政治經濟密不可分的營利模式？畢竟不到兩個月，新的公辦民營團體「若開邦人道援助、安置、發展聯盟計畫」（Union Enterprise for Humanitarian Assistance, Resettlement and Development in Rakhine）已然成立，他們找上許多紅頂商人投標重建工程。必須有人協助翁山蘇姬推動更全面的若開邦開發案：開闢新道路、提升農業生產力。世界銀行答應提供貸款，但那個曾經糾纏聯合國「發展優先策略」的問題再次浮現：當七十幾萬人已被驅逐出境、無法成為受惠者，這筆資金要如何讓全邦人口獲益？世界銀行是否將不可避免地採取助長歧視的立場？彷彿歧視「公正地」呈現了緬甸西部的新現實？

哈西娜了解到接納難民的政策，或許能對這個愈來愈提防她走向獨裁的國際社會，展現出慈善的一面。但隨著仍留在緬甸的羅興亞人安全依舊堪慮，湧入孟加拉的人數愈來愈多，其他危機也浮出檯面：失去家園、前途未卜的年輕羅興亞男子，有可能受到已在孟加拉活動的基層恐怖組織煽動而變得激進。國際援助能維繫這麼龐大又不穩定的人口多久，也是個問題。到二〇一七年十一月，每星期仍有五千多個羅興亞人越界而來，哈西娜遂與緬甸政府簽訂遣返協議。次年年初，孟加拉當局提供奈比多八千位自願回國者的姓名——即便沒有一位是主動要求列入名單的。就算如此，只有幾百人得到核准，剩下的人則被告知不符返國資格。於此同時，哈西娜政府一邊與奈比多對話，一邊制定一個大膽——很多人認為魯莽——的計畫，將十萬難民重新安置在南部外海一座位於氣旋走廊（cyclone corridor）上的低窪沙島上。隔年四月，堆高機和建築材料被運過海峽到達該島，開始進行建設工程。

在難民潮過後接受我訪問的對象，特別是羅興亞人，都不知道他們在孟加拉的未來會如何。前往島嶼的難民會無限期滯留在那裡嗎？他們可以往返陸地，還是被環繞他們的海水限制行動呢？留在庫圖帕朗的命運又是如何？哈西娜政府已表明不會讓他們永遠待在那裡，但他們真的相信緬甸政府有能力或有意願保護這群最近才被攆出去的族群嗎？

難民潮過了十個月後，哈西娜政府愈來愈大聲表達遣返難民的必要，連聯合國也被說服了：是時候和緬甸談談羅興亞人自願回歸的可能性了。二〇一八年四月，一位聯合國資深官員在訪問緬甸時提出警告，羅興亞人仍不斷逃離，代表遣返的風險極高。[1]可一到六月，聯合國便與奈比多簽署備忘錄。聯合國聲稱，這份協議將著手處理那些仍迫使羅興亞人離開的問題，進而判斷該做出哪些改變，好讓他們平安歸來。[2]

聽到簽訂協議的消息時，在孟加拉的羅興亞人和許多旁觀者一樣震驚，但他們的反應多了一層：又一次，沒有人找他們商量，且協議內容也未公開；他們是在簽署後才發現這件事。難民營裡多次發動抗議，多份請願書被送交當地的聯合國單位。聯合國要愈來愈多忿忿不平的營區居民放心，他們不是在當操舵手，只是出面支持應由政府領導，好評估什麼樣的狀況有益於安全遣返。但這些羅興亞人聽不進去，他們只知道貌奪附近正在蓋新的營區來容納返回緬甸的人——像軍營一樣被高鐵絲網包圍，跟實兌附近的拘留營如出一轍——以及當初燒到半毀的村子正被推土機清除，而清出來的土地正在建軍事哨所。他們回去到底要住哪裡？維安部隊可能保護他們嗎？軍方和邊防警察曾聯手促成數十年來全球最大的難民潮，已深懷敵意的若開平民正由同樣的部隊提供武裝。結果現在又上演這樣的戲碼：幾個月前才逃出來的羅興亞人，成了聯合國和緬甸政府討論的主題。他們討論著該做些什麼，好讓羅興亞人回到仍有難民離開的燒焦村落和萬人塚——當事人完全無法參與。

阿哈邁德．胡笙記得那段時間他在難民營裡愈想愈生氣。一聽說備忘錄的事，他和那區所有馬吉都被叫去參加一場會議，一名聯合國員工向他們解釋協議包含的項目。「但開會的時候，協議都已經簽好了。」他告訴我：「她說如果你們同意回去，我們會幫助你們，但沒有非回去不可的壓力——想回去再回去。」

「可是，」他頓了一下：「我們根本沒辦法選擇要不要回去。我們擔心會被強迫遣返。」

聯合國堅稱唯有民眾自願才會遣返，但那無助於消除營區羅興亞人萌生的恐懼。以前聯合國就做過類似的承諾，結果食言。一九七八年針對羅興亞人的集體屠殺才結束兩個月，聯合國難民署就宣布將協助孟加拉進行它自稱的「自願回國計畫」。當時約有二十五萬難民已抵達孟加拉，並聚集在庫圖帕朗，但孟加拉政府清楚表明希望他們盡快遣返。風聲馬上傳出來：維安人員攻擊羅興亞人，限制糧食援助直到他們除了回國別無選擇，否則將被餓死。[3] 當年的難民潮過了一年後，羅興亞人在難民營裡的死亡率比孟加拉全國平均高四倍。數千人選擇遣返，知道這樣的援助水準無法維持生計。但遣返協議明明承諾，要不要回去完全出於自願。為此，聯合國難民署遭致嚴厲批評：他們既未阻止實為被迫回國的情況，亦未運用其影響力督促孟加拉政府改善生活條件和提供足夠的糧食援助。

一九九一年底第二次屠殺後不久，孟加拉政府再次開始限制給難民的糧食援助，迫使成千上萬幾個月來逃來的民眾再次越界而回。雖然孟加拉的情況如此，但羅興亞人在若開邦的安全並沒有明顯的改善跡象，聯合國難民署卻在一九九三年中與緬甸政府簽訂協助遣返協議，並說他們將「負責宣傳活動來鼓勵難民回家」。[4]

如今，營區裡的難民深怕歷史重演。接受我訪談的羅興亞人，都覺得他們在緬甸所熟悉的那種無力感原封不動地在孟加拉複製——他們可以抗議，也確實抗議了——抗議的協議早已發生，有人替他們做了決定。一如一九九二年，如今的抗爭領導人仍大聲爭取返國後的公民權，但二〇一七年六月的協議細節公諸於世後，聯合國顯然又沒贏得緬甸政府什麼重要的讓步。協議中沒有條款清楚規劃取得公民權的路徑，相反地，審核公民權的過程仍握在政府手中。從二〇一六年十一月的經驗來看，可能只有一小部分的難民有資格回家申請公民權，更別說那些人有可能還是申請不到身分證。它也沒有明說羅興亞人將被容許在若開邦有行動自由。反之，一如以往，他們似乎會回到和離開時大致相同的處境——除了周遭軍隊有增無減、族群敵意更深之外。協議中所使用的語言更令人火冒三丈：「羅興亞人」一詞一次也沒提到；他們被稱作「逃離家園的人」或「返國者」。雖然依聯合國的看法，遣返應取決於個人意願，但來自孟加拉的雜音卻暗示，可能不用多久，他們就會被趕出臨時營區，回到國界的另一邊。

我在暴力衝突後那一年於孟加拉採訪羅興亞人，在那之中，只有極少數人表達想盡快回到故里的渴望。然而，就只有這些人願意不計代價回去緬甸，他們看似在某種程度上能掌控自己的未來。雖然不時發動抗爭，但營區很多人身上不僅籠罩著一股認命感，還有更深的宿命感。他們全都想回家，全都想得到公平正義和某種補償——也許是金錢，也許只是要政府承認曾經發生過的事、那件不可遺忘的事。至於未來會怎麼樣，他們覺得已非自己能夠掌握。緬甸的軍隊已變成遠方的巨獸，它陰險、凶惡，盤踞著河流對岸的山脈和平原，那裡一片漆黑。但他們目前的處境也同樣堪慮，誰知道反覆無常的孟加拉政府接下來會怎麼做呢？羅興亞人說，現在他們只能請真主引領保護了。他們已被奪走那麼多，不該再把信任託付給人類。

隨著國際社會的批判日積月累，逐漸選擇逃避的翁山蘇姬，到了二〇一八年初，已愈來愈少跟媒體說話。歐洲國家鎖定敏昂來及其他數名高階指揮官為制裁對象，將他們移送國際刑事法庭的選項也浮出檯面。展開「肅清」行動一星期後，敏昂來對這個名詞的解釋已不再隱晦：「孟加拉人的議題已經延宕好多年，」他在奈比多一場為流離失所的若開人舉辦的募款儀式上說：「始終沒有塵埃落定。」[5]

然而，在媒體眼中，儘管這位肅清行動的首席擘劃師在一旁蓄勢待發，站在舞台中央的仍是翁山蘇姬。聯合國特別報告員李亮喜在二〇一八年二月被問到那位諾貝爾獎得主是否有可能被控反人類罪（crime against humanity），她回答：「恐怕有此可能。」[6]翁山蘇姬是墮落的偶像，從反戰人士搖身變成準種族滅絕分子；比起揭露一名軍頭的野蠻殘暴，遠不如探究一位得過諾貝爾獎的人如何變成教唆犯，她的道德不一致更引人入勝。畢竟，大家都聽過少數民族遭屠殺的故事，但沒什麼人見過像她那樣如此驚人又費解的大轉彎。翁山蘇姬在這場危機中的新聞重要性，並不亞於直接受害者。

一如她試圖迴避媒體質問，她的政府也是。九月時，她的發言人宣布不再接聽記者電話；現在，唯一能和他對話的管道，只剩下兩週一次的記者會。

於是，全國民主聯盟政府在執政後逐漸退縮。那七位在二〇一六年底聯名寫信給外交人員的非政府組織員工記得，在斯里蘭卡內戰接近尾聲、政府軍挺進北部地區之際，拉賈帕克薩政府和國際組織工作者之間的溝通管道開始緊縮，但還是聯繫得上。換句話說，即便軍隊的攻擊變本加厲，斯里蘭卡政府仍能滿足國際工作者某種對話的需求——就算最終毫無成果。然而在緬甸，國際人士發現，在換黨執政之後，他們與政府高層聯繫的管道付之闕如。

各部會陸續合併，新的職位交給毫無經驗的黨棍擔綱，導致行政混亂。不過，一位當時派駐緬甸的援助工作人員告訴我，與全國民主聯盟的溝通，從以前就不容易。仍在野時，他們就百般不願和國際非政府組織合作了，這種心態持續到執政之後。在若開羅興亞救世軍首次攻擊時，他們的門甚至幾乎完全關上。緬甸從二〇一六、一七年暴力後便進入資訊黑暗期，加上暴行的記述從孟加拉流出，已令許多人侷促不安，甚至疑神疑鬼，如今溝通大門緊閉，讓這種感覺更加強烈。

肅清行動開展時，始終緘默不語的西方外交使節，急欲維持溝通管道的暢通。萬一這被關閉，他們自認在自由化方面能發揮的影響力，將進一步萎縮，而翁山蘇姬將會更靠向中國，或許還會更靠向軍方。

二〇一七年十一月，當貎奪鎮上的村落繼續被縱火，英國首相德蕾莎．梅伊（Theresa May）上電視向觀眾保證，她的政府「會盡一切所能阻止羅興亞人遭到可怕、無人性的毀滅」。[7]這話說得英勇無畏，卻沒有承認前幾年英國政府是怎麼對警訊毫無反應，更別說他們在二〇一六年攻擊事件後，還跟軍方持續交好。要到次年第二波屠殺過了快一個月，英國才中止軍官的英語訓練及民主領導公民培訓計畫——這是獎勵軍方在表面上放棄權力的回饋方案。外交大臣到最後才表示支持將軍方領袖移送國際刑事法庭。但跟倫敦的辭令相比，駐緬外交官的態度仍有顯著落差——後者仍堅定地拐彎抹角。無論如何，若他們自認透過沉默外交還能發揮什麼一丁點的影響力，到此時都已式微了。

經由從倫敦發出的簡訊，我和年輕的羅興亞人阿布杜重新聯絡上，就是數年前拜訪布帝洞期間、曾在他家中共進午餐的那位。布帝洞鎮上的暴力沒有西邊的貌奪那麼嚴重，但這無法安慰鎮外數十座被夷為平地的村落居民，也無法讓仍留在鎮上的羅興亞人感到欣慰。阿布杜仍住在我們相遇的那間屋子，也繼續和他在第一波羅興亞救世軍攻擊前所認識的若開人來往，但他的行動範圍已大幅縮小。「我們像在監獄裡一樣掙扎。」有一天我問他是否能走遍鎮上，他這麼回覆。聯合國官員固然會視察布帝洞，但他知道自己或其他羅興亞人若未經有關當局許可擅自跟他們說話，會有何種下場。就算傳送的訊息非常簡略，他的無力感仍表露無遺：「我們非常小心不要打擾政府或若開人。我們總是提心吊膽。」

如果我沒有馬上回覆，他會再寫：「你怎麼看待我們的處境？是壞是好？兄弟你說說話啊！」

他生病了，但沒說是什麼病。最後那條離開布帝洞的路線——從河流碼頭直達實兌的醫院——雖然在二〇一二年暴力後仍開放羅興亞人通行，現在也關閉了。「一步一步邁向死亡。」他說。

在二〇一七年八月那個清晨的「宣言」後，羅興亞救世軍確實為羅興亞人展現了人生的理念，他們透過打字聲明和神祕媒體側翼所發的推特文中反覆重申：承認羅興亞人的權利、承認緬甸所有少數族群的尊嚴。儘管他們的攻擊並不是為了讓七十多萬他們自稱要守護的人逃離家園——那是軍方幹的——卻提供敏昂來和西部司令部所需的一切正當性。吸引國際社會關注羅興亞人，或許是該團體隱晦不明的長程戰略中行動的第一步，那確實暫時達成了。但若開邦北部各地已成墳場，而非勝場。人權團體指出，二〇一七年八月羅興亞救世軍襲警方哨所那天，也有印度村民被救世軍殘殺。[8]在那之後的幾個月期間，人權調查員發布了有紅色標註的衛星畫面，上面的紅點如星羅棋布，群集在秋巴因、敏奇村和其他數百個地點，顯示那些激進分子曾走了多遠。

德蕾莎·梅伊在二〇一七年十一月的演說中指出，軍隊暴力「看似種族清洗」。軍事行動開始一年多後，在聯合國大會於紐約召開年度高峰會時，曾被人權委員會選派調查這場暴力的法律專家做出結論：依照過去國際法庭（審議盧安達、前南斯拉夫）的論點，緬甸發生的事件是種族滅絕無誤，要是能把那些將領拉到法官面前，將會啟動全方面的調查。[9]他們寫道，殺戮和驅逐只是這數十年來損害羅興亞人生命、意在讓該族群不復存在的作為中，較公然的表現而已。不論二〇一七年八月的作戰是否為宏大計畫的高潮，或最初只是對羅興亞救世軍攻擊的過當反應，都被軍方戲劇性加速成種族清洗的機會。以上對那些法律專家來說，都不重要了。這場攻擊，以及數十年來讓緬甸逐漸擺脫羅興亞人的作為，都展現了種族滅絕核心的目標：全數或部分毀滅一個依種族、族群、宗教界定的群體。

我在電話中問阿哈邁德．胡笙對上述報告的結論有何看法。他和唐加利其他長者已在新聞出爐後討論過這件事，但他反應有點冷淡。「我們想要感謝聯合國和其他為我們說話的組織，但什麼也不會改變，政府誰的話都不聽。」

他提到，如果他們返國，就會被送回貎奪周邊的營區，或者更南邊實兌附近、羅興亞人已被幽禁六年的營區。針對暴力及其後續的報導，一星期比一星期來得多，但在孟加拉的難民營裡，一切靜如止水，除非有更糟的事——被遣返——這股恐懼因持續有羅興亞人被帶出北部未被燒毀的村莊、從此下落不明的消息傳來而加劇。他覺得國際組織的工作很難有更多實質意義。我感覺得到那種疲乏，不只在阿哈邁德身上，難民營裡很多跟我說話的人都是如此。他們的故事已經說太多遍了，他們想要看到改變。

阿哈邁德身邊都是秋巴因的倖存者，在某種意義上，現在這位年輕人對他們肩負責任。我記得住他小屋對面的青少女，在門口拄著拐杖一拐一拐的，一條腿因膝蓋骨被子彈擊碎而不能彎；往上幾戶還有一個二十五歲的女子，她在二〇一七年那天下午被士兵強暴，恢復意識後才發現丈夫已經被殺。對於那些順利逃出來的人來說，阿哈邁德的住處儼然成為會議室。在那幽暗的空間內，他會靠牆坐著聽大家細述自己的故事，他覺得壓力沉重，怎麼樣也無法消解。

在羅興亞救世軍於二〇一六年十月發動攻擊的一年前，有天下午，我和若開友人欲拜訪貌奪，遂驅車離開位於鎮南方的模範村，來到一條貫穿遼闊稻田的道路。前方，一排山丘橫跨地平線，起起伏伏。不久，我們經過一群六個男人，他們在一塊田角落清出來的空地玩藤球：球從地面高高躍起，人們用剪刀腳把小木球踢過網子。我們慢下來看他們玩，發現那是羅興亞人和若開人混雜的團體。在他們身後，一道彩虹懸在山丘之上。那天下了一上午的雨，一小時前才和緩下來，而逗留在高空的小水珠，和燦爛的午後天光共築成一片鮮豔的帷幕。

二十多年來，這整個地區一直在進行一項最憤世嫉俗的社會工程。那裡有無數景觀被破壞了——蓋起模範村的掠奪之地、檢查站和儀式性的羞辱、恣意濫權的軍警——證明真的有國家在操控當地人口且毫無道德分寸。但就像稻田角落那些男人的舉動——保持連結、跨越權勢者努力不懈試圖深化的種族和宗教分裂——證明了這些分歧，不像某些人所希望的那麼緊要。

種族滅絕不是從殺戮開始；殺人也不是種族滅絕的結局。毀滅之後會有重生，在那場衝突兩年後，土地大都清理乾淨了，若開邦議會的成員則投票一致通過，要求政府阻止數十萬逃離貌奪南部的羅興亞人回來定居——要是他們真的回來的話。奈比多的立法委員必須考慮國家的主權和若開人的安危，包括若開邦議員耳提面命的法治問題。每當若開邦政治人物說起七十多萬人民遭驅逐一事，都給出一種如釋重負的感覺。在難民潮過後那一年，似乎沒什麼比這個事實更令人不寒而慄，那是驅動種族滅絕的心理狀態：明明失去如此龐大的人口，卻被形容成一種獲益或進步。

暴力開始一年後，在一場世界經濟論壇（World Economic Forum）的盛會上，翁山蘇姬也講到了安全和法治。法治，她長期鍾愛的一個詞，當時已不具任何實質意義。

> 事後諸葛的話，我們當然能設想，當初可以怎麼把局面掌控得更好。但我們相信為了長期的穩定與安全，我們必須力求對每一方公平公正。法治必須應用到每一個人身上；我們不能選擇、不能挑揀誰該得到法治的保護。[10]

就這樣。不管怎麼看，難民遣返已沒有什麼意義，貌奪南部的數百個村落已不復存在。曾有羅興亞人和若開人同住的村子，暴力事件後所拍攝的空拍照顯示，有數條仔細劃分的直線隔開完好如初的深色若開人房舍屋頂，周遭則是一團墨黑色的灰燼。火光搖曳中，緬甸西部四分之三的羅興亞人被逐出家園；任何被丟下的人則住在難民營或遭封鎖的村落裡，或像阿布杜那樣，提心吊膽地過日子。

在付出羅興亞人遭大規模驅離的代價之後，西方國家向來支離破碎、軟弱無力的緬甸政策，終於有了團結的樣貌。但針對敏昂來和其他高階將領所實施的經濟制裁，外加國際法庭的威脅，卻加快軍方想一勞永逸掌握話語權的腳步。錯誤資訊太多了。就在二〇一七年軍事行動一週年之際，軍方出版一本小冊子，提出緬甸西部事件的決定性說明，從「孟加拉人入侵若開邦之始」一路細述若開羅興亞救世軍進犯未遂。[11]英國統治的遺毒和它留下的分裂社會，被拿來當作緬甸現今苦難的起源，也為軍方在獨立數十年後所承擔的療傷止痛工作豎立了旗幟。小冊從頭到尾點綴著照片，有若開人遭羅興亞救世軍殺害的情景，也有敏昂來向西方顯要簡報國家面臨了什麼威脅。小冊子一再懇求民眾與軍方攜手合作：「所有公民都要記得這個事實：不只軍方，人人都該為國防負起責任。」

二〇一七年八月二十七日下午，當阿哈邁德踉踉蹌蹌穿過秋巴因煙霧瀰漫的街道時，就看到小冊子的宣導內容在他眼前實現。他有四個學生時代的若開人朋友，加入軍隊成為攻擊他們的暴民。以前大家都上村裡若開社區的小學——後來數十名男女老幼被殺害的地方。十一歲時，他們升上載迪平的中學。中學老師奉行歧視原則，這代表羅興亞學生得時時戒慎恐懼。但在校外，一旦脫離制度規範，情況就不一樣了。他會和若開人朋友一起步行三英哩到載迪平，下課後也會一起踢足球或泡茶館。

看到那幾個朋友跟數百名士兵一起進入秋巴因，他其實一點也不驚訝。兩族在二〇一二年後關係急遽破裂，所以他們已經很久沒交談了。在往後幾年的無言沉默中，阿哈邁德想像得到，他們有朝一日可能會反目成仇。那天下午，他也對他們的參與無動於衷。那不是他們的決定，他告訴我——他們只是遵從宗教老者所傳下來的指令，大多是被那些不斷把鄰居塑造成威脅的說法給利用了。羅興亞救世軍的攻擊，證明那些警告站得住腳，而他朋友的出現，則暗示著軍方的告誡終於獲得民眾承認。「唯有全民參與，戰爭才會獲勝。」小冊子這麼說。

我花了幾天讀完那本小冊子——軍方公共關係與心理作戰處（Directorate of Public Relations and Psychological Warfare）的傑作。它從枯燥乏味的說明文，倏然轉變成舊軍人集團的宣傳技術專家會採用的那種百無禁忌的語調，除了喚醒記憶中的畫面，還穿插嚴正的警告；威脅凶惡的訊息讓原本看來天馬行空的段落頓時變得陰鬱。它最後向一篇伊索寓言致意：〈原本的你最美〉。故事大意是有隻烏鴉厭惡自己的羽毛，所以拿附近一隻孔雀脫落的羽毛插滿全身，後來他的同類告訴他，要對自己所擁有的心懷感激。小冊子對此寓言的心得是：

> 舉凡生物，都想生活在有乾淨水源和青翠草地的地方。不只是人，動物也在找更翠綠的牧場。雖然我們可以遷徙到另一塊土地或海岸旁，種族的起源和榮光卻不可能改變。烏鴉不可能只因為和孔雀住在同樣的地方就變成孔雀。

原版的寓言寫在兩千多年前，是在讚頌「人永恆不變」這個當時普遍的信念：人生出來是什麼樣子，一輩子就是什麼樣子。但它最主要的寓意——要對自己的外貌有信心——卻被小冊子的作者曲解為警示的故事：提防那些試圖竄改「自然狀態」的陰謀奸宄。孔雀是自王國時代以來緬甸民族抵抗運動的象徵，後來也登上全國民主聯盟的黨旗。現在有侵入者想奪取牠的羽毛。這種驅動人們肅清羅興亞人竊盜與欺騙的粗鄙敘事，從緬甸走出獨裁黑暗的那一刻起就被大力宣傳，以至於不論曾有過哪些生活的記憶、哪些長久的情誼，那些曾把國家西部的鄰居牽繫在一起的共性，都已難以為繼。

致謝

許多人，不分遠近，協助了這本書的調查和撰寫。我試著訴說的故事，由書頁中出現的人物構成骨幹，這些人物大多是在路邊茶館或在家門前被我找上，渾然不知自己將捲入極為私人、時而痛苦的對話。但他們全都慷慨付出時間、大方表達想法，我虧欠他們太多了。

許多朋友和同事針對結構與內容提出了寶貴意見，當我解讀我所記錄的事件時，他們填補了重要缺口。尤其感謝 Carlos Sardiña Galache、Matthew Schissler、Aung Tun、Elliott Prasse-Freeman、Sai Latt、Matthew Walton、Maung Zarni、Charlie Campbell、Taylor O'Connor、Charles Petrie、Pierre Peron 就關鍵且複雜的主題提供見解。Zed Books 的 Kim Walker 和 Paul French 對草稿提出有用的建議，並耐住性子等我不只一次的延後交稿日。自我開始研究這個議題，Chris Lewa 就親切地提供彌足珍貴的素材和資訊，我也有幸能和國際國家犯罪倡議組織（International State Crime Initiative）交換想法，包括 Penny Green、

Thomas McManus 和 Alicia de la Cour-Venning 等人，他們本身的研究對我的調查極其重要。

這本書有些內容，特別是第五、七、八章，引用了我曾為《時代雜誌》、《洛杉磯書評》、《伊洛瓦底》雜誌（*The Irrawaddy*）和「ucanews.com」所做的報導。感謝上述機構允許我在這裡修訂那些素材。在其他地方，有關暴力及其餘波的記述，來自我第一手的蒐集，並融入人權觀察（Human Rights Watch）、鞏固人權（Fortify Rights）、國際特赦組織（Amnesty International）和人權醫師組織（Physicians for Human Rights）所發布的資訊，這些組織皆針對近年發生的事件進行過重要的研究調查。

沒有美國猶太世界服務組織（American Jewish World Service）大方同意，我就不可能在孟加拉進行研究，對此我深深感激。孟加拉復興援助委員會（Bangladesh Rehabilitation Assistance Committee）也親切地協助我進入庫圖帕朗難民營。

非常感謝諸多仰光及緬甸其他地區人士，給我那些無法在內文裡致意的關鍵貢獻——特別是 Sophia Naing、Harry Myo Lin、U Soe Oo 和 Saw Nang。在仰光，Sam Aung Moon 提供重要的翻譯，時常耐心地熬完冗長的訪問。Ali Fowle 在這些年給我無盡的幫助，任我不斷糾纏，Joseph Allchin 提供豐富的思考與觀點讓我開採。我也感謝緬甸民主之聲的同仁，我在二〇〇九年還是個年輕記者時加入他們，及時向同事學到很多東西——他們很多都是從我後來報導的那個壓迫、戰慄體制中逃離出來。我在該機構的經驗為日後的一切奠定了基礎。

Yetike 和 K.H. 對我理解緬甸至關重要，兩人都犧牲了無數時間幫忙翻譯、給予引導、支持，像提供一支「知識的拐杖」……而且還在繼續。他們對緬甸的黑暗政治知之甚詳，也大大增強我的知識，沒有他們的寬容和友誼，這本書必然難以完成。

非常感謝世界各地的親朋好友給我迫切需要的支援，也適時轉移我的注意力，最重要的是我的雙親 Kristin Wade 和 Malcolm Andrews，從頭到尾陪我寫完這本書，給我支持，也針對草稿提供精湛的建議。言語無法表達我對他們所做的一切有多感謝。

註釋

第一章　當鄰人反目成仇

1. AFP. (2017). "Min Aung Hlaing Urges Unity over Rakhine Crisis." *Frontier Myanmar*. 17 September 2017. Accessed at https://frontiermyanmar.net/en/min-aung-hlaing-urges-unity-over-rakhine-crisis
2. MSF. "MSF surveys estimate that at least 6,700 Rohingya were killed during the attacks in Myanmar." Médecins Sans Frontières. 12 December 2017. Accessed at https://www.msf.org/myanmarbangladesh-msf-surveys-estimate-least-6700-rohingyawere-killed-during-attacks-myanmar
3. Htet Naing Zaw. (2017). "Mass Exodus of Muslims from Rakhine 'Not Honest': Govt Spokesperson." *The Irrawaddy*. 6 October 2017. Accessed at www.irrawaddy.com/news/burma/mass-exodusmuslims-rakhine-not-honest-govt-spokesperson.html

第三章　英國人與分裂的國家誕生

1. Yegar, Moshe. (1972). *The Muslims of Burma: A Study of a Minority Group*. Otto Harrassowitz. Page 6.

2. Ibid. Page 2.
3. Tin Maung Maung Than. (1993). "Some Aspects of Indians in Rangoon." In *Indian Communities in Southeast Asia*. Sandhu, K.S. and Mani, A. (Eds). ISEAS Times Academic Press. Page 586.
4. Smith, D.E. (1965). *Religion and Politics in Burma*. Princeton University Press. Page 27.
5. Spiro, M.E. (1970). *Buddhism and Society: A Great Tradition and Its Burmese Vicissitudes*. Harper & Row, p. 379.
6. Smeaton, D.M. (1887). *The Loyal Karens of Burma*. Kegan Paul, Trench. Page 4. Quoted in Smith, D.E. (1965). *Religion and Politics in Burma*. Princeton University Press. Page 45.
7. Smith, D.E. (1965). *Religion and Politics in Burma*. Princeton University Press. Pages 92–93.

第四章　仰光的特有交易

1. *Minye Kaungbon*. (1994). Pages 168, 178. Quoted in Houtman, G. (1999). *Mental Culture in Burmese Crisis Politics: Aung San Suu Kyi and the National League for Democracy*. ICLAA Study of Languages and Cultures of Asia and Africa Monograph Series No. 33. Page 68. Accessed at www.burmalibrary.org/docs19/Houtman-1999-Mental_Culture_in_Burmese_Crisis_Politics.pdf
2. Lieberman, V.B. (1978). "Ethnic Politics in Eighteenth-Century Burma." *Modern Asian Studies*, Vol. 12, No. 3. Page 457.

3. Smith, M. (1991). *Burma: Insurgency and the Politics of Ethnicity*. Zed Books. Pages 34–35.
4. Scott, J.C. (2009). *The Art of Not Being Governed*. Yale University Press. Page 238.
5. Buadaeng, K. (2007). "Ethnic Identities of the Karen Peoples in Burma and Thailand." *In Identity Matters: Ethnic and Sectarian Conflict*. Peacock, J.L., Thornton, P.M. and Inman, P.B. (Eds). Berghahn. Page 75.
6. Thiong'o, N.W. (1986). *Decolonising the Mind: The Politics of Language in African Literature*. James Currey. Page 16.
7. Cheesman, N. (2015). "Problems with Facts about Rohingya Statelessness." E-International Relations. Accessed at www.e-ir.info/2015/12/08/problems-with-facts-about-rohingya-statelessness/
8. Callahan, M. (2004). "Language, Territoriality and Belonging in Burma." In *Boundaries and Belonging: States and Societies in the Struggle to Shape Identities and Local Practices*. Migal, J.S. (Ed.). Cambridge University Press. Page 108.
9. Taylor, R.H. (2015). *General Ne Win: A Political Biography*. ISEAS Publishing. Page 484.
10. Gravers, M. (1999). *Nationalism as Political Paranoia in Burma: An Essay on the Historical Practice of Power*. NIAS Report No. 11. Copenhagen. Nordic Institute of Asian Studies. Page 56.
11. Smith, M. (1991). *Burma: Insurgency and the Politics of Ethnicity*. Page 37.

第五章　創造身分認同，操縱人民分歧

1. Gutman, P. (2001). *Burma's Lost Kingdoms: Splendours of Arakan*. Orchid Press, p. 21.
2. Harvey, G.E. (1967). *History of Burma: From the Earliest Times to 10 March 1824: The Beginning of the English Conquest.* Frank Cass. Page 267.
3. Seekins, D.M. (2006). *Historical Dictionary of Burma (Myanmar)*. The Scarecrow Press. Page 278.
4. Ibid.
5. Charney, M.W. (1999). "Where Jambudipa and Islamdom Converged: Religious Change and the Emergence of Buddhist Communalism in Early Modern Arakan, 15th–19th Centuries." PhD thesis. University of Michigan. Page 260. Accessed at www.burmalibrary.org/docs21/Charney-1999_thesis-Where_Jambudipa&Islamdom_Converged-red-tu.pdf
6. Scott, J.C. (2009). *The Art of Not Being Governed.* Yale University Press. Page 7.
7. Haque, S.A. (2012). "An Assessment of the Question of Rohingyas' Nationality: Legal Nexus Between Rohingya and the State", Page 2. Accessed at www.burmalibrary.org/docs14/ARAKAN-%20Question_of_Rohingyas_Nationality-red.pdf
8. Arendt, H. (1986). *The Origins of Totalitarianism*. Andre Deutsch. Page 300.

第六章　社會工程與囚犯村

1. Charney, M.W. (1998). "Crisis and Reformation in a Maritime Kingdom of Southeast Asia: Forces of Instability and Political Disintegration in Western Burma (Arakan), 1603–1701." *Journal of the Economic and Social History of the Orient*, Vol. 41, No. 2. Page 164.
2. A copy of the original document was provided to me by Phil Rees and Al Jazeera. I am grateful for this and the accompanying information.
3. Development of Border Areas and National Races. Website of the Embassy of Myanmar in Brazil. Accessed at www.myanmarbsb.org/development_of_border_areas_and.htm
4. Pearn, R.B. (1952). "The Mujahid Revolt in Arakan." Research Department, Foreign Office. 31 December 1952. Page 9. Accessed at http://web.archive.org/web/20160430034640/http:/www.networkmyanmar.org/images/stories/PDF18/Pearn-1952-rev.pdf
5. Adloff, R. and Thompson, V. (1955). *Minority Problems in Southeast Asia*. Stanford University Press, Page 154.
6. Yegar, M. (2006). "The Crescent in Arakan." Accessed at www.kaladanpress.org/index.php/scholar-column-mainmenu-36/36-rohingya/216-the-crescent-in-arakan.html
7. Yegar, M. (2002). *Between Integration and Succession: The Muslim Communities of the Southern Philippines, Southern Thailand and Western Burma/Myanmar*. Lexington Books. Page 35.

8. Pearn (1952). “The Mujahid Revolt in Arakan.” Page 9.
9. Ibid.
10. Chin Human Rights Organisation. *Threats to Our Existence: Persecution of Ethnic Chin Christians in Burma*. Page xiv. Accessed at www.chro.ca/images/stories/files/PDF/Threats_to_Our_Existence.pdf
11. *New Light of Myanmar*. (2011). “Second Regular Session of First Amyotha Hluttaw Continues for 17th Day.” 14 September 2011. Page 9. Accessed at www.burmalibrary.org/docs11/NLM2011-09-14.pdf
12. UNICEF. “Chin State: A Snapshot of Child Wellbeing.” Page 1. Accessed at www.unicef.org/myanmar/Chin_State_Profile_Final.pdf
13. Chin Human Rights Organisation. *Threats to Our Existence*. Page 109.
14. *New Light of Myanmar* (2011), “Second Regular Session of First Amyotha Hluttaw Continues for 17th Day.” Page 9.
15. Ministry for Home and Religious Affairs statement, 16 November 1977. Quoted in Human Rights Watch. (1996). “Burma: The Rohingya Muslims: Ending a Cycle of Exodus?” Accessed at www.refworld.org/docid/3ae6a84a2.html
16. Human Rights Watch. (1996). “Burma: The Rohingya Muslims: Ending a Cycle of Exodus?” Accessed at www.refworld.org/docid/3ae6a84a2.html
17. Fortify Rights. (2014). “Policies of Persecution: Ending Abusive State Policies Against Muslims in

Myanmar." Page 24.

18. Ibid.
19. Rakhine Inquiry Commission. (2013). "Final Report of Inquiry Commission on Sectarian Violence in Rakhine State." Cited in Fuller, A., Leaning, J., Mahmood, S.S. and Wroe, E. (2016). "The Rohingya People of Myanmar: Health, Human Rights, and Identity." *The Lancet*. Page 5.
20. Ibid. Page 6.
21. See de la Cour-Venning, A., Green, P. and MacManus, T. (2015). *Countdown to Annihilation: Genocide in Myanmar*. Report by the International State Crime Initiative.
22. Brown, W. (2016). "Where There Is Police, There Is Persecution: Government Security Forces and Human Rights Abuses in Myanmar's Northern Rakhine State." Physicians for Human Rights Report, October 2016. Page 9. Accessed at https://s3.amazonaws.com/PHR_Reports/Burma-Rakhine-State-Oct-2016.pdf

第七章　二〇一二年：災難形成

1. Takaloo. (2011). "Mass Protest around Misuse of the Term 'Arakan' Arises in Arakan State." Narinjara News. Published on BNI International on 1 November 2011. Accessed at http://e-archive.bnionline.net/index.php/news/narinjara/11994-mass-protestaround-misuse-of-the-term-arakan-arises-in-arakan-state.

html

2. Rakhine National Defence and Protection Organisation. (1988). Statement released by RNDPO. Accessed at www.maungzarni.net/2013/10/report-of-sentiments-of-rakhine-tai-yin.html
3. Appadurai, A. (2006). *Fear of Small Numbers: An Essay on the Geography of Anger*. Duke University Press. Page 91.
4. Ibid.
5. Paccima Yatwun. (2012). “What the Rohingya Is.” Author unknown. Not available online. February 2012.
6. Latt, Sai. (2012). “Intolerance, Islam and the Internet in Burma.” *New Mandala*. Accessed 1 April 2016.
7. Eleven Media. (2012). “Curfew Imposed in Rakhine Township amidst Rohingya Terrorist Attacks.” Eleven Media. 8 June 2012. Accessed at http://aboutarakaneng.blogspot.co.uk/2012/06/curfewimposed-in-rakhine-township.html
8. Than Htut Aung. (2012). “I Will Tell the Real Truth (3).” Eleven Media. 26 June 2012. Quoted in Human Rights Watch, *All You Can Do Is Pray*. Page 25. Accessed at www.hrw.org/sites/default/files/reports/burma0413webwcover_0.pdf. My requests to interview editors at the *Weekly Eleven* journal for this book were not granted.

9. Allchin, J. (2012). "The Rohingya, Myths and Misinformation." Democratic Voice of Burma. 22 June 2012. Accessed at www.dvb.no/analysis/the-rohingya-myths-and-misinformation/22597
10. Vanderbrink, R. (2012). "Call to Put Rohingya in Refugee Camps." Radio Free Asia. Accessed at www.rfa.org/english/news/rohingya-07122012185242.html
11. Human Rights Watch. (2013). *All You Can Do Is Pray*. Page 26. Accessed at www.hrw.org/sites/default/files/reports/burma0413webwcover_0.pdf
12. Ibid.
13. Ibid.
14. Rakhine Nationalities Development Party. Statement released on 26 June 2012. In author's possession. Not available online.
15. *Venus News Weekly*, Vol. 3, No. 47. 14 June 2012. Page 2. Translated from Burmese. Not available online.
16. Copy of statement in the author's possession. Not available online.
17. Ibid.
18. Ibid.
19. Burma Campaign UK. (2013). "Burma Briefing: Examples of Anti-Muslim Propaganda." Briefing No. 21, p. 1. Accessed at www.burmacampaign.org.uk/images/uploads/Examples_of_Anti-Muslim_

Propaganda.pdf

20. *The Nation*. (2012). "Normalcy Returns to Rakhine State." 31 October 2012. Accessed at www.nationmultimedia.com/aec/Normalcy-returns-to-Rakhine-official-30193314.html

第八章　民主實驗搖搖欲墜

1. Hla Myaing. (2012). "An Open Letter to 88 Generation Students Leader Ko Ko Gyi." 30 July 2012. Translated from Burmese. Accessed at http://myanmarmuslimsvoice.com/archives/474
2. With thanks to Elliott Prasse-Freeman for bringing this point to my attention.
3. Pasricha, A. (2012). "Aung San Suu Kyi Explains Silence on Rohingyas." Voice of America. 15 November 2012. Accessed at www.voanews.com/a/aung-san-suu-kyi-explains-silence-onrohingyas/1546809.html
4. UNICEF. "Rakhine State: A Snapshot of Child Wellbeing", Page 3. Accessed at www.unicef.org/myanmar/Rakhine_State_Profile_Final.pdf
5. 5 Copy of the magazine in author's possession.
6. Economist U Myint noted in 2011 that household spending on "charity and ceremonials" had by 2001 become the third biggest outgoing.

There are several possible reasons why C&C has become more important in the everyday life of an average Burmese city dweller. It could be that the family is performing more meritorious deeds because its members have become more interested in the next life than in the present one. Or it could be that the family is taking advantage of (or is being persuaded to take advantage of) the many new opportunities for making contributions to charities, welfare activities, community self-help schemes and other worthy causes (such as building roads and public works) that have mushroomed in the country in the process of transformation into a market-oriented economy. Or it could simply be that the household is playing an active part in numerous ceremonies, celebrations, festivals, mass rallies and rituals that have become a major national preoccupation in recent years.

Myint, U. (2011). "National Workshop on Reforms for Economic Development of Myanmar. Myanmar International Convention Center (MICC). Naypyitaw, 19–21 August 2011. Myanmar: Pattern of Household Consumption Expenditure." Accessed at www.burmalibrary.org/docs12/NWR2011-08-Pattern_of_Household_consumption_expenditure-Myint%28en%29.pdf

7. BBC. (2013). "Burma Riots: Video Shows Police Failing to Stop Attack." *British Broadcasting Corporation.* 22 April 2013. Accessed at www.bbc.co.uk/news/world-asia-22243676

8. YouTube. (2013). "Anti Muslim Monk Wira Thu Talk about Meiktila before Riot." 24 March 2013. Accessed at www.youtube.com/watch?v=N7irUgGsFYw

9. Burma Campaign UK. (2013). "Burma Briefing: Examples of Anti-Muslim Propaganda." Briefing No.

21. Page 2. Accessed at www.burmacampaign.org.uk/images/uploads/Examples_of_Anti-Muslim_Propaganda.pdf

10. I am grateful to Phil Rees and Al Jazeera for providing a copy of the leaked document.

11. Human Rights Watch. (2002). "Crackdown on Burmese Muslims: Human Rights Watch Briefing Paper: July 2002." Accessed at www.hrw.org/legacy/backgrounder/asia/burma-bck4.htm

12. Karen Human Rights Group. (2002). "Easy Target: The Persecution of Muslims in Burma." 31 May 2002. Accessed at http://khrg.org/2014/09/khrg0202/easy-targets

13. US State Department. (2001). "Annual Report on International Religious Freedom, 2001." Page 113. Accessed at www.state.gov/documents/organization/9001.pdf

14. Bookbinder, A. (2013). "969: The Strange Numerological Basis for Burma's Religious Violence." *The Atlantic.* 9 April 2013. Accessed at www.theatlantic.com/international/archive/2013/04/969-thestrange-numerological-basis-for-burmas-religious-violence/274816/

15. Brodney, M. and Gittleman, A. (2013). "Patterns of Anti-Muslim Violence in Burma: A Call for Accountability and Prevention." *Physicians for Human Rights Report*, August 2013. Page 13. Accessed at https://s3.amazonaws.com/PHR_Reports/Burma-Violence-Report-August-2013.pdf

16. Burma Campaign UK. (2013). "Burma Briefing: Examples of Anti-Muslim Propaganda." Page 6.

17. Atkinson, H.G. and Sollom, R. (2013). "Massacre in Central Burma: Muslim Students Terrorized and

Killed in Meiktila." *Physicians for Human Rights*. Page 10. Accessed at https://s3.amazonaws.com/PHR_Reports/Burma-Meiktila-Massacre-Report-May-2013.pdf

18. YouTube. (2013). "Recent Violence in Meikhtila, Buddhist '969' Mob Strikes in front of Police (Part 2)." 16 April 2013. Accessed at www.youtube.com/watch?v=KEowvdIX7Bk
19. Atkinson, H.G. and Sollom, R. (2013). "Massacre in Central Burma: Muslim Students Terrorized and Killed in Meiktila." *Physicians for Human Rights*. Page 10. Accessed at https://s3.amazonaws.com/PHR_Reports/Burma-Meiktila-Massacre-Report-May-2013.pdf.

第九章　鼓吹仇恨的佛教徒

1. Lawi Weng. (2015). "The Rise and Rise of the Ma Ba Tha Lobby." *The Irrawaddy*. 10 July 2015. Accessed at www.irrawaddy.com/commentary/the-rise-and-rise-of-the-ma-ba-tha-lobby.html
2. Lawi Weng. (2015). "Support Incumbents, Ma Ba Tha Leader Tells Monks." *The Irrawaddy*. 23 June 2015. Accessed at www.irrawaddy.com/election/news/support-incumbents-ma-ba-tha-leader-tellsmonks
3. Ikeya, C. (2005). "The 'Traditional' High Status of Women in Burma: A Historical Reconsideration." *Journal of Burma Studies*, Vol. 10, 2005–2006. Page 73. Accessed at www.academia.edu/23408501/The_Traditional_High_Status_of_Women_in_Burma_A_Historical_Reconsideration
4. Democratic Voice of Burma. (2013). "Monks and Religious Leaders Back Interfaith Marriage Ban."

Democratic Voice of Burma. 26 June 2013. Accessed at www.dvb.no/news/politics-news/monksand-religious-leaders-back-interfaith-marriage-ban/28988

5. Ei Ei Toe Lwin. (2015). "Guardians of 'Race and Religion' Target NLD." *The Myanmar Times*. 2 October 2015. Accessed at www.mmtimes.com/index.php/national-news/16801-guardians-ofrace-and-religion-target-nld.html

6. BBC. 'Aung San Suu Kyi: Burma Not Genuinely Democratic." Accessed at www.bbc.co.uk/news/world-asia-24649697

7. C4ADS. (2016). "Sticks and Stones: Hate Speech Drivers in Myanmar." C4ADS report. Page 33. Accessed at https://static1.squarespace.com/static/566ef8b4d8af107232d5358a/t/56b41f1ff8baf3b237782313/1454645026098/Sticks+and+Stones.pdf

8. Wa Lone. (2015). "USDP Candidate Donates Big to Ma Ba Tha." *The Myanmar Times*. 3 September 2015. Accessed at www.mmtimes.com/index.php/national-news/16287-usdp-candidatedonates-big-to-ma-ba-tha.html

9. Houtman, G. (1999). *Mental Culture in Burmese Crisis: Aung San Suu Kyi and the National League for Democracy*. ICLAA Study of Languages and Cultures of Asia and Africa Monograph Series No. 33. Page 119. Accessed at www.burmalibrary.org/docs19/Houtman-1999-Mental_Culture_in_Burmese_Crisis_Politics.pdf

10. Metro, R. (2016). "Students and Teachers as Agents of Democracy." In *Metamorphosis: Studies in Social and Political Change in Myanmar*. Egreteau, R. and Robinne, F. (Eds). NUS Press Singapore. Page 211.
11. Video accessed at www.facebook.com/permalink.php?story_fbid=1691946937734537&id=100007577414909&comment_ id=1697713610491203&notif_t=mentions_comment&notif_id=1467816243411247
12. Metro, R. (2016). "Students and Teachers as Agents of Democracy." Page 211.
13. C4ADS. (2016). "Sticks and Stones: Hate Speech Drivers in Myanmar." Page 15.
14. Aung San Suu Kyi. (1990). "Freedom from Fear." Accessed at www.thirdworldtraveler.com/Burma/FreedomFromFearSpeech.html

第十章　種族隔離之邦

1. Testimony provided by Amnesty International based on field research interviews conducted by the organisation in February 2016. Any conclusions drawn are my own.
2. Ibid.
3. Fuller, A., Leaning, J., Mahmood, S.S. and Wroe, E. (2016). "The Rohingya People of Myanmar: Health, Human Rights, and Identity." *The Lancet*. Page 6.

4. Testimony provided by Amnesty International based on field research interviews conducted by the organisation in February 2016. Any conclusions drawn are my own.

第十三章 靜默的民主與失能的聯合國

1. Letter in author's possession, not publicly available.
2. Statement in author's possession, not publicly available.
3. IRP (Internal Review Panel). (2012). "Report of the Secretary-General's Internal Review Panel on United Nations Action in Sri Lanka." November. Page 17. Accessed at www.un.org/News/dh/infocus/Sri_Lanka/The_Internal_Review_Panel_report_on_Sri_Lanka.pdf
4. Ibid. Page 21.
5. Ibid.
6. IASC (Inter-Agency Standing Committee). (2016). "Human Rights up Front: An Overview." *IASC*. 13 October 2016. Accessed at https://interagencystandingcommittee.org/system/files/overview_of_human_rights_up_front_july_2015.pdf
7. Sharma, A. (2016). "Celebrating Success with Aung San Suu Kyi, and Looking to the Future for Burma." *Foreign Office Blogs*. 23 September 2016. Accessed at https://blogs.fco.gov.uk/aloksharma/2016/09/23/celebrating-success-aung-san-suu-kyilooking-future-burma/

8. AFP. (2016). “More than 80,000 not Receiving Aid in North Rakhine: WFP.” *Frontier Myanmar*. 20 October 2016. Accessed at https://frontiermyanmar.net/en/news/more-than-80000-notreceiving-food-aid-rakhine-wfp
9. Perlez, J. & Moe, W. (2016). “Myanmar’s Leader Faulted for Silence as Army Campaigns Against Rohingya.” *New York Times*. 1 December 2016. Accessed at www.nytimes.com/2016/12/01/world/asia/myanmars-leader-faulted-for-silence-as-armycampaigns-against-rohingya.html
10. Lok-Dessallien, R. (2016). “Remarks by Ms. Renata Lok Dessallien, UN Resident/Humanitarian Coordinator on the Occasion of UN Day 2016.” *United Nations in Myanmar*. 24 October 2016. Accessed at http://mm.one.un.org/content/unct/myanmar/en/home/news/71st-un-day-commemoration-in-nay-pyi-taw.html
11. Internal memo not publicly available, in author’s possession.
12. Foreign Affairs Committee. (2017). “Violence in Rakhine State and the UK’s Response.” 8 December 2017. Accessed at https://publications.parliament.uk/pa/cm201719/cmselect/cmfaff/435/43503.htm#_idTextAnchor003
13. IRP (Internal Review Panel). (2012). “Report of the Secretary-General’s Internal Review Panel on United Nations Action in Sri Lanka.” November 2012. Page 45. Accessed at www.un.org/News/dh/infocus/Sri_Lanka/The_Internal_Review_Panel_report_on_Sri_Lanka.pdf

14. Hossain, A. (2016). "Myanmar's Goal is 'Ethnic Cleansing' of Rohingya – UN." *BBC*. 24 November 2016. Accessed at www.bbc.co.uk/news/av/world-asia-38091822/myanmar-s-goal-is-ethniccleansing-of-rohingya-un
15. OHCHR. (2017). "Devastating Cruelty against Rohingya Children, Women and Men Detailed in UN Human Rights Report." *UN Office of the High Commissioner for Human Rights*. 3 February 2017. Accessed at www.ohchr.org/EN/NewsEvents/Pages/DisplayNews.aspx?NewsID=21142
16. Karen Women's Organisation. (2017). "Karen Women's Organisation Press Statement on Burmese Military Persecution of the Rohingya People." 18 December 2017. Accessed at https://karenwomen.org/2017/09/18/karen-womens-organisation-press-statement-onburmese-military-persecution-of-the-rohingya-people/
17. Horsey, R. (2017). "The Role of the United Nations in Rakhine State: Recommendations for Strategy and Next Steps." In author's possession.
18. OHCHR. (2017). "Myanmar: UN Rights Expert Urges Restraint in Security Operation in Rakhine State." *UN Office of the High Commissioner for Human Rights*. 11 August 2017. Accessed at www.ohchr.org/EN/NewsEvents/Pages/DisplayNews.aspx?NewsID=21968&LangID=E

第十四章　殺戮之後

1. Reuters. (2018). "Myanmar not Ready for Return of Rohingya Refugees: UN Official." *The Daily Star*. 18 April 2018. Accessed at www.thedailystar.net/rohingya-crisis/myanmar-not-readyreturn-rohingya-repatriation-refugees-ursula-mueller-unitednations-un-1559767
2. UN News. (2018). "UN Agencies and Myanmar Ink Agreement, Setting Stage for Rohingya Return." *UN News*. 6 June 2018. Accessed at https://news.un.org/en/story/2018/06/1011491
3. Lindqvist, A.C. (1979). "Report on the 1978–79 Bangladesh Refugee Relief Operation." Accessed at www.ibiblio.org/obl/docs/LINDQUIST_REPORT.htm
4. Crisp, J. (2018). "'Primitive People': The Untold Story of UNHCR's Historical Engagement with Rohingya Refugees." Humanitarian Practice Network. October 2018. Accessed at https://odihpn.org/magazine/primitive-people-the-untold-story-of-unhcrs-historicalengagement-with-rohingya-refugees/
5. Quotation translated from original Burmese language article, available at https://bit.ly/2M8bmQg
6. Miller, J. (2018). "UN Special Envoy Claims Aung San Suu Kyi Could Be Guilty of Crimes against Humanity." *Channel 4 News*. 14 February 2018. Accessed at www.channel4.com/news/un-specialenvoy-claims-aung-san-suu-kyi-could-be-guilty-of-crimes-againsthumanity
7. Craig, J. (2017). "Theresa May Vows to Tackle 'Inhuman Destruction of Rohingya People'." *Sky News*. 14 November 2017. Accessed at https://news.sky.com/story/theresa-may-myanmarmust-take-

responsibility-for-rohingya-crisis-11125483

8. Amnesty International. (2018). "Myanmar: New evidence reveals Rohingya armed group massacred scores in Rakhine State." 28 May 2018. Accessed at https://www.amnesty.org/en/latest/news/2018/05/myanmar-new-evidence-reveals-rohingya-armedgroup-massacred-scores-in-rakhine-state/
9. Human Rights Council. (2018). "Report of the Detailed Findings of the Independent International Fact-Finding Mission on Myanmar." 17 September 2018. Accessed at www.ohchr.org/en/hrbodies/hrc/myanmarffm/pages/index.aspx
10. Reuters. (2018). "Suu Kyi Defends Court Decision to Jail Reuters Journalists." *The Daily Star*. 13 September 2018. Accessed at www.thedailystar.net/rohingya-crisis/news/suu-kyi-defends-courtdecision-jail-reuters-journalists-1633243
11. Directorate of Public Relations and Psychological Warfare. 2018. "Myanmar Politics and the Tatmadaw. Part (I)." In author's possession.

【VISUM】MV0012

羅興亞人：

不被承認的民族，緬甸國族建構最危險的敵人

Myanmar's Enemy Within:
Buddhist Violence and the Making of a Muslim Other

作　　者 ❖ 法蘭西斯・韋德（Francis Wade）
譯　　者 ❖ 洪世民
封面設計 ❖ 兒日設計
內頁排版 ❖ 張靜怡
總 編 輯 ❖ 郭寶秀
責任編輯 ❖ 力宏勳
行銷業務 ❖ 許芷瑀

發 行 人 ❖ 凃玉雲
出　　版 ❖ 馬可孛羅文化
104 臺北市中山區民生東路二段 141 號 5 樓
電話：(886) 2-25007696
發　　行 ❖ 英屬蓋曼群島商家庭傳媒股份有限公司城邦分公司
臺北市中山區民生東路二段 141 號 11 樓
客服服務專線：(886) 2-25007718；25007719
24 小時傳真專線：(886) 2-25001990；25001991
服務時間：週一至週五 9:00 ～ 12:00；13:00 ～ 17:00
劃撥帳號：19863813　戶名：書虫股份有限公司
讀者服務信箱：service@readingclub.com.tw
香港發行所 ❖ 城邦（香港）出版集團有限公司
香港灣仔駱克道 193 號東超商業中心 1 樓
電話：(852) 25086231　傳真：(852) 25789337
E-mail：hkcite@biznetvigator.com
馬新發行所 ❖ 城邦（馬新）出版集團【Cite (M) Sdn. Bhd. (458372U)】
41, Jalan Radin Anum, Bandar Baru Seri Petaling,
57000 Kuala Lumpur, Malaysia
電話：(603) 90578822　傳真：(603) 90576622
E-mail：services@cite.com.my

輸出印刷 ❖ 中原造像股份有限公司
初版一刷 ❖ 2021 年 11 月
定　　價 ❖ 499 元（如有缺頁或破損請寄回更換）

國家圖書館出版品預行編目資料

羅興亞人：不被承認的民族，緬甸國族建構最危險的敵人／法蘭西斯・韋德（Francis Wade）著；洪世民譯 . -- 初版 . -- 臺北市：馬可孛羅文化出版：英屬蓋曼群島商家庭傳媒股份有限公司城邦分公司發行 , 2021.11
面；　公分 . -- (Visum ; MV0012)
譯自：Myanmar's enemy within : Buddhist violence and the making of a Muslim 'other'
ISBN 978-986-0767-37-7（平裝）

1. 宗教與政治　2. 伊斯蘭教　3. 緬甸

738.1　　110017138

城邦讀書花園
www.cite.com.tw

ISBN：978-986-0767-37-7（平裝）
ISBN：978-986-0767-38-4（EPUB）